Ablösung von arbeitgeberfinanzierten Versorgungszusagen

Schriften zum deutschen und europäischen Recht der Arbeit und der Sozialen Sicherheit

Herausgegeben von
Stefan Greiner, Gregor Thüsing und Raimund Waltermann

Band 30

Shirin Imani

Ablösung von arbeitgeberfinanzierten Versorgungszusagen

PETER LANG

Berlin - Bruxelles - Chennai - Lausanne - New York - Oxford

Bibliografische Information der Deutschen Nationalbibliothek
Die Deutsche Nationalbibliothek verzeichnet diese Publikation in der Deutschen Nationalbibliografie; detaillierte bibliografische Daten sind im Internet über http://dnb.d-nb.de abrufbar.

Zugl.: Bonn, Univ., Diss., 2023

D 5
ISSN 1861-678X
ISBN 978-3-631-91043-6 (Print)
E-ISBN 978-3-631-91044-3 (E-PDF)
E-ISBN 978-3-631-91045-0 (E-PUB)
DOI 10.3726/b21310

Verlegt durch:
Peter Lang GmbH, Berlin, Deutschland

info@peterlang.com http: www.peterlang.com

Diese Publikation wurde begutachtet.

Meinen Eltern

Vorwort

Die vorliegende Arbeit wurde im Wintersemester 2022/2023 von der Rechts- und Staatswissenschaftlichen Fakultät der Rheinischen Friedrich-Wilhelms-Universität Bonn angenommen. Literatur und Rechtsprechung sind bis Dezember 2023 berücksichtigt.

Geprägt ist die vorliegende Arbeit von der Symbiose aus Wissenschaft und Praxis sowie einer Reihe von Menschen, die mich auf dem Weg der Promotion stets begleitet haben. Stellvertretend möchte ich einigen von ihnen besonders danken.

Zunächst gilt mein herzlichster Dank meinem Doktorvater, Prof. Dr. Gregor Thüsing, LL.M. (Harvard). Seine herausragende fachliche und menschliche Betreuung haben einen wesentlichen Beitrag zum erfolgreichen Gelingen dieser Arbeit geleistet. Auch wenn ich die Entscheidung getroffen hatte – trotz einiger Skepsis meines Doktorvaters – die Arbeit berufsbegleitend zu erstellen und nicht als wissenschaftliche Mitarbeiterin am Lehrstuhl, minderte dies seine unermüdliche Unterstützung und sein großes Interesse an dem Erfolg dieser Arbeit nicht. Bereits die Zeit am Lehrstuhl von Professor Thüsing als studentische Hilfskraft und wissenschaftliche Mitarbeiterin sowie das Team haben mich fachlich und menschlich nachhaltig geprägt. Diese Zeit hat den Grundstein für meine spätere Tätigkeit als Rechtsanwältin gelegt. Langjährige Freundschaften und eine enge Verbundenheit sind in dieser Zeit entstanden.

Ein besonderer Dank gilt auch Prof. Dr. Stefan Greiner für die zügige Zweitkorrektur dieser Arbeit sowie seine anhaltende Anteilnahme am Fortschritt der Arbeit. Zudem möchte ich mich bei Prof. Dr. Raimund Waltermann als Mitherausgeber der Schriftenreihe für die Aufnahme meiner Dissertation bedanken.

Dass diese Arbeit nicht nur einen wissenschaftlichen Schwerpunkt hat, sondern auch als Praxisleitfaden dienen kann, habe ich Dr. Stefan Seitz, Dr. Marc Werner sowie Prof. Dr. Thomas Kania zu verdanken. Sie haben es mir ermöglicht, parallel zur Promotion als Rechtsanwältin in der Kanzlei einzusteigen und in Großprojekten mitzuarbeiten. Zugleich standen sie mir als weitere Mentoren zur Seite. Der durch meine Tätigkeit gewonnene Input war ein Ideengeber und eine Bereicherung für diese Arbeit.

Ferner gilt mein herzlichster Dank Dr. Maximilian Schmidt, der mich nicht nur als Kollege und Freund am Lehrstuhl jahrelang begleitet hat, sondern auch bis heute noch in der Kanzlei begleitet. Neben der Zusammenarbeit im Team, die mir Freiräume für die Erstellung dieser Arbeit geschaffen hat, waren es auch die fachlichen Diskussionen mit ihm und seine Anregungen, die diese Arbeit wesentlich beeinflusst haben. Daneben sind es insbesondere auch Dr. Stephan Pötters und Dr. Johannes Traut, die seit Lehrstuhlzeiten bis heute mit mir zusammenarbeiten und mich bei der Erstellung dieser Arbeit stets motiviert haben. Unvergessen bleiben auch die ernsten und humorvollen Ratschläge von Dr. Stefan Seitz und Dr. Maximilian Schmidt, die sie während der Höhen und Tiefen dieser Arbeit stets parat hatten.

Mein großer Dank gilt auch Anja Kitzmann für ihre präzisen Korrekturbeiträge und ihre motivierenden Worte zur richtigen Zeit.

Schließlich wäre diese Arbeit nicht ohne die Unterstützung meiner Familie, meinen Eltern, meinem Bruder Nima Imani sowie meiner Schwägerin Dr. Daniela Imani, möglich gewesen. Die vorbehaltlose Liebe und der vorbehaltlose Einsatz meiner Eltern, Soodabeh und Said Imani, haben den Grundstein für meine persönliche und akademische Entwicklung gelegt. Sie sind meine Vorbilder. Ihnen widme ich diese Arbeit.

Bonn, Januar 2024
Shirin Imani

Inhalt

A. Die Betriebliche Altersversorgung – „das beste Ruhekissen" für Beschäftigte?

„Die Rente ist sicher" – der Ausspruch des damaligen Ministers für Arbeit und Sozialordnung, *Norbert Blüm*, aus dem Jahr 1986 ist zum geflügelten Wort geworden. Noch 35 Jahre später, im Bundestagswahlkampf 2021, stritten die Parteivertreter über die zukunftsfeste Ausgestaltung der staatlichen Rentensysteme. Kern der Auseinandersetzung ist stets, wie der „Generationenvertrag" in Anbetracht des demographischen Wandels erfüllt werden kann. Die „Rente mit 67" sei nur als ein umstrittenes Instrument genannt. Weitgehende Einigkeit besteht daneben, dass weitere Säulen neben der staatlichen Rente für eine auskömmliche Sicherung im Alter erforderlich sind. Eine elementare Säule soll die betriebliche Altersversorgung sein.

I. Interessengerechte Flexibilisierung von arbeitgeberfinanzierten Versorgungszusagen

Doch ist die betriebliche Altersversorgung – mit *Norbert Blüm* gefragt – „sicher"? Die FAZ meint ja und nennt diese „das beste Ruhekissen"[1] für das Alter. Doch werfen die Niedrigzinsphase der vergangenen Dekade und die daraus resultierende finanzielle Gefährdung für Pensionskassen die Frage auf, ob nicht auch die betriebliche Altersversorgung anpassungsfähig sein muss – und wie Unternehmen etwa die in den 1990er-Jahren zugesagten Garantiezinsen (oft genug in Höhe von mehr als 5 %) anpassen können. Auch wenn nunmehr aufgrund der zumindest in den Vereinigten Staaten von der Federal Reserve mitgeteilten „Zinswende" diese Phase akut beendet sein könnte, kann sich in Zeiten der Globalisierung solch ein Umstand schnell ändern.

Ebenso wie Anpassungen der staatlichen Rentensysteme stellen sich auch Veränderungen von betrieblichen Rentensystemen als enorme Herausforderung dar. Einmal zugesagte Betriebsrenten scheinen nahezu unantastbar. Zunächst aus naheliegendem Grund: Das Bestandsinteresse der betrieblich vorsorgenden

1 Frankfurter Allgemeine Zeitung (FAZ): „Betriebsrente und Pension sind die besten Ruhekissen" vom 8.3.2022.

Mitarbeiter[2] ist wichtig und nicht zu unterschätzen. Der hohe Stellenwert dieses Bestandsinteresses und die sozialpolitische Funktion der Betriebsrente wird durch das BAG stets zum Ausdruck gebracht, indem die zumindest teilweise Sicherung des Lebensstandards im Alter durch Betriebsrenten betont wird.

Demgegenüber sehen sich Arbeitgeber – insoweit nicht anders als der Staat – der Herausforderung in einem Niedrigzinsumfeld ausgesetzt, diese Zusagen der Vergangenheit und der Zukunft zu erfüllen. Ebenso wie der Staat fortlaufend nachsteuern muss, um die gesetzliche Rente nachhaltig zu finanzieren, können auch Arbeitgeber ein anerkennenswertes Interesse an Anpassungen haben. Dies gilt umso mehr, da ein Arbeitgeber nicht verpflichtet ist, eine betriebliche Altersversorgung anzubieten. Dies geschieht auf rein freiwilliger Basis.

Neben den Arbeitsvertragsparteien hat aber auch der Staat selbst ein ureigenes Interesse an betrieblichen Rentensystem. Dem Staat ist angesichts der demographischen Entwicklung daran gelegen, dass die betriebliche Altersversorgung neben der gesetzlichen Altersversorgung weiterhin eine weitere Säule zur Verbesserung des Lebensstandards im Alter bildet.

Die Gemengelage der Interessen ist komplex. Um alle Interessen unter einen Hut zu bringen, müssen Flexibilisierungsmaßnahmen im richtigen Umfang ermöglicht werden („*right balance*"). Trotz zahlreicher Reformen seit Inkrafttreten des Gesetzes zur Verbesserung der betrieblichen Altersversorgung (BetrAVG) zum 22.12.1974 – 36 an der Zahl – und zaghafter Versuche der Modernisierung, wie zuletzt durch das sog. Sozialpartnermodell, hat sich der Gesetzgeber nicht an die ausdrückliche Normierung von Anpassungsmöglichkeiten herangetraut. Im Wesentlichen ist es Aufgabe der Gericht geworden, Maßstäbe für die nachträgliche Anpassung bzw. Ablösung von arbeitgeberfinanzierten Versorgungszusagen aufzustellen.

Dieser Herausforderung haben sich die Gerichte gestellt und in verschiedenen Entscheidungen die Grundlagen von Ablösungsmöglichkeiten und Maßstäben hierfür herausgebildet.[3] So entwickelte die Rechtsprechung die bereits vor dem Inkrafttreten des Gesetzes aufgestellten Grundsätze des BAG stets immer

2 Nachfolgend wir ausschließlich zur besseren Lesbarkeit für Arbeitnehmer:innen und Mitarbeiter:innen wird die Form *Arbeitnehmer* bzw. *Mitarbeiter* verwendet.

3 Vgl. nur BAG v. 19.3.2019 – 3 AZR 201/17, NZA 2020, 1031; BAG v. 10.9.2002 – 3 AZR 635/01, BB 2003, 2749; BAG v. 17.4.1985 – 3 AZR 72/83, BAGE 49, 57; BAG v. 8.12.1981 – 3 AZR 518/80, NJW 1982, 1773; BAG v. 24.11.1977 – 3 AZR 732/76, BAGE 29, 379; BAG v. 10.3.1972 – 3 AZR 278/71, BAGE 24, 177; BVerfG v. 14.1.1987 – 1 BvR 1052/79, BVerfGE 74, 129; BVerfG v. 19.10.1983 – 2 BvR 298/81, BVerfGE 65, 196.

weiter. Der Große Senat beschäftigte sich bereits 1956 mit der Ablösung von Versorgungszusagen und der Anwendbarkeit von ablösenden Betriebsvereinbarungen auf ehemalige Arbeitnehmer.[4] 1962 folgte eine Entscheidung des Ersten Senats zur Ablösbarkeit von Versorgungszusagen für aktive Mitarbeiter.[5] Bereits in dieser Rechtsprechung wurde der Vertrauensschutz – unabhängig von einem Gesetz zur betrieblichen Altersversorgung als Maßstab genommen.[6] Die Komplexität der im Laufe der Zeit ergangenen Entscheidungen gilt es im Rahmen einer Bestandsaufnahme zu analysieren und zu systematisieren. Mit dieser Bestandsaufnahme kann dann nicht nur die Konsistenz der gerichtlichen Entscheidungen bewertet werden, sondern auch, ob ein nachvollziehbares, stimmiges System der Ablösung von arbeitgeberfinanzierten Versorgungszusagen besteht.

II. Kernfragen und Gang der Darstellung

Diese Arbeit soll also den bestehenden Anpassungsmöglichkeiten für die betriebliche Altersversorgung auf den Grund gehen. Wie flexibel sind Arbeitgeber bei der Anpassung von Versorgungszusagen wirklich?

Hierzu wird in einem ersten Schritt herausgearbeitet, auf welchen Rechtsgrundlagen Versorgungszusagen überhaupt erteilt werden können (*Kapitel B*). Hierauf aufbauend werden abhängig von der jeweilige Rechtsgrundlage im zweiten Schritt die formellen sowie die materiellen Voraussetzungen zur Anpassung von Versorgungszusagen aus Gesetz und Rechtsprechung analysiert und systematisiert (*Kapitel C*). Die formellen Voraussetzungen behandeln die notwendige Bedingung, welche Ablösungsmechanismen von Versorgungszusagen es grundsätzlich für die jeweilige Rechtsgrundlage gibt. Demgegenüber stellen die materiellen Voraussetzungen die hinreichende Bedingung der Anpassung von Versorgungszusagen dar. Am Ende des Kapitels erfolgt einen Ebenenvergleich zwischen den verschiedenen Rechtsgrundlagen und den Anforderungen der Rechtsprechung zur jeweiligen Ablösung.

Neben dem status quo im deutschen Recht soll im weitergehenden Schritt (*Kapitel D*) ein Seitenblick nach Österreich, wo ein ähnlichen Grundüberlegungen folgendes Betriebsrentensystem wie in Deutschland existiert, aufzeigen, wie dort eine flexible Anpassung von Versorgungszusagen ermöglicht wird

4 BAG v. 16.3.1956 – GS 1/55, BAGE 3, 1.
5 BAG v. 26.10.1962 – 1 AZR 8/61, AP Nr. 87 § 242 BGB Ruhegehalt.
6 BAG v. 26.10.1962 – 1 AZR 8/61, AP Nr. 87 § 242 BGB Ruhegehalt.

und wie dies gegebenenfalls auf das deutsche Betriebsrentensystem übertragen werden kann.

Auf dieser Grundlage zeigt die Arbeit auf, wie Arbeitgeber den durch den gesetzlichen Rahmen und die Rechtsprechung bestimmten Gestaltungsspielraum für eine flexible Ausgestaltung von Versorgungszusagen nutzen können und welche konkreten Flexibilisierungsinstrumente hierfür zur Verfügung stehen (*Kapitel F*). Dies führt zu der abschließenden Frage, ob diese Flexibilisierungsinstrumente bereits für eine interessengerechte Flexibilisierung ausreichen oder ob nicht doch ein Handlungsbedarf des Gesetzgebers zur Reformierung besteht und wie ein solcher aussehen könnte (*Kapitel G*).

B. Allgemeine Grundlagen von Versorgungszusagen

Grundlegende Voraussetzung für eine betriebliche Altersversorgung im Sinne des BetrAVG ist die Zusage des Arbeitgebers aus Anlass eines Arbeitsverhältnisses (§ 1 Abs. 1 BetrAVG). Dies eröffnet dem Arbeitgeber verschiedene Möglichkeiten, auf individual- oder kollektivvertraglicher Ebene eine Versorgungszusage zu regeln. Je nach Wahl der Rechtsgrundlage unterscheidet sich der Gestaltungsspielraum hinsichtlich einer späteren Ablösbarkeit der Zusage. Insoweit ist ein genauerer Blick auf den Rechtsbegründungsakt erforderlich.

I. Rechtsgrundlage zur Begründung von Versorgungszusagen

Versorgungszusagen können ausdrücklich oder konkludent vereinbart werden. Dies kann auf individualvertraglicher – als reine Individualzusage ohne kollektiven Bezug oder Gesamtzusage – sowie auf kollektivvertraglicher Ebene folgen.

1. Einzelzusage

Als Bestandteil des Arbeitsvertrages gelten für das Zustandekommen der Einzelzusage die allgemeinen Regeln von Angebot und Annahme nach den §§ 145 ff. BGB.[7] Eine rechtsverbindliche Vereinbarung entsteht aber nicht durch ein unverbindliches Inaussichtstellen einer Versorgungszusage. Der Rechtsbindungswille des Arbeitgebers muss erkennbar sein.[8] Hierbei muss der Arbeitgeber nicht zwingend das Angebot in seinen Einzelheiten konkret ausfüllen, es reicht bereits eine sogenannte Blankettzusage aus.[9] Die Einzelheiten kann der Arbeitgeber nach billigem Ermessen gem. § 315 Abs. 1 BGB bestimmen.

---

7 Kemper/Kisters-Kölkes/Berenz/Huber/*Kisters-Kölkes*, BetrAVG 9. Aufl. 2020, § 1 Rn. 130.

8 BAG v. 13.3.1975 – 3 AZR 446/74, BB 1975, 1114, Rn. 29 f.; Höfer/de Groot/Küpper/Reich/*Höfer*, Betriebsrentenrecht Band I, 28. Ergänzliefg. Mai 2022, Kapitel 4 Rn. 10; Kemper/Kisters-Kölkes/Berenz/Huber/*Kisters-Kölkes*, BetrAVG 9. Aufl. 2020, § 1 Rn. 133.

9 BAG v. 13.3.1975 – 3 AZR 446/74, BB 1975, 1114, Rn. 28; BAG v. 17.5.1966 – 3 AZR 477/65, DB 1966, 1277, Rn. 15 f.

Wird auf einen Kollektivvertrag im Arbeitsvertrag Bezug genommen, kann die Klausel dynamisch formuliert werden.[10] Ob eine Klausel statisch oder dynamisch ist, muss durch Auslegung gem. §§ 133, 157 BGB ermittelt werden. Das BAG geht in seiner Rechtsprechung davon aus, dass solche Bezugnahmeklauseln in der Regel einheitlich auszulegen seien, da der Arbeitgeber „im Zweifel" die betriebliche Altersversorgung einheitlich erbringen wolle.[11] Durch eine Jeweiligkeitsklausel können sich Änderungen der Versorgungsordnung durch nachfolgende Betriebsvereinbarungen oder Tarifverträge auf das Ruheverhältnis auswirken.[12] Dadurch wird eine Versteinerung der Regelung zur Versorgungzusage im Arbeitsvertrag vermieden.

2. Gesamtzusage und betriebliche Einheitsregelung

Anstelle von individuellen Einzelvereinbarungen kann der Arbeitgeber auch für ganze Arbeitnehmergruppen im Wege von betrieblichen Einheitsregelungen oder von Gesamtzusagen die betriebliche Altersvorsorge regeln.

Die Gesamtzusage ist die an alle Arbeitnehmer oder einen nach abstrakten Merkmalen bestimmten Teil von ihnen in allgemeiner Form gerichtete ausdrückliche Erklärung des Arbeitgebers, zusätzliche Leistungen erbringen zu wollen.[13] Der Arbeitgeber muss aber seinen Willen nach außen hin kenntlich machen. Der einzelne Arbeitnehmer muss typischer Weise in der Lage sein, von dem Angebot des Arbeitgebers Kenntnis zu nehmen, wobei es für die Wirksamkeit der Gesamtzusage nicht auf die konkrete Kenntnisnahme ankommt.[14] Eine ausdrückliche Annahme des Arbeitnehmers ist nicht erforderlich. Nach der Verkehrssitte ist eine solche ausdrückliche Annahme des Antrags nicht zu erwarten, § 151 BGB.[15] Die Gesamtzusage wird Bestandteil des Arbeitsvertrages.[16] Sie gilt aber nicht nur für die Arbeitnehmer, die zum Zeitpunkt der erstmaligen

---

10 BAG v. 27.6.2006 – 3 AZR 472/04, BAGE 118, 326, Rn. 18; BAG v. 28.7.2005 – 3 AZR 14/05, BAGE 115, 304, Rn. 18; Kemper/Kister-Kölkes, Arbeitsrechtliche Grundzüge der betrieblichen Altersversorgung, 12. Aufl. 2023, Abschn. B. Rn. 113.

11 BAG v. 27.6.2006 – 3 AZR 472/04, BAGE 118, 326, Rn. 18; 28.7.2005 – 3 AZR 14/05, BAGE 115, 304, Rn. 18.

12 LAG Köln v. 2.5.1996 – 6 Sa 1270/95, NZA-RR 1997, 23 f.; vgl. auch BAG v. 9.5.2023 – 3 AZR 226/22, NZA 2023, 1189, Orientierungssätze 1 und 2 der Richterinnen und Richter des BAG.

13 BAG v. 18.3.2003 – 3 AZR 101/02, NZA 2004, 1099, 1101.

14 BAG v. 15.2.2005 – 9 AZR 116/04, NZA 2005, 1117, 1122.

15 BAG v. 16.9.1986 – GS 1/82, NZA 1987, 168, 171.

16 BAG v. 16.9.1986 – GS 1/82, NZA 1987, 168, 171.

Bekanntgabe der Zusage im Betrieb tätig waren, sondern auch für diejenigen, die später in dem Betrieb beschäftigt worden sind.[17]

Bei einer betrieblichen Einheitsregelung sind die Regelungen zur Versorgungszusage für alle Arbeitnehmer oder für eine Gruppe von Arbeitnehmern ebenfalls gleich. Sie sind nicht individuell ausgehandelt. Im Unterschied zu einer Gesamtzusage wird aber das Angebot des Arbeitgebers von den Arbeitnehmern ausdrücklich angenommen.[18] Das heißt, dass jeder einzelne Arbeitnehmer ein individuelles Versorgungsdokument mit gleichlautender Regelung erhält.

Auch wenn die Rechtsnatur von Ansprüchen aus Gesamtzusagen und betrieblichen Einheitsregelungen aus dem Individualvertrag des Arbeitnehmers erwachsen, so muss bei dem Inhalt der Gesamtzusage oder der betrieblichen Einheitsregelung der kollektive Charakter berücksichtigt werden. Die Verteilung der vom Arbeitgeber zur Verfügung gestellten Mittel für die betriebliche Altersvorsorge ist nur mit Blick auf das Kollektiv verständlich. Daher handelt es sich bei Gesamtzusagen und betrieblichen Einheitsregelungen um individualvertragliche Versorgungszusagen mit kollektivem Bezug.[19] Aufgrund des kollektiven Bezugs müssen die betriebsverfassungsrechtlichen Mitbestimmungsrechte gem. § 87 Abs. 1 Nr. 8, 10 BetrVG beachtet werden.

3. Betriebliche Übung

Die Versorgungszusagen können auch in der Gestalt der betrieblichen Übung in Betrieben verbindlich werden. Dies hat der Gesetzgeber zudem ausdrücklich im Gesetz in § 1b Abs. 1 Nr. 4 BetrAVG geregelt. Nach der ständigen Rechtsprechung des BAG ist eine betriebliche Übung dann anzunehmen, wenn ein gleichförmiges und wiederholtes Verhalten des Arbeitgebers vorliegt, das den Inhalt der Arbeitsverhältnisse gestaltet und geeignet ist, vertragliche Ansprüche auf eine Leistung zu begründen. Der Arbeitnehmer muss aus dem Verhalten des Arbeitgebers schließen können, dass ein Verpflichtungswille zur künftigen Leistung besteht.[20] Eine betriebliche Übung kommt aber nach vorherrschender Meinung nur in Betracht, wenn andere Anspruchsgrundlagen ausscheiden.[21]

---

17 BAG v. 20.8.2014 – 10 AZR 453/13, NZA 2014, 1333, 1334, Rn. 15.

18 BAG v. 16.9.1986 – GS 1/82, NZA 1987, 168, 171.

19 BAG v. 16.9.1986 – GS 1/82, NZA 1987, 168, 171; *Coester*, BB 1984, 797, 799.

20 BAG v. 25.6.2002 – 3 AZR 360/01, NZA 2003, 875, Rn. 16.

21 S. etwa Höfer/de Groot/Küpper/Reich/*Höfer*, Betriebsrentenrecht Bd. 1, 28. Ergänzliefg Stand: Mai 2022, Kapitel 4 Rn. 26.

Durch betriebliche Übung können auch Ansprüche hinsichtlich Berechnungsarten einer Betriebsrente entstehen. Allerdings gilt dies in der Regel nicht für fehlerhafte Berechnungen des Arbeitgebers, wenn der Arbeitgeber im Rahmen der Berechnungen auf bestimmte Berechnungsvorschriften verweist und sich aus diesen etwas anderes ergibt.[22]

Hinsichtlich der betrieblichen Altersversorgung kann das Entstehen einer betrieblichen Übung nicht durch ein Freiwilligkeitsvorbehalt verhindert werden.[23] Dies stellt eine Ausnahme zu anderen Entgeltleistungen wie beispielsweise zu Gratifikationen dar.[24] Herzuleiten ist der Ausschluss der Vereinbarung eines wirksamen Freiwilligkeitsvorbehalts aus den Entscheidungen des BAG zu Unterstützungskassen. Von Gesetzes wegen handelt es sich bei Unterstützungskassen um Versorgungseinrichtungen, die auf ihre Leistungen kein Rechtsanspruch gewährt, vgl. § 1b Abs. 4 BetrAVG. Diese Anforderung an Unterstützungskassen hängt mit versicherungsaufsichtsrechtlichen Regelungen zusammen. Kassen mit Rechtsanspruch unterliegen der Versicherungsaufsicht.[25] Trotz der gesetzlichen Regelung des Ausschlusses des Rechtsanspruches in § 1b Abs. 4 BetrAVG deutet das BAG[26] dies im Einklang mit der Rechtsprechung des BVerfG[27] in ein an sachliche Gründe gebundenes Widerrufsrecht um. Die Gründe für die Umdeutung können entsprechend auf das Verhindern des Entstehens der betrieblichen Übung durch einen Freiwilligkeitsvorbehalt übertragen werden.

Mit seiner Entscheidung aus dem Jahr 1973 hat das BAG[28] aus Gründen des Vertrauensschutzes entschieden, dass der Arbeitnehmer vor einer nicht auf sachlichen Gründen beruhenden Beeinträchtigung zu schützen sei, da die Altersversorgung eine besondere Form der Vergütung für die Betriebstreue des Arbeitnehmers sei.[29] Wegen der besonderen Bedeutung des Vertrauensschutzes

---

22 BAG v. 23.4.2002 – 3 AZR 224/01, BAGE 101, 122 Rn. 28 ff.

23 Vgl. Grobys/Panzer-Heemeier/*Schönhöft*, Stichwort Kommentar Arbeitsrecht, 3. Aufl. 6. Ed. Stand: 2018, Freiwilligkeitsvorbehalt Rn. 2.; BAG v. 17.11.1992 – 3 AZR 76/92, NZA 1993, 938 zur Umdeutung des Freiwilligkeitsvorbehalts bei Unterstützungskassen.

24 BAG v. 12.1.2000 – 10 AZR 840/98, NZA 2000, 944.

25 Grobys/Panzer-Heemeier/*Neufeld*, Stichwort Kommentar Arbeitsrecht, 3. Aufl. 16. Ed. Stand: 2021, Unterstützungskasse Rn. 1.

26 BAG v. 17.11.1992 – 3 AZR 76/92, NZA 1993, 938, 940; vgl. auch. BAG v. 10.11.1977 – 3 AZR 705/76, BB 1978, 762; BAG v. 17.5.1973 – 3 AZR 381/72, BAGE 25, 194; BAG v. 28.4.1977 – 3AZR 300/76, BB 1977, 1202.

27 BVerfG v. 14.1.1987 – 1 BvR 1052/79, BVerfGE 74, 129.

28 BAG v. 17.5.1973 – 3 AZR 381/72, BAGE 25, 194.

29 BAG v. 17.5.1973 – 3 AZR 381/72, BAGE 25, 194, 200.

bedeute „Ausschluß des Rechtsanspruchs" im Bereich der betrieblichen Altersvorsorge entgegen seinem Wortlaut, dass dem Arbeitgeber ein Widerrufsrecht zustehe, dessen Ausübung an die Gebote von Treu und Glauben bzw. billiges Ermessen und damit an sachliche Gründe gebunden sei.[30] Sinn und Zweck der Einrichtung von Unterstützungskassen soll nicht darin bestehen, sich von der dauerhaften Verpflichtung zur Leistungserbringung jederzeit nach Belieben lösen zu können, sondern den Arbeitgeber von finanziellen Risiken zu entlasten.[31]

Vor diesem Hintergrund sind auch Freiwilligkeitsvorbehalte im Kontext der betrieblichen Altersvorsorge nicht wirksam. Ein solcher Vorbehalt steht im Widerspruch zum Vertrauensschutz in die Zusage auf eine betriebliche Altersversorgung.[32] In einer Entscheidung des BVerfG aus dem Jahr 1983 zum Ausschluss des Rechtsanspruchs bei Unterstützungskassen hat das Verfassungsgericht den hohen Stellenwert des Vertrauensschutzes in die Zusage von Versorgungsleistungen hervorgehoben.[33] Die Ausführungen sind unabhängig von der Wahl des Durchführungswegs zu verstehen. So hebt das BVerfG nochmals hervor, dass das Gebot des Vertrauensschutzes Ausfluss des Rechtsstaatsprinzips sei und aus diesem Grund mit Verfassungsrang ausgestattet sei.[34] Der Arbeitnehmer erbringe seine Arbeitsleistung in der Hoffnung später eine Betriebsrente zu erhalten.[35] Das BVerfG sieht dies als Gegenleistung für die Versorgungszusage an – wobei genau genommen, die Betriebstreue und nicht die Erbringung der Arbeitsleistung hier der Zusage einer Versorgungsleistung gegenüberzustellen ist.

Aufgrund dieses Vertrauenstatbestands mit Verfassungsrang kann daher der Arbeitgeber nicht ohne Weiteres willkürlich die Beitragszeit beenden bzw. die zugesagte Versorgung entziehen.

4. Allgemeiner Gleichbehandlungsgrundsatz und sonstige Diskriminierungsverbote

Als einen weiteren Rechtsbegründungsakt ist in § 1 Abs. 1 S. 4 BetrAVG der Gleichbehandlungsgrundsatz erwähnt.

30 BAG v. 17.5.1973 – 3 AZR 381/72, BAGE 25, 194, 200 f.
31 BVerfG v. 14.1.1987 – 1 BvR 1052/79, NZA 1987, 347, 348.
32 Vgl. auch Abschn. E. I. 2. b).
33 BVerfG v. 19.10.1983 – 2 BvR 298/81, NJW 1984, 476, 478.
34 BVerfG v. 19.10.1983 – 2 BvR 298/81, NJW 1984, 476, 478.
35 BVerfG v. 19.10.1983 – 2 BvR 298/81, NJW 1984, 476, 478.

In der Rechtsprechung gab es in der Vergangenheit zahlreiche Entscheidungen zu Versorgungszusagen und Diskriminierungsverboten, insbesondere im Zusammenhang mit dem allgemeinen Gleichbehandlungsgrundsatz,[36] aus denen sich auch Beispiele für zulässige Differenzierungen herausgebildet haben.[37]

Nach dem allgemeinen Gleichbehandlungsgrundsatz ist es dem Arbeitgeber untersagt, einzelne Arbeitnehmer oder Gruppen von Arbeitnehmern, die sich in vergleichbarer Lage befinden, bei Anwendung selbst auferlegter Versorgungsregelungen ungleich zu behandeln.[38] Eine Ungleichbehandlung ist nur aus sachlichen Gründen gerechtfertigt. Das BAG differenziert hier zwischen sachverhalts- und personenbezogenen Ungleichbehandlungen.

Eine sachverhaltsbezogene Ungleichbehandlung ist unzulässig, wenn sie willkürlich ist.[39] Eine personenbezogene Ungleichbehandlung liegt hingegen schon vor, „*wenn eine Gruppe von Normadressaten im Vergleich zu anderen Normadressaten anders behandelt wird, obwohl zwischen beiden Gruppen keine Unterschiede von solcher Art und solchem Gewicht bestehen, dass sie die Ungleichbehandlung rechtfertigen könnten.*“[40]

Das BAG hat in der Vergangenheit beispielsweise als einen sachlichen Grund ausreichen lassen, wenn ein nachvollziehbar unterschiedliches Interesse an der fortdauernden Betriebstreue der unterschiedlichen Arbeitnehmergruppen besteht.[41] Auch die unterschiedliche wirtschaftliche Bedeutung verschiedener Geschäftsfelder kann einen sachlichen Grund für eine Differenzierung darstellen.[42] Ebenso zulässig ist eine Differenzierung von Mitarbeitern aufgrund ihrer Stellung im Unternehmen (anerkannt für zum Beispiel leitende Angestellte,

---

36 BAG v. 23.2.2021 – 3 AZR 618/19, NZA 2021, 1786; BAG v. 12.8.2014 – 3 AZR 764/12, BetrAV 2015, 75; BAG v. 21.8.2012 – 3 AZR 81/10, *juris*; BAG v. 19.8.2008 – 3 AZR 194/07, NZA 2009, 196; s. auch Thüsing/Granetzny, 2019, S. 31 m.w.N.

37 BAG v. 20.4.2010– 3 AZR 316/03, NZA 2010, 1188; BAG v. 18.9.2001 – 3 AZR 656/00, NZA 2002, 148; BAG v. 22.11.1994 – 3 AZR 349/94, NZA 1995, 733; BAG v. 11.11.1986 – 3 ABR 74/85, NZA 1987, 449.

38 BAG v. 12.8.2014 – 3 AZR 764/12, AP Nr. 76 BetrAVG § 1 Gleichbehandlung, Rn. 29.

39 BAG v. 16.2.2010 – 3 AZR 216/09, NZA 2010, 701, 705, Rn. 30.

40 BAG v. 16.2.2010 – 3 AZR 216/09, NZA 2010, 701, 705, Rn. 30.

41 BAG v. 20.4.2010 – 3 AZR 316/03, NZA 2010, 1188, Orientierungssätze; BAG v. 9.12.1997 – 3 AZR 661/96, AP Nr. 40 BetrAVG § 1 Gleichbehandlung, Rn. 31 m.w.N.

42 Vgl. Hessisches LAG v. 15.8.2001 – 8 Sa 1098/00, NZA-RR 2002; LAG Rheinland-Pfalz v. 25.8.2000 – 3 Sa 404/00, NZA-RR 2001, 434.

Prokuristen oder Betriebsleiter).[43] Auch Stichtagsregelungen für Neueintritte sind zulässig.[44]

Ein praxisrelevantes Beispiel ist auch die Differenzierung zwischen der Stammbelegschaft und der Belegschaft eines übernommenen Betriebs im Wege des Betriebsübergangs. Um beispielsweise doppelte Ansprüche zu vermeiden, möchten Unternehmen regelmäßig Arbeitnehmer, die infolge eines Betriebsübergangs Teil des Unternehmens bzw. Betriebs geworden sind, aus dem Geltungsbereich herausnehmen. Dies sind das BAG als sachlich gerechtfertigt an.[45] Als Argumentation führt das BAG hierzu im Orientierungssatz Nr. 2 der Richterinnen und Richter Folgendes aus:

> *„Diese Herausnahme ist gerechtfertigt. Durch einen Betriebs- oder Betriebsteilübergang entsteht eine Übergangssituation. Es ist nicht von vornherein absehbar, welche Arbeits-, insbesondere Versorgungsbedingungen, in derartigen Arbeitsverhältnissen gelten und welche Unterschiede zu denen der anderen Arbeitnehmer bestehen. Die Herausnahme erleichtert eine sachgerechte und angemessene Regelung dieser Übergangssituation."*[46]

Dies erscheint sachgerecht, da der neue Arbeitgeber auch für beim Verkäufer bestehende Versorgungszusagen in die Rechte und Pflichten eintritt und sämtliche Verbindlichkeiten für die übergehenden Arbeitnehmer qua Gesetz übernehmen muss. Sollten die übergehenden Arbeitnehmer noch Ansprüche aus der bereits beim Erwerber bestehenden Versorgungszusage herleiten können, würden sie im Ergebnis durch doppelte Ansprüche besser gestellt im Verhältnis zur Stammbelegschaft.[47]

Neben dem allgemeinen Gleichbehandlungsgrundsatz greifen zudem auch andere spezielle Diskriminierungsverbote, wie beispielsweise die aus dem AGG oder TzBfG.[48]

---

43 BAG v. 11.11.1986 – 3 ABR 74/85, NZA 1987, 449; Mit weiteren Beispielen und Nachweisen: Blomeyer/Rolfs/Otto/*Rolfs*, BetrAVG, 8. Aufl. 2022, Anhang zu § 1 Rn. 78.

44 BAG v. 19.9.2001 – 3 AZR 656/00, NZA 2002, 148.

45 BAG v. 19.1.2010 – 3 ABR 19/08, NZA-RR 2010, 356 Orientierungssatz der Richterinnen und Richter des BAG Nr. 2.

46 BAG v. 19.1.2010 – 3 ABR 19/08, NZA-RR 2010, 356 Orientierungssatz der Richterinnen und Richter des BAG Nr. 2.

47 Zahlreiche weitere Beispiele aus der Rechtsprechung, in denen eine Ungleichbehandlung sachlich gerechtfertigt ist: Blomeyer/Rolfs/Otto/*Rolfs*, BetrAVG, 8. Aufl. 2022, Anhang zu § 1 Rn. 46 ff.

48 Vgl. nur BAG v. 23.3.2021 – 3 AZR 24/20, NZA 2021, 860; BAG v. 12.2.2013 – 3 AZR 100/11, NZA 2013, 733; vgl. ausführlich Blomeyer/Rolfs/Otto/*Rolfs*, BetrAVG, 8. Aufl. 2022, Anhang zu § 1 Rn. 36 ff.

5. Betriebsvereinbarung

Versorgungszusagen werden zudem regelmäßig in Kollektivverträgen geregelt. So können die Betriebsvertragsparteien – der Arbeitgeber und der zuständige Betriebsrat – auch Regelungen zur betrieblichen Altersversorgung aufstellen. Im Betriebsverfassungsgesetz ist die Betriebsvereinbarung nicht begrifflich legaldefiniert, sie wird jedoch vorausgesetzt, wie es § 52 BetrVG zeigt. Der Arbeitgeber und der Betriebsrat können durch die Betriebsvereinbarung die betriebliche Ordnung und die Rechtsverhältnisse des Arbeitgebers zu den Arbeitnehmern einheitlich für alle Betriebsangehörigen regeln und gestalten.[49] Gem. § 77 Abs. 4 S. 1 BetrVG hat die Betriebsvereinbarung eine unmittelbare und zwingende Wirkung.

Die Möglichkeit der Regelung von Leistungen und deren Ablösungen durch Betriebsvereinbarung leitet sich aus der betriebsverfassungsrechtlich den Betriebsparteien verliehenen Betriebsautonomie ab.[50] Die Regelungskompetenzen der Betriebsparteien werden in einem Urteil des BAG aus dem Jahr 2006 durch die Orientierungssätze der Richterinnen und Richter des BAG auf den Punkt gebracht. So heißt es in den Orientierungssätzen 1 bis 4[51]:

> „*1. Auf Grund der durch das Betriebsverfassungsgesetz verliehenen Betriebsautonomie haben die Betriebsparteien eine grundsätzlich umfassende Kompetenz zur Regelung von formellen und materiellen Arbeitsbedingungen. Sie können auch Regelungen treffen, welche die Arbeitnehmer belasten.*
> *2. Die Verleihung der Betriebsautonomie an die Betriebsparteien ist mit dem Grundgesetz vereinbar.*
> *3. Die Betriebsparteien sind beim Abschluss von Betriebsvereinbarungen gem. § 75 I, II 1 BetrVG i.V.m. Art. 2 I GG unter anderem zur Wahrung der Handlungsfreiheit der Arbeitnehmer verpflichtet. Von ihnen vorgenommene Beschränkungen müssen dem Grundsatz der Verhältnismäßigkeit genügen. Sie müssen geeignet, erforderlich und unter Berücksichtigung des gewährleisteten Freiheitsrechts angemessen sein, um den mit der Regelung erstrebten Zweck zu erreichen.*
> *4. Der gerichtliche Prüfungsmaßstab ist für Betriebsvereinbarungen ein anderer als für Tarifverträge. Die Tarifautonomie ist anders als die Betriebsautonomie durch Art. 9 III GG geschützt. Auch ist die Bindung der Tarifunterworfenen anders als diejenige der Adressaten einer Betriebsvereinbarung jedenfalls auch mitgliedschaftlich legitimiert.*“

---

49 BAG v. 16.3.1956 – GS 1/55, BAGE 3, 1; Küttner/*Kreitner*, 29. Aufl. 2022, Betriebsvereinbarung Rn. 1; Richardi/*Richardi/Picker*, BetrVG, 17. Aufl. 2022, § 77 Rn. 17 f.

50 BAG v. 12.12.2006 – 1 AZR 96/06, NZA 2007, 453.

51 BAG v. 12.12.2006 – 1 AZR 96/06, NZA 2007, 453, Orientierungssätze der Richterinnen und Richter Nr. 1 bis 4.

Aus diesen Orientierungssätzen geht hervor, dass die Normsetzungsbefugnis der Betriebsparteien an die verfassungsrechtlichen Grundsätze gebunden ist, die auch die Achtung des Demokratie- und Rechtsstaatsprinzips aus Art. 20 Abs. 2 und 3 GG umfassen. Auch konkret im Bezug auf die betriebliche Altersversorgung hat das BAG bestätigt, dass im Rahmen der Grundsätze des Vertrauensschutzes und der Verhältnismäßigkeit zugunsten eines Eingriffs grundsätzlich zu berücksichtigen ist, wenn der Eingriff nicht einseitig durch den Arbeitgeber erfolgt, sondern aufgrund einer gemeinsamen Lösung mit dem Betriebsrat.[52]

Zugunsten des Arbeitnehmers kann aber durch Individualabrede jederzeit von der Betriebsvereinbarung abgewichen werden. Im Verhältnis zum Individualvertrag gilt das sogenannte Günstigkeitsprinzip.[53]

Im Verhältnis zum Tarifvertrag ist allerdings die Sperrwirkung nach § 77 Abs. 3 BetrVG zu beachten. Eine Betriebsvereinbarung, die in den räumlichen, fachlichen sowie persönlichen Geltungsbereich eines Tarifvertrags eingreift, ist nach den §§ 134, 138 BGB nichtig.[54]

a) *Sachliche Regelungskompetenz der Betriebsparteien*

Eine unmittelbare und zwingende Wirkung entfaltet die Betriebsvereinbarung nur, soweit eine Mitbestimmungspflicht des Betriebsrates gem. den § 87 Abs. 1 Nr. 8 und 10 BetrVG besteht. Bestimmungen zur betrieblichen Altersversorgung sind nur teilmitbestimmt. Der Arbeitgeber kann über die Errichtung und den Dotierungsrahmen der betrieblichen Altersvorsorge frei bestimmen.[55] Das Mitbestimmungsrecht des Betriebsrats gem. § 87 Abs. 1 Nr. 8 BetrVG besteht nur, soweit es um die Form, Ausgestaltung und Verwaltung der Versorgungszusage geht.[56] Der Betriebsrat kann folglich auch nicht erzwingen, dass die betriebsrechtlichen Versorgungsregelungen fortgelten[57] – unabhängig davon, wie eine Kündigung sich auswirkt.[58]

---

52 BAG v. 19.3.2019 – 3 AZR 201/17, NZA 2020, 1031, Orientierungssatz Nr. 1 der Richterinnen und Richter des BAG, 1036.

53 GK/*Kreutz*, BetrVG, 12. Aufl. 2022, § 77 Rn. 234; vgl. auch zu günstigeren Kollektivregelungen, bei denen es sich nicht um Betriebsvereinbarungen handelt: BAG v. 2.12.2021 – 3 AZR 123/21, NZA 2022, 852.

54 Blomeyer/Rolfs/Otto/*Rolfs*, BetrAVG, 8. Aufl. 2022, Anhang zu § 1 Rn. 95.

55 Vgl. Abschn. C. I. 2. b).

56 BAG v. 11.5.1999 – 3 AZR 21/98, NZA 2000, 322 Rn. 50; Höfer/de Groot/Küpper/Reich/*Höfer*, Betriebsrentenrecht Band I, 28. Ergänzliefg. Mai 2022, Kapitel 4 Rn. 58 f.; Richardi/*Richardi*, BetrVG, 17. Aufl. 2022, § 88 Rn. 20.

57 BAG v. 11.5.1999 – 3 AZR 21/98, NZA 2000, 322, Rn. 50.

58 Vgl. hierzu Abschn. C. I. 2. d).

Die Formerfordernisse des § 77 Abs. 2 BetrVG müssen berücksichtigt werden. Das bedeutet insbesondere, dass im Gegensatz zu individualvertraglichen Versorgungszusagen in Betriebsvereinbarungen geregelte Versorgungszusagen der Schriftform bedürfen.

b) *Personelle Regelungskompetenz der Betriebsparteien*

Neben der sachlichen Regelungskompetenz muss auf kollektivrechtlicher Ebene beachtet werden, für welchen Personenkreis die Betriebsvertragsparteien Regelungen zur betrieblichen Altersvorsorge treffen können. Die Regelungskompetenz umfasst die aktiven Arbeitnehmer im Sinne des § 5 Abs. 1 BetrVG. Ausgenommen sind die in § 5 Abs. 2 BetrVG genannten Gruppen sowie leitende Angestellte nach § 5 Abs. 3 S. 2 BetrVG. Grundsätzlich nicht erfasst sind auch die Arbeitnehmer, die aus dem aktiven Arbeitsverhältnis ausgeschieden sind. Geht der dem Betrieb zugehörige Arbeitnehmer in den Ruhestand, endet damit sein aktives Arbeitsverhältnis. Das BAG spricht nach seiner ständigen Rechtsprechung dem Betriebsrat daher die Legitimation ab, für jene Arbeitnehmer im Ruhestand, Regelungen zu treffen.[59]

Nach der ständigen Rechtsprechung des BAG soll mit Eintritt des Arbeitnehmers in den Ruhestand der Anspruch auf die Versorgungszusage aus der Betriebsvereinbarung in einen individualrechtlichen Anspruch übergehen.[60] Dieser Anspruch besteht dann grundsätzlich unabhängig vom weiteren Schicksal der Betriebsvereinbarung. In der neueren Rechtsprechung nimmt das BAG jedoch zunehmend Abstand von seiner früheren Rechtsprechung hinsichtlich der Legitimationsfrage und lässt es ausdrücklich offen, ob es noch an seiner ständigen Rechtsprechung diesbezüglich festhält.[61]

Auch die Literatur wirft vermehrt einen kritischen Blick auf die ständige Rechtsprechung des BAG zur fehlenden Legitimation. So sieht *Richardi* in Bezug

---

59 BAG v. 25.10.1988 – 3 AZR 483/86, BAGE 60, 78; BAG v. 16.3.1956 – GS 1/55, BAGE 3, 1; Höfer/de Groot/Küpper/Reich/*Höfer*, Betriebsrentenrecht Band I, 28. Ergänzliefg. Mai 2022, Kapitel 4 Rn. 66.

60 BAG v. 25.10.1988 – 3 AZR 483/86, BAGE 60, 78; BAG v. 16.3.1956 – GS 1/55, BAGE 3, 1; Höfer/de Groot/Küpper/Reich/*Höfer*, Betriebsrentenrecht Band I, 28. Ergänzliefg. Mai 2022, Kapitel 4 Rn. 66.

61 BAG v. 28.6.2011 – 3 AZR 282/09, NZA 2012, 1229, Rn. 23; BAG v. 14.10.2010 – 3 AZR 799/08, BetrAV 2011, 106, Rn. 19; BAG v. 10.2.2009 – 3 AZR 653/07, NZA 2009, 796, Rn. 16; BAG v. 12.12.2006 – 3 AZR 476/05, BAGE 120, 330; BAG v. 28.7.1998 – 3 AZR 100/98, BAGE 89, 262.

auf die Altersversorgung einen untrennbaren Zusammenhang zwischen der sachlichen Reichweite und der Betriebsautonomie. Ein Ruhegeldanspruch habe wie die Ruhegeldanwartschaft seinen Rechtsgrund im Arbeitsverhältnis. Soweit jener Anspruch unter die Regelungsbefugnis der Betriebsparteien falle, bleibe auch die Zuordnung zum Betrieb erhalten, wenn Vorschriften für Ruheständler und deren Hinterbliebenen aufgestellt würden.[62] Auch *Konzen* und *Jacobs* befürworten eine Legitimation des Betriebsrats für die Ruheständler in Bezug auf die betriebliche Altersversorgung.[63] Sie leiten diese anders als *Richardi* über eine Analogie der §§ 88, 77 Abs. 4 S. 1 BetrVG her. Der Gesetzgeber habe bei den Regelungskompetenzen der Betriebsparteien nicht bedacht, dass die Ruheständler nicht mehr in einem aktiven Arbeitsverhältnis seien. Damit gebe es eine Regelungslücke, die durch die Analogie im Wege einer nachwirkenden Normsetzungsbefugnis geschlossen werden könne.[64] Dies sei auch gerechtfertigt, da das Ruhestandsverhältnis ein „nachwirkendes Arbeitsverhältnis" sei.[65]

Die Literatur versucht somit über verschiedene Lösungsansätze eine nachwirkende Normsetzungsbefugnis des Betriebsrates zu begründen. Es sprechen gute Gründe – gerade aus der Sicht der Praxis – dafür, eine solche anzunehmen. Durch eine solche personelle Regelungskompetenz können die Regelungen auch für die Ruheständler als Kollektiv modifiziert werden. Geht man nach der ständigen Rechtsprechung wäre nur eine Modifizierung möglich, indem der Arbeitgeber mit jedem einzelnen Ruheständler in Verhandlung tritt. So wären einheitliche Regelungen nicht möglich, obwohl bei der betrieblichen Altersvorsorge die Ruheständler und die aktiven Arbeitnehmer eine kollektive Ordnung bilden.[66]

Unproblematisch ist die Regelungskompetenz gegeben, wenn der Arbeitgeber und der Arbeitnehmer zusätzlich eine Jeweiligkeitsklausel vereinbaren, die auf die Betriebsvereinbarung Bezug nimmt.[67]

---

62 Richardi/*Richardi/Picker*, BetrVG, 17. Aufl. 2022, § 77 Rn. 84; ebenso GK/*Kreutz*, BetrVG, 12. Aufl. 2022, § 77 Rn. 154; *Herschel* in: Festschrift Hilger/Stumpf, 1983, S. 311; *Heither* in: Festschrift Förster, 2001, S. 157 ff. m.w.N.; *Schwerdtner*, ZfA 1975, 171, 190.

63 *Konzen/Jacobs*, FS Thomas Dietrich, 1999, S. 297, 320 ff.

64 *Konzen/Jacobs*, FS Thomas Dietrich, 1999, S. 297, 320 f.

65 *Konzen/Jacobs*, FS Thomas Dietrich, 1999, S. 297, 321; so auch bereits: Gamillscheg, Arbeitsrecht I, 7. Aufl. 1987, S, 337; Säcker, Gruppenautonomie und Übermachtkontrolle im Arbeitsrecht, 1972, S. 365.

66 So auch Fitting, BetrVG, 31. Aufl. 2022, § 77 Rn. 39a.

67 BAG v. 25.10.1988 – 3 AZR 483/86, BAGE 60, 78; Höfer/de Groot/Küpper/Reich/*Höfer*, Betriebsrentenrecht Band I, 28. Ergänzliefg. Mai 2022, Kapitel 4 Rn. 66.

6. Tarifvertrag

Eine weitere Rechtsgrundlage bietet der Tarifvertrag. Auch Tarifvertragsparteien nutzen die betriebliche Altersvorsorge, um insbesondere zusätzliche attraktive Entgeltleistungen für die Arbeitnehmer und gleichzeitig Vorsorgemöglichkeiten fürs Alter ohne größeren finanziellen Aufwand für den Arbeitnehmer anzubieten.

Tarifverträge haben als Rechtsgrundlage einen besonderen Stellenwert, da die Tarifautonomie verfassungsrechtlich in Art. 9 Abs. 3 GG verankert ist. Nach der Rechtsprechung des BVerfG sowie inzwischen herrschender Meinung sind die Tarifvertragsparteien durch die sogenannte „*kollektivierte Privatautonomie*" legitimiert.[68] Die „*kollektivierte Privatautonomie*" besagt, dass die Autonomie der Tarifvertragsparteien auf der mitgliedschaftlichen Legitimation des privatautonomen Verbandbeitritts beruhe und nicht durch den Staat als verliehen gelte.[69] Mit anderen Worten legitimieren die Arbeitnehmer durch ihren Beitritt in eine Gewerkschaft die Tarifwirkung.[70] Hierdurch steht den Tarifvertragsparteien ein großzügiger „Beurteilungs-, Einschätzungs-, Bewertungs- und Gestaltungsspielraum"[71] zu.

Der Vorteil der Regelung der betrieblichen Altersversorgung durch Tarifvertrag zeichnet sich vor allem dadurch aus, dass gem. § 19 Abs. 1 BetrAVG die Tarifparteien von wichtigen Schutzvorschriften des BetrAVG abweichen dürfen. Eine Abweichung ist zulässig von den Regelungen

- zur Entgeltumwandlung (§ 1a BetrAVG)
- zur Höhe der unverfallbaren Anwartschaft (§ 2 BetrAVG)
- zur Berechnung und Wahrung des Teilanspruchs (§ 2a Abs. 1, 3 und 4 BetrAVG, ausgenommen Abs. 2: Regelung zur Benachteiligung)
- zur Abfindung (§ 3 BetrAVG, ausgenommen: § 3 Abs. 2 S. 3: Zustimmung des Arbeitnehmers im Fall eines neuen Arbeitsverhältnisses in einem anderen Mitgliedstaat der Europäischen Union)

---

68 BVerfG v. 11.7.2017 – 1 BvR 1571/15, 1 BvR 1588/15, 1 BvR 2883/15, 1 BvR 1043/16, 1 BvR 1477/16, AP Nr. 151 zu Art. 9 GG, Rn. 132; a.A. *Waltermann*, RdA 2014, 86, 88.

69 S. etwa: *Löwisch/Rieble*, TVG, 4. Aufl. 2017, Grundlagen Rn. 30 f.; Wiedemann/*Jacobs*, TVG, 8. Aufl. 2019, Einleitung Rn. 6 f.

70 BAG v. 9.12.2020 – 10 AZR 334/20, AP Nr. 21 zu § 6 ArbZG, Rn. 41.

71 BAG v. 27.3.2007 – 3 AZR 299/06, NZA-RR 2008, 82, 86; Rawe, Auslegung von Zusagen der betrieblichen Altersversorgung, 2017, S. 27.

- zur Übertragung sowie zur Auszehrung und Anrechnung (§§ 4 und 5 BetrAVG)
- zur Anpassungsprüfungspflicht (§ 16 BetrAVG)
- zur Verjährung (§ 18a BetrAVG) sowie
- zu den Übergangs- und Schlussvorschriften der §§ 27, 28 BetrAVG.

Seit der Gesetzesanpassung zum 1.1.2018 ist nunmehr auch in § 19 Abs. 2 BetrAVG ausdrücklich geregelt, dass die abweichenden Bestimmungen eines Tarifvertrags auch zwischen nichttarifgebundenen Arbeitgebern und Arbeitnehmern Geltung haben, wenn zwischen diesen die Anwendung der einschlägigen tariflichen Regelungen vereinbart ist. Zuvor war dies auf Grundlage der Rechtsprechung des BAG gängige Praxis.[72]

Zudem ist Tarifparteien das Recht zur Regelung einer reinen Beitragszusage vorbehalten, vgl. § 21 BetrAVG (Tarifvertragsparteien).

a) *Sachliche Regelungskompetenz der Tarifvertragsparteien*

Regeln Tarifvertragsparteien für tarifgebundene Arbeitgeber und Arbeitnehmer Versorgungsregelungen, kann die betriebliche Altersvorsorge innerhalb des Geltungsbereichs des Tarifvertrags nicht Gegenstand der Betriebsvereinbarung werden. Dann gilt der Tarifvorbehalt gem. § 77 Abs. 3 BetrVG und die tarifliche Regelung entfaltet eine Sperrwirkung.[73] Auch das Günstigkeitsprinzip gem. § 4 Abs. 3 TVG kommt nicht im Verhältnis zwischen Tarifvertrag und Betriebsvereinbarung zur Anwendung.[74] Die tarifvertraglichen Normen haben unmittelbaren und zwingenden Charakter, § 4 S. 1 TVG.

b) *Personelle Regelungskompetenz für Ruheständler*

Dient ein Tarifvertrag als Rechtsgrundlage für Versorgungsleistungen, so stellt sich auch hier die Frage, ob die Tarifmacht der Tarifvertragsparteien das Ruheverhältnis umfasst. Liegt eine fortbestehende Mitgliedschaft in der tarifvertragsschließenden Gewerkschaft vor, so erstreckt sich die Tarifmacht unproblematisch auch auf den Ruheständler.

Etwas anderes gilt für Nichtgewerkschaftsmitglieder. Hier wird eine Regelungskompetenz dann anzunehmen sein, wenn im aktiven Arbeitsverhältnis eine dynamische Bezugnahmeklausel vereinbart worden war. Eine solche Bezugnahmeklausel

---

72 BAG v. 18.9.2012 – 3 AZR 415/10, BAGE 142, 90.

73 ErfK/*Kania*, 22. Aufl. 2022, § 77 BetrVG Rn. 43.

74 ErfK/*Kania*, 22. Aufl. 2022, § 77 BetrVG Rn. 43.

kann in Bezug auf nachvertraglichen Leistungen dahingehend ausgelegt werden, dass die Vertragsparteien mit dieser Klausel den Willen zum Ausdruck bringen, dass nicht nur im aktiven Arbeitsverhältnis der aktuell wirksame Tarifvertrag gilt, sondern auch im Ruhestandsverhältnis. Denn gewollt ist eine Gleichstellung mit normativ gebundenen Arbeitnehmern. Die Rechtsprechung und wohl auch die Literatur – wenn man die Ausführungen zu dynamischen Bezugnahmeklauseln betrachtet – kommen zu keinem anderen Ergebnis.[75] Das BAG hat die arbeitsvertragliche Inbezugnahme mit Verweis auf die §§ 133, 157 BGB ebenso verstanden.[76] Nur so könne erreicht werden, dass Versorgungsempfänger an tariflichen Verbesserungen teilnehmen könnten.[77]

II. Sicherung von Anpassungsmöglichkeiten mit Begründung von Versorgungszusagen

Die Begründung von Versorgungszusagen ist im Ergebnis auf allen Wegen – ob individualvertraglich oder individualvertraglich mit kollektivem Bezug oder kollektivvertraglich – möglich.

Je nach Wahl der Rechtsgrundlage kann der Weg für gegebenenfalls erforderliche, spätere Anpassungsmöglichkeiten auch in formeller Hinsicht bereits geebnet werden. Dies ist vor allem für individualvertragliche und individualvertragliche Vereinbarungen mit kollektivem Bezug von Relevanz, um die Regelungen betriebsvereinbarungsoffen zu gestalten und gegebenenfalls spätere einheitliche Lösungswege zu ermöglichen.

Zudem entscheidet die Rechtsgrundlage über die Reichweite des Gestaltungsspielraums im Hinblick auf materielle Ablösungsmöglichkeiten. So haben Tarifvertragsparteien zum einen aufgrund von § 19 BetrAVG schon die Möglichkeit von den Regelungen des BetrAVG auch zuungunsten von Arbeitnehmern abzuweichen, zum anderen kommt Tarifverträgen aufgrund der geschützten Tarifautonomie nach Art. 9 Abs. 3 GG schon eine Richtigkeitsgewähr der tarifvertraglichen Regelungen zu. Dies eröffnet den Tarifparteien im Vergleich zu den Arbeitsvertragsparteien sowie den Betriebsparteien grundsätzlich eine weitergehende Eingriffsmöglichkeit.

---

75 BAG v. 31.1.2002 – 6 AZR 36/01, ZTR 2002, 478, Rn. 29; Däubler/*Frank/Lorenz*, TVG, 5. Aufl. 2022, § 3 Rn. 230 ff.; Wiedemann/*Oetker*, TVG, 8. Aufl. 2019, § 3 Rn. 299; vgl. zu aus dem Berufsverband ausgeschiedenen Mitarbeitern: Wiedemann/*Thüsing*, TVG, 8. Aufl. 2019, § 1 Rn. 388: *Thüsing* nimmt hier eine Regelungsbefugnis unabhängig einer Bezugnahme aufgrund ursprünglicher bestehender Mitgliedschaft an.

76 BAG v. 31.1.2002 – 6 AZR 36/01, ZTR 2002, 478, Rn. 29.

77 BAG v. 31.1.2002 – 6 AZR 36/01, ZTR 2002, 478, Rn. 29.

C. Änderung von arbeitgeberfinanzierten Versorgungszusagen

Ausgehend von der Wahl des Rechtsbegründungsakts bestimmen sich die Anforderungen an eine wirksame Anpassung der Versorgungszusage in drei Schritten. Zum einen richten sich die Anforderungen an die Anpassung nach dem Rechtsbegründungsakt der Versorgungszusagen. Diese muss zunächst betrachtet werden (**erster Schritt**), um im **zweiten Schritt** festzulegen, in welcher Form – auf individual- oder kollektivvertraglicher Ebene – bzw. mit welchem Vertragsinstrument eine Anpassung vorgenommen werden kann. Dieser zweite Schritt umfasst die formellen Voraussetzungen der Anpassung. Sollen Versorgungszusagen lediglich verbessert werden, so ist dies grundsätzlich ohne Weiteres möglich.

Nach Prüfung der formellen Gesichtspunkte ist im dritten Schritt auf materieller Ebene zu prüfen, ob ein Eingriff in die Versorgungsleistung inhaltlich möglich ist. Eine Verbesserung ist regelmäßig anzunehmen, wenn die Versorgungsleistungen erhöht, Wartezeiten abgeschafft oder aufgehoben, Leistungsarten wie beispielsweise Invalidenrente erweitert oder die Versorgungsordnung gegenüber einem größeren Arbeitnehmerkreis Anwendung finden soll.[78] Hingegen weitaus schwieriger gestaltet sich der dritte Schritt im Falle einer geplanten Verschlechterung der bestehenden Versorgungszusagen. Hier müssen unter Berücksichtigung der ersten beiden Schritte die Reichweite bzw. die Grenzen der möglichen verschlechternden Änderung geprüft werden.

I. Formelle Voraussetzungen der Anpassungen von Versorgungszusagen

Der Rechtsbegründungsakt ist wegweisend für die formellen Anpassungsmöglichkeiten im zweiten Schritt.

---

78 Höfer/de Groot/Küpper/Reich/*Höfer/Küpper*, Betriebsrentenrecht Band I, 28. Ergänzliefg. Mai 2022, Kapitel 5 Rn. 1; Thüsing/Granetzny, 2019, S. 122.

1. Individualvertragliche Versorgungszusage mit und ohne kollektivrechtlichen Bezug

Versorgungszusagen, die auf individualvertraglichen Rechtsgrundlagen beruhen, können durch verschiedene Regelungsinstrumente angepasst werden – abhängig von den arbeitsvertraglichen Vereinbarungen zwischen Arbeitgeber und Arbeitnehmer. Die konservativen Instrumente für die Ablösung einer individualvertraglich vereinbarten Versorgungszusage sind insbesondere einvernehmliche Änderungsvereinbarungen oder eine Änderungskündigung. Daneben kann auch ein Widerruf oder das Rechtsinstitut der Störung der Geschäftsgrundlage ein Mittel zu Ablösung sein. Einen praxistauglicheren und flexibleren Ansatz zur Ablösung bieten betriebsvereinbarungsoffene Regelungen. Die Privatautonomie ermöglicht es den Arbeitsvertragsparteien, betriebsvereinbarungsoffene Regelungen zu treffen. Damit wird dem Arbeitgeber auf formeller Ebene ermöglicht, die bisherige Zusage auch auf kollektivrechtlicher Ebene abzulösen.

Gesamtzusagen, betriebliche Übungen, ausdrückliche vertragliche Einheitsregelungen sowie Zusagen aus dem Gleichbehandlungsgrundsatz sind formal gesehen ebenfalls Verpflichtungserklärungen des Arbeitgebers auf individualvertraglicher Ebene.[79] Die Besonderheit ist dabei, dass sie einen kollektiven Charakter haben. Der Arbeitgeber gibt die Erklärung gegenüber allen Mitarbeitern oder einer Gruppe von ihnen ab. Die betroffenen Mitarbeiter erhalten eine zugesagte Versorgung nach den gleichen Voraussetzungen. Die Ablösungsmöglichkeiten unterscheiden sich allerdings im Ergebnis nicht von den Mitteln wie bei einer reinen individualvertraglichen Zusage.

a) Einvernehmliche vertragliche Ablösung

Bleibt man auf individualvertraglicher Ebene, können Arbeitgeber und Arbeitnehmer einvernehmlich – während des laufenden Arbeitsverhältnisses – die Versorgungszusage modifizieren. In § 105 GewO ist geregelt, dass Arbeitgeber und Arbeitnehmer nach Abschluss des Arbeitsvertrages einvernehmlich Änderungen vereinbaren können, soweit die Änderungen nicht zwingendem Recht widersprechen.[80] Ein Abänderungsvertrag bedarf der ausdrücklichen Zustimmung

---

79 Höfer/de Groot/Küpper/Reich/*Höfer/Küpper*, Betriebsrentenrecht Band I, 28. Ergänzliefg. Mai 2022, Kapitel 5 Rn. 34; insb. zur Gesamtzusage und betrieblichen Übung vgl. auch ErfK/*Preis*, 22. Aufl. 2022, § 611a BGB, Rn. 218 Schaub/*Ahrendt*, ArbR-Handbuch, 19. Aufl. 2021, § 110 Rn. 4 f. und § 111 Rn. 1.

80 MüKO/*Hergenröder*, 8. Aufl. 2020, § 2 KSchG Rn. 24.

des Arbeitnehmers.[81] Das Schweigen des Arbeitnehmers gilt grundsätzlich nicht als Zustimmung, sondern als Ablehnung des Vertrages.[82] Einigen sich die Vertragsparteien gemeinsam auf eine Änderung der Versorgungsvereinbarung, muss hierbei gewährleistet sein, dass Arbeitgeber und Arbeitnehmer hinsichtlich der Folgen die gleiche Ausgangslage haben. Der Arbeitgeber darf nicht mit einem Informationsvorsprung die Änderung vereinbaren. Dies gilt erst Recht, wenn die Anpassung zu einem vollständigen Verzicht auf die Versorgungsleistung führen soll.

aa) Belehrungspflichten

Denn das Arbeitsverhältnis ist von den Rechten und Pflichten der Vertragsparteien geprägt. Eine der Grundpflichten des Arbeitgebers ist die Fürsorgepflicht gegenüber dem Arbeitnehmer.[83] Zu klären ist, inwieweit sich aus dieser Fürsorgepflicht Aufklärungspflichten des Arbeitgebers ableiten, soweit dieser eine Verschlechterung der Versorgungsreglung intendiert.

Im BetrAVG findet sich zu Belehrungspflichten in Bezug auf eine Änderung der Versorgungsleistung während eines laufenden Arbeitsverhältnisses keine Regelung. In § 4a BetrAVG ist zwar ein Auskunftsanspruch des Arbeitnehmers gegenüber dem Arbeitgeber beziehungsweise dem Versorgungsträger normiert. Dieser besteht nach dem Wortlaut des Gesetzes jedoch nur auf Verlangen des Arbeitnehmers und beschränkt sich auf unverfallbare Anwartschaften im Falle eines berechtigten Interesses des Arbeitnehmers. Ein solches Interesse wird dann anzunehmen sein, wenn der Arbeitnehmer seine Entscheidung von dem Inhalt und Höhe der Anwartschaft abhängig machen möchte.[84] Entscheidungen, für die eine solche Auskunft relevant ist, können die Kündigung wie auch eine einvernehmliche Änderung sein. Liegt ein solcher Anspruch vor, richtet sich der Umfang der Auskunft nach dem Verlangen des Arbeitnehmers. So kann der Arbeitnehmer gem. § 4a Abs. 1 Nr. 1 BetrAVG hinsichtlich der zu erwartenden Höhe der zukünftigen Leistung oder gem. § 4a Abs. 1 Nr. 2 BetrAVG des

---

81 Kemper/Kisters-Kölkes/Berenz/Huber/*Kisters-Kölkes*, BetrAVG 9. Aufl. 2020, § 1 Rn. 341.

82 BAG v. 24.1.2006 – 3 AZR 484/04, NZA 2007, 278, 284; BAG v. 12.2.1985 – 3 AZR 183/83, AP Nr. 12 BetrAVG § 1; BAG v. 17.7.1965 – 3 AZR 302/64, AP Nr. 101 BGB § 242 Ruhegehalt; BAG v. 8.7.1960 – 1 AZR 72/60, AP Nr. 2 BGB § 305, Rn. 38; Kemper/Kisters-Kölkes/Berenz/Huber/*Kisters-Kölkes*, BetrAVG 9. Aufl. 2020, § 1 Rn. 341.

83 BAG v. 10.11.1955 – 2 AZR 282/54, BAGE 2, 217, 220; grundlegend Hueck/Nipperdey, Lehrbuch des Arbeitsrechts I, 6. Aufl. 1959, S. 357 ff.

84 Blomeyer/Rolfs/Otto/*Rolfs*, BetrAVG, 8. Aufl. 2022, § 4a Rn. 26 ff.

Übertragungswerts im Falle einer Übertragung bei einem berechtigten Interesse Auskunft verlangen. Ob der Arbeitgeber über beabsichtigte Änderungen oder über die Folgen einer möglichen Beendigung der betrieblichen Altersversorgung informieren muss, ob dies gegebenenfalls unabhängig von der Aufforderung des Arbeitnehmers erfolgen muss, regelt das Gesetz nicht. Daher bedarf es des Rückgriffs auf die Rechtsprechung, um den Umfang einer Belehrungspflicht des Arbeitgebers im Fall einer einvernehmlichen Änderung der Versorgungszusage zu klären.

(1) Grundsätze aus der Rechtsprechung

Zu möglichen Aufklärungspflichten des Arbeitgebers im Zusammenhang mit der vorzeitigen Beendigung der Versorgungszusage aufgrund der Beendigung des Arbeitsverhältnisses finden sich in der Rechtsprechung zahlreiche Entscheidungen. Aber auch Streitigkeiten zu Aufklärungspflichten im laufenden Arbeitsverhältnis landen hin und wieder vor dem BAG.[85]

Die Ausführungen zu Aufklärungspflichten im laufenden Arbeitsverhältnis entsprechen den Grundsätzen, die das BAG in seinen Entscheidungen zu allgemeinen Informationspflichten bezüglich der betrieblichen Altersversorgung im laufenden Arbeitsverhältnis sowie zu Auflösungsverträgen und der damit einhergehenden vorzeitigen Beendigung der Versorgungszusage[86] herausgearbeitet hat.

Unabhängig von beabsichtigten Änderungen von Versorgungszusagen hat das BAG grundsätzlich eine Informationspflicht des Arbeitgebers im laufenden Arbeitsverhältnis angenommen.[87] Dies hat das BAG auch zu Änderungen im laufenden Arbeitsverhältnis wiederholt aufgegriffen.[88] Das BAG leitet gegenseitige Rücksichtnahmepflichten in Bezug auf die Interessen der anderen Vertragspartei als Nebenpflicht aus einem bestehenden Arbeitsverhältnis ab.[89] Anlässlich dieser Rücksichtnahmepflichten könnten sich nach der Rechtsprechung des BAG Hinweis- und Informationspflichten des Arbeitgebers ergeben.[90] Der Arbeitgeber

85 BAG v. 15.11.2016 – 3 AZR 582/15, NZA 2017, 1058, 1068.

86 Vgl. hierzu auch ausführlich: *Granetzny*, Die Informationspflichten von Arbeitgebern gegenüber Arbeitnehmern in der betrieblichen Altersversorgung, 2011, S. 201 ff.

87 BAG v. 14.1.2009 – 3 AZR 71/07, AP BetrAVG § 1 Auskunft Nr. 7.

88 BAG v. 15.11.2016 – 3 AZR 582/15, NZA 2017, 1058, 1068.

89 BAG v. 15.11.2016 – 3 AZR 582/15, NZA 2017, 1058, 1068; BAG v. 14.1.2009 – 3 AZR 71/07, AP BetrAVG § 1 Auskunft Nr. 7, Orientierungssatz Nr. 1 der Richterinnen und Richter des BAG und Rn. 26.

90 BAG v. 18.2.2020 – 3 AZR 206/18, NZA 2020, 860, 862, Rn. 34; BAG v. 14.1.2009 – 3 AZR 71/07, AP BetrAVG § 1 Auskunft Nr. 7, Rn. 26.

sei verpflichtet seine Beschäftigten vor drohenden Nachteilen zu bewahren und sei daher auch gegebenenfalls verpflichtet von sich aus Hinweise zu erteilen.[91]

Wann tatsächlich Hinweis- und Informationspflichten bestehen, ergibt sich aus einer Interessenabwägung zwischen den erkennbaren Informationsbedürfnissen des Arbeitnehmers auf der einen Seite sowie der Beratungsmöglichkeit des Arbeitgebers auf der anderen Seite.[92] Je schwieriger die Rechtsmaterie und der Ausmaß der drohenden Nachteile sind, desto größer ist das Informationsbedürfnis des Arbeitnehmers.[93]

Weiterhin ist der Rechtsprechung des BAG der Grundsatz zu entnehmen, dass gesteigerte Informationspflichten insbesondere dann bestehen können, wenn eine für den Arbeitnehmer nachteilige Vereinbarung auf Initiative des Arbeitgebers und im Interesse des Arbeitgebers getroffen wird.[94]

Dies gilt insbesondere bei Beendigungen des Arbeitsverhältnisses, die auf Initiative des Arbeitgebers zustande kommen. Das BAG hat für den Fall einer beabsichtigten Vertragsbeendigung und des verbundenen Schicksals der Zusatzversorgung eines Arbeitnehmers eine Aufklärungspflicht des Arbeitgebers bejaht und gewisse Anforderungen an diese Aufklärungspflichten gestellt.[95] Das Gericht stellte auch in diesem Fall klar, dass es auf den Einzelfall ankomme, ob eine Aufklärungspflicht des Arbeitgebers bestehe oder nicht, wenn der Arbeitnehmer nicht von selbst die Frage nach der Folge seiner betrieblichen Altersvorsorge stelle.[96] In dem zu entscheidenden Fall ging es um die Frage, ob der Arbeitgeber gegenüber einem noch nicht ausgeschiedenen Arbeitnehmer eine

91 BAG v. 14.1.2009 – 3 AZR 71/07, AP BetrAVG § 1 Auskunft Nr. 7, Rn. 27.

92 BAG v. 15.11.2016 – 3 AZR 582/15, NZA 2017, 1058, 1068; BAG v. 14.1.2009 – 3 AZR 71/07, AP BetrAVG § 1 Auskunft Nr. 7, Rn. 26; LAG Hamm v. 6.12.2017 – 4 Sa 852/17, *juris*, Rn. 51; LAG Köln v. 11.1.2017 – 11 Sa 351/16, *juris*, Rn. 20.

93 LAG Hamm v. 6.12.2017 – 4 Sa 852/17, *juris*, Rn. 51.

94 BAG v. 14.1.2009 – 3 AZR 71/07, AP BetrAVG § 1 Auskunft Nr. 7, Rn. 28; BAG v. 17.10.2000 – 3 AZR 605/99, NZA 2001, 206, 207; BAG v. 3.7.1990 – 3 AZR 382/89, NZA 1990, 971, 972; vgl. weiter auch: BAG v. 15.11.2016 – 3 AZR 582/15, n.v., *juris* Rn. 85 f.; BAG v. 15.10.2013 – 3 AZR 10/12, BetrAV 2014, 87, 90, Rn. 49; BAG v. 21.1.2014 – 3 AZR 807/11, BAGE 147, 155, Rn. 15 f.; BAG v. 17.10.2000 – 3 AZR 605/99. NZA 2001, 206, 207; BAG v. 13.11.1984 – 3 AZR 255/84, BAGE 47, 169 (zu Arbeitgebern im öffentlichen Dienst); BAG v. 22.11.1963 – 1 AZR 17/63, DB 1964, 518, Rn. 15.

95 BAG v. 13.11.1984 – 3 AZR 255/84, BAGE 47, 169, 173 ff. (zu Arbeitgebern im öffentlichen Dienst).

96 BAG v. 13.11.1984 – 3 AZR 255/84, BAGE 47, 169, 173.

Belehrungspflicht in Bezug auf die versorgungsrechtlichen Nachteile einer beabsichtigten Vertragsbeendigung hat. Der Arbeitnehmer hatte vor dem einvernehmlichen Auflösungsvertrag nicht den Arbeitgeber explizit nach den Folgen des Vertrages gefragt. Er stand jedoch kurz vor dem Ruhestand und es war nicht zu erwarten, dass der Arbeitnehmer noch einmal vor dem Ruhestand in ein Arbeitsverhältnis eintritt. Das BAG kam im Rahmen einer Abwägung der Interessen der beiden Vertragsparteien zu dem Ergebnis, dass bei einem engen sachlichen und zeitlichen Zusammenhang zwischen der Auflösung des Arbeitsverhältnisses und dem Ruhestand eine Aufklärungspflicht des Arbeitgebers bestehe, soweit dadurch nachteilige Folgen für die betriebliche Altersversorgung des Arbeitnehmers entstünden.[97] Für einen solchen Fall stellte das BAG gewisse Anforderungen an die Aufklärungspflichten des Arbeitgebers. Dem Arbeitnehmer muss es durch die Aufklärung möglich sein, die Folgen einer Änderung zu überblicken.[98] Durch die Belehrungsplichten solle das Risiko minimiert werden, dass der Arbeitnehmer in Folge von Unkenntnis sich selbst schädigen würde.[99] Der Arbeitgeber dürfe sein Interesse an einer möglichst schnellen Vertragsbeendigung nicht einseitig in den Vordergrund stellen.[100]

(2) *Bedeutung für Änderungsvereinbarungen zu Versorgungszusagen im laufenden Arbeitsverhältnis und bei einvernehmlicher Beendigung des Arbeitsverhältnisses*

Ähnlich wie in den oben genannten Beispielen aus der Rechtsprechung liegt die verschlechternde Änderung der Versorgungszusage im laufenden Arbeitsverhältnis ausschließlich im Interesse des Arbeitgebers. Die Initiative zur Änderung des Vertrages wird auch einseitig vom Arbeitgeber ausgehen. Der Arbeitnehmer selbst wird kein Interesse an einer Kürzung haben, sondern vielmehr am Erhalt eines ungeschmälerten Rentenbezugs. Zwar gilt der Grundsatz, dass bei Vertragsschlüssen jede Partei sich über die Folgen des Rechtsgeschäftes selbst informieren muss.[101] Doch die einseitige Interessenverteilung verbunden mit dem

---

97 Vgl. BAG v. 13.11.1984 – 3 AZR 255/84, BAGE 47, 169, 173 (zu Arbeitgebern im öffentlichen Dienst).

98 Vgl. BAG v. 13.11.1984 – 3 AZR 255/84, BAGE 47, 169, 174, 176 (zu Arbeitgebern im öffentlichen Dienst).

99 Vgl. BAG v. 13.11.1984 – 3 AZR 255/84, BAGE 47, 169, 175 (zu Arbeitgebern im öffentlichen Dienst).

100 Vgl. BAG v. 13.11.1984 – 3 AZR 255/84, BAGE 47, 169, 176 (zu Arbeitgebern im öffentlichen Dienst).

101 BAG v. 11.12.2001 – 3 AZR 339/00, NZA 2002, 1150, 1152.

Ober- und Unterordnungsverhältnis von Arbeitgeber und Arbeitnehmer führen zu einem Ungleichgewicht. Aus dem Ober- und Unterordnungsverhältnis kann ein „Kompetenz- und/oder Informationsgefälle“[102] zwischen Arbeitgeber und Arbeitnehmer entstehen. Da gebieten die Pflicht zur Fürsorge und das Gebot der Rücksichtnahme es, dass der Arbeitgeber den Arbeitnehmer ausreichend aufklärt, bevor der Arbeitnehmer sich selbst durch die einvernehmliche Änderung schädigt.[103] Dies bestätigt sich durch die Rechtsprechung des BAG, das stets eine Auskunftspflicht angenommen hat.[104] Wie dargelegt, waren Gründe für ein gesteigertes Informationsbedürfnis des Arbeitnehmers stets das einseitige Interesse des Arbeitgebers und die Initiative, die von diesem ausging, und damit für den Arbeitnehmer ein anderes Gewicht hatten, als wenn der Arbeitnehmer selbst die Initiative ergriffen hätte.[105] Insbesondere gehen mit Kürzungen in der betrieblichen Altersversorgung stets finanzielle Nachteile für den Arbeitnehmer einher, die nicht unerheblich sein können, und die konkreten Einbußen in den Versorgungsleistungen sind für den Arbeitnehmer nicht unmittelbar erkennbar.[106] Diese Gründe sind gerade nicht nur im Zusammenhang mit Beendigungstatbeständen valide, sondern sind sogar umso gewichtiger, wenn das Über- und Unterordnungsverhältnis auch zukünftig im laufenden Arbeitsverhältnis fortgesetzt werden soll. Eine Hinweis- und Informationspflicht wird daher regelmäßig anzunehmen sein, wenn der Arbeitgeber eine einvernehmliche Änderung mit negativen Folgen für den Arbeitnehmer beabsichtigt. Dies wird sowohl in Bezug auf den öffentlichen als auch den privaten Arbeitgeber

---

102 Vgl. auch BAG v. 21.1.2014 – 3 AZR 807/11, BAGE 147, 155.

103 BAG v. 4.10.2005 – 9 AZR 598/04, BAGE 116, 104, 116; BAG v. 13.11.1984 – 3 AZR 255/84, BAGE 47, 169.

104 BAG v. 22.11.1963 – 1 AZR 17/63, DB 1964, 518, BetrAV 1964, 16, Rn. 15; vgl. BAG v. 15.11.2016 – 3 AZR 582/15, n.v., *juris* Rn. 85 f.; BAG v. 21.1.2014 – 3 AZR 807/11, BAGE 147, 155, Rn. 15 f.; BAG v. 15.10.2013 – 3 AZR 10/12, BetrAV 2014, 87, 90, Rn. 49; BAG v. 17.10.2000 – 3 AZR 605/99. NZA 2001, 206, 207; BAG v. 3.7.1990 – 3 AZR 382/89, NZA 1990, 971, 972; BAG v. 13.11.1984 – 3 AZR 255/84, BAGE 47, 169 (zu Arbeitgebern im öffentlichen Dienst).

105 BAG v. 17.10.2000 – 3 AZR 605/99. NZA 2001, 206, 207; BAG v. 3.7.1990 – 3 AZR 382/89, NZA 1990, 971, 972; so auch in der Literatur: *Hütig*, DB 1978, 693, 694; *Pophal*, DB 1987, 834, 835 f.

106 BAG v. 15.11.2016 – 3 AZR 582/15, n.v., *juris*, Rn. 86; BAG v. 21.1.2014 – 3 AZR 807/11, BAGE 147, 155; BAG v. 14.1.2009 – 3 AZR 71/07, VuR 2009 267, 268.

gelten.[107] Die Interessenlage der Parteien im privaten Unternehmen wird keine andere sein als im öffentlichen Dienst, für den das BAG häufiger Fälle einer Hinweis- und Informationspflicht zu klären hatte.

Das BAG hob in seinen älteren Entscheidungen zu Aufhebungsverträgen aber auch hervor, dass die Fürsorgepflicht hierbei nicht „übermäßig strapaziert" werden sollte.[108] Das heißt, dass die Aufklärung nur soweit gehen muss, wie der Arbeitgeber mit der Unkenntnis des Arbeitnehmers rechnen muss.[109] Der Arbeitnehmer muss – ähnlich wie bei einer Änderung im Aufhebungsvertrag – anhand der an ihn herangetragenen Informationen die Tragweite der Änderung beurteilen können. Hierbei wird es ausreichen, wenn der Arbeitnehmer dem Änderungsvertrag die notwendigen Informationen entnehmen kann.[110]

Allerdings hat sich die Rechtsprechung zu Aufhebungsverträgen auch weiter entwickelt und das BAG hat das Gebot des fairen Verhandelns in den Vordergrund gerückt,[111] um eine Überrumpelung des Arbeitnehmers zu vermeiden. Teile der Literatur[112] beziehen diese Rechtsprechung auch auf Informationspflichten des Arbeitgebers. Auch wenn das Gebot sehr vage ist, sollte der Arbeitgeber dennoch relevante Tragweiten der Änderungen dem Arbeitnehmer mitteilen, um nicht einen unwirksamen Aufhebungsvertrag oder im laufenden Arbeitsverhältnis eine unwirksame Änderungsvereinbarung zu riskieren.

bb) AGB-Kontrolle von individuellen Änderungsvereinbarungen

Unabhängig von den Hinweis- und Informationspflichten, die im Rahmen einer Änderungsvereinbarung der Versorgungzusage den Arbeitgeber treffen können, müssen solche Vereinbarungen auch einer AGB-Kontrolle standhalten.

Grundsätzlich gilt für Klauseln in Allgemeinen Geschäftsbedingungen eine uneingeschränkte AGB-Kontrolle, soweit Klauseln von Rechtsvorschriften abweichen oder diese ergänzen. Eine eingeschränkte Kontrolle nur im Hinblick

---

107 So auch zu Aufhebungsverträgen: BAG v. 14.8.1990 – 3 AZR 301/89, NZA 1991, 174, 175; Höfer/de Groot/Küpper/Reich/*Höfer/Küpper*, Betriebsrentenrecht Band I, 28. Ergänzliefg. Mai 2022, Kapitel 5 Rn. 26.

108 BAG v. 22.11.1963 – 1 AZR 17/63, NJW 1963, 1221, BetrAV 1964, 16, Rn. 15.

109 BAG v. 13.11.1984 – 3 AZR 255/84, BAGE 47, 169, 173; Höfer/de Groot/Küpper/Reich/*Höfer/Küpper*, Betriebsrentenrecht Band I, 28. Ergänzliefg. Mai 2022, Kapitel 5 Rn. 24 f.

110 Vgl. BAG v. 14.8.1990 – 3 AZR 301/89, NZA 1991, 174, 175.

111 BAG v. 7.2.2019 – 6 AZR 75/18, AP Nr. 50 BGB § 620 Aufhebungsvertrag.

112 *Däubler* in: Däubler/Deinert/Zwanziger, KSchR, 11. Aufl. 2020, Aufhebungsvertrag Rn. 105; ErfK/*Preis*, 22. Aufl. 2022, § 611a BGB Rn. 634.

auf die Einhaltung des Transparenzgebotes gem. § 307 Abs. 3 S. 2 i.V.m. § 307 Abs. 1 S. 2 BGB hingegen erfolgt bei Klauseln, die Hauptleistungspflichten zum Gegenstand haben.[113] Versorgungsleistungen stellen Vergütungsbestandteile dar.[114] Vergütungsbestandteile sind grundsätzlich Hauptleistungspflichten. Bei Versorgungszusagen ist allerdings eine Besonderheit zu berücksichtigen. Ein wesentlicher Unterschied zum vereinbarten laufenden Entgelt ist, dass die betriebliche Altersversorgung nicht die Gegenleistung für die Arbeitsleistung darstellt, sondern eine Belohnung der Betriebstreue.[115] Versorgungszusagen unterliegen daher ebenso wie ihre Änderungen der uneingeschränkten AGB-Kontrolle.[116] Insbesondere muss der Arbeitgeber darauf achten, dass keine überraschende Klausel im Sinne des § 305c Abs. 1 BGB vorliegt und die Klausel nicht gegen das Transparenzgebot gem. § 307 Abs. 3 S. 2 i.V.m. § 307 Abs. 1 S. 2 BGB verstößt.

(a) Überraschende Klausel im Sinne des § 305c Abs. 1 BGB

Gem. § 305c Abs. 1 BGB werden solche Klauseln nicht Vertragsbestandteil, die nach den Umständen, insbesondere nach dem äußeren Erscheinungsbild des Vertrags, so ungewöhnlich sind, dass der Vertragspartner des Verwenders mit ihnen nicht zu rechnen braucht. Das BAG sieht eine überraschende Klausel in Allgemeinen Geschäftsbedingungen als gegeben an, wenn die Klausel objektiv ungewöhnlich ist und der Arbeitnehmer subjektiv mit dieser nicht zu rechnen brauchte.[117] Der Erwartungshorizont des Vertragspartners wird von den allgemeinen und individuellen Begleitumständen des Vertragsschlusses

---

113 BAG v. 30.10.2010 – 3 AZR 798/08, NZA-RR 2011, 255, 257; BAG v. 7.9.2022 – 5 AZR 128/22, AP BGB § 611a nF Nr. 4, Rn. 47; BAG v.. 10.10.2023 – 3 AZR 250/22, NZA 2024 413, 415.

114 BAG v. 17.9.2013 – 3 AZR 686/11, NZA 2014, 33, Rn. 23; BAG v. 12.2.2013 – 3 AZR 100/11, NJW 2013, 560, Rn. 32; BGH v. 14.11.2007 – IV ZR 74/06, BGHZ 174, 127, Rn. 57.

115 BAG v. 18.10.1979 – 3 AZR 550/78, AP BetrAVG § 1 Treuebruch Nr. 1; *Neufeld* in: Grobys/Panzer-Heemeier, Stichwortkommentar Arbeitsrecht, Betriebliche Altersversorgung, allgemein, 3. Aufl. 2021, Rn. 11.

116 BAG v. 30.10.2010 – 3 AZR 798/08, NZA-RR 2011, 255, 257; LAG München v. 31.5.2016 – 2 Sa 910/15, n.v., *juris*.

117 BAG v. 15.11.2016 – 3 AZR 582/15, NZA 2017, 1058, 1065, Rn. 48; BAG v. 24.2.2016 – 5 AZR 258/14, BAGE 154, 178, Rn. 32; BAG v. 16.5.2012 – 5 AZR 331/11, BAGE 141, 324, Rn. 16.

geprägt.[118] Insbesondere die Vertragsverhandlungen, die konkreten Umstände bei Abschluss des Vertrages sowie das Erscheinungsbild sind hierfür maßgebliche Determinanten.[119] Entscheidend für die Annahme einer überraschenden Klausel ist der Widerspruch zwischen den Erwartungen und dem Inhalt der Klausel.[120]

In gerichtlichen Entscheidungen zu überraschenden Klauseln in Bezug auf Änderungsvereinbarungen von Versorgungszusagen haben sowohl das BAG als auch Gerichte unterer Instanzen stets eine Gesamtbetrachtung der Umstände vorgenommen.

In einer jüngeren Entscheidung zu dieser Thematik lehnte das BAG[121] die Annahme einer überraschenden Klausel ab, auch wenn in dem zu entscheidenden Fall die isolierte Betrachtung der Vereinbarung zur Überführung der bereits erworbenen Versorgungsanwartschaften in den neuen Versorgungsplan Anhaltspunkte für eine solche Annahme bot.[122] Die Mitarbeiterin eines Unternehmens hatte beanstandet, dass sie mit der Annahme des Angebots des Arbeitgebers zum Wechsel der bisherigen betrieblichen Altersvorsorge sowohl ihre Zustimmung zur Überführung der Altersvorsorge als auch ihre Zustimmung zur Einstellung der Direktzusage erteilte. Dies sei zum Zeitpunkt der Erteilung der Zustimmung nicht ersichtlich gewesen. Das Gericht bezog den Gesamtkontext mit ein, indem es insbesondere auf die beigefügte Anlagen zum unterbreiteten Angebot verwies. Die Klägerin hätte aus diesen entnehmen können, dass das Angebot des Arbeitgebers darauf abzielte, das bestehende System der beamtenähnlichen Versorgung durch die zuletzt abgeschlossene Dienstvereinbarung abzulösen. Zudem wären die Arbeitnehmer in diesen Anlagen auch darüber informiert worden, auf welche Höhe sich ihre betriebliche Altersvorsorge bei einer Überführung ihrer Anwartschaft und ihrer zukünftigen Teilnahme an dem neuen System beliefe.

Auch vor dem Hintergrund der Begleitumstände sei eine solche Einstellung der bisherigen Versorgungszusage für die Klägerin zu erwarten gewesen.

---

118 BAG v. 8.8.2007 – 7 AZR 605/06, DB 2008, 133, Rn. 27; LAG München v. 31.5.2016 – 2 Sa 910/15, n.v., *juris*, Rn. 133.

119 BAG v. 9.7.2007 – 5 AZR 319/06, DB 2008, 874, 875, Rn. 27.

120 BAG v. 19.3.2014 – 5 AZR 252/12 (B), BAGE 147, 342, Rn. 62; LAG München v. 31.5.2016 – 2 Sa 910/15, n.v., *juris*, Rn. 133.

121 BAG v. 20.6.2017 – 3 AZR 179/16, n.v., *juris*; BAG v. 15.11.2016 – 3 AZR 582/15, BAGE 157, 164.

122 BAG v. 20.6.2017 – 3 AZR 179/16, Rn. 41, n.v., *juris*.

Das Unternehmen habe sich in wirtschaftlichen Schwierigkeiten befunden.[123] Konkret-individuelle Umstände, die die Kenntnisnahme verhindert haben, sind bei der Auslegung der Allgemeinen Geschäftsbedingungen unerheblich.[124] Neben den materiellen Anforderungen ging das BAG auch auf die formalen Aspekte ein. Gegen einen Überraschungseffekt sprachen entscheidende Punkte, wie dass die relevanten Regelungen kurz und übersichtlich gestaltet und zumeist drucktechnisch abgesetzt waren.[125] Auf ähnliche Argumente stützte sich auch das LAG München[126] in einem ähnlich gelagerten Fall. Das LAG München ließ es offen, ob der Wechselvereinbarung der Arbeitgeberin ein Überrumplungseffekt innewohne. Das Gericht hob hervor, dass es nicht auf die isolierte Betrachtung ankomme, sondern eben auch auf die beigefügte Anlage, die die Konsequenzen des Wechsels näher erläuterte, sowie auf den Gang der Verhandlungen im Vorfeld. Die Arbeitgeberin habe den Mitarbeitern bereits vor dem Zuleiten der Angebote eine Vielzahl von Informationen und Dokumenten zugänglich gemacht. Hierbei sei auch die Einstellung der Direktzusagen thematisiert worden.[127]

Mit den Entscheidungen verdeutlicht die Rechtsprechung auf der einen Seite, dass zur Vermeidung einer Unwirksamkeit aufgrund einer überraschenden Klausel, die notwendigen Informationen an den Arbeitnehmer in einer übersichtlichen Weise herangetragen werden müssen, aber auf der anderen Seite keine allzu hohen Hürden bestehen sollen, soweit die Begleitumstände und die Einordnung in den Gesamtkontext objektiv erkennbar sind.

(b) Transparenz, § 307 Abs. 1 S. 2 BGB

Die allgemeinen Anforderungen des Transparenzgebotes gem. § 307 Abs. 1 S. 2 BGB finden ebenso auf Änderungsvereinbarungen zu Versorgungszusagen Anwendung. Nach der ständigen Rechtsprechung des BAG müssen zur Einhaltung des Transparenzgebotes die tatbestandlichen Voraussetzungen und Rechtsfolgen so genau beschrieben sein, dass für den Verwender keine ungerechtfertigten Beurteilungsspielräume entstehen. Sinn des Transparenzgebotes ist, der Gefahr vorzubeugen, dass der Vertragspartner des Klauselverwenders

---

123 BAG v. 20.6.2017 – 3 AZR 179/16, Rn. 50, n.v., *juris*; s. auch *von Stumm*, GWR 2017, 382.

124 BAG v. 20.6.2017 – 3 AZR 179/16, n.v., *juris*, Rn. 34.

125 BAG v. 15.11.2016 – 3 AZR 582/15, BAGE 157, 164, Rn. 52.

126 LAG München v. 31.5.2016 – 2 Sa 910/15, n.v., *juris*.

127 LAG München v. 31.5.2016 – 2 Sa 910/15, n.v., *juris*, Rn. 135 f.

von der Durchsetzung bestehender Rechte abgehalten wird. Die Voraussetzungen und der Umfang der Leistungspflicht müssen deshalb so bestimmt oder zumindest so bestimmbar sein, dass der Vertragspartner des Verwenders bereits bei Vertragsschluss erkennen kann, was auf ihn zukommt. Eine Klausel verletzt das Bestimmtheitsgebot, wenn sie vermeidbare Unklarheiten enthält und Spielräume eröffnet.[128]

Bei der Gestaltung von Informationsschreiben und zustimmungsbedürftigen Angeboten erachtet das BAG Formulierungen als klar und verständlich, bei denen es sich um gebräuchliche Begriffe im Unternehmen der betroffenen Arbeitnehmer handelt.[129] Nicht klar und verständlich sind unbestimmte Rechtsbegriffe, die zwar an ältere Fassungen von Rechtsvorschriften anknüpfen, aber hierauf weder verwiesen wird noch die Rechtsbegriffe näher erläutert werden.[130] Dass die Arbeitnehmer erst im Wege der Auslegung den Inhalt der Schreiben ermitteln können, widerspricht dem Transparenzgebot nicht,[131] sofern eine mehrdeutige Auslegungsmöglichkeiten nach § 305c Abs. 2 BGB ausgeschlossen ist. Sofern die Auslegung möglich aber fernliegend ist, führt dies alleine noch nicht zur Anwendbarkeit des § 305c Abs. 2 BGB.[132]

(c) *Angemessenheit im Übrigen und vollständiger Verzicht auf die Versorgungszusage im laufenden Arbeitsverhältnis im Besonderen*

Schließlich unterliegen Änderungsvereinbarungen von individuellen Versorgungszusagen auch der Angemessenheitskontrolle gem. § 307 Abs. 1 S. 1 i.V.m. Abs. 2 BGB. Unangemessen ist jede Beeinträchtigung eines anerkannten Interesses des Arbeitnehmers, die nicht durch begründete und billigenswerte Interessen des Arbeitgebers gerechtfertigt ist oder durch gleichwertige Vorteile ausgeglichen wird. Die Feststellung einer unangemessenen Benachteiligung setzt eine wechselseitige Berücksichtigung und Bewertung rechtlich anzuerkennender Interessen des Vertragspartners voraus. Zu prüfen ist, ob der Klauselinhalt bei der in Rede stehenden Art des Rechtsgeschäfts generell und unter Berücksichtigung der typischen Interessen der beteiligten Verkehrskreise eine unangemessene Benachteiligung des Vertragspartners ergibt.[133]

128 BAG v. 20.6.2017 – 3 AZR 179/16, n.v., *juris*, Rn. 58; BAG v. 21.1.2015 – 10 AZR 84/14, BAGE 150, 286, Rn. 33 m.w.N.
129 BAG v. 20.6.2017 – 3 AZR 179/16, n.v., *juris*, Rn. 60.
130 Vgl. BAG v. 30.9.2014 – 3 AZR 930/12, BAGE 149, 200, Rn. 24.
131 BAG v. 20.6.2017 – 3 AZR 179/16, n.v., *juris*, Rn. 60.
132 BAG v. 20.6.2017 – 3 AZR 179/16, n.v., *juris*, Rn. 46.
133 BAG v. 15.11.2016 – 3 AZR 582/15, NZA 2017, 1058, 1066.

Ob eine Änderungsvereinbarung als unangemessen zu bewerten ist, ist nach der Rechtsprechung des BAG insbesondere am dem Schuldrecht zugrunde liegenden Äquivalenzprinzip sowie am Leitbild des § 779 BGB zu messen.[134]

Im Rahmen der Angemessenheitsprüfung ist grundsätzlich das Äquivalenzprinzip zu beachten. Das Äquivalenzprinzip erfordert für die Annahme einer angemessenen Änderung bzw. Klausel, dass das ursprünglich von den Parteien festgelegte Verhältnis von Leistung und Gegenleistung zu erhalten ist. Das ursprünglich festgelegte Verhältnis ist dann nicht mehr gewahrt, wenn der Arbeitnehmer bereits entstandene Ansprüche ohne rechtfertigende sachliche Gründe und kompensatorische Gegenleistungen verliert, wie bei einem vollständigen oder teilweisen Verzicht auf Versorgungsanwartschaften.[135] Nach dem BAG ist dann eine Ausnahme vom Äquivalenzprinzip zu machen, wenn eine rechtliche Ungewissheit oder ein Streit über das Rechtsverhältnis besteht.[136] Analog zum Rechtsgedanken des § 779 BGB kann eine solche Ungewissheit bzw. ein solcher Streit durch gegenseitiges Nachgegeben beseitigt werden. Die Regelung des § 779 BGB sieht vor, dass ein bestehender Streit oder eine rechtliche Ungewissheit über ein Rechtsverhältnis durch ein gegenseitiges Nachgeben beseitigt werden soll.

Auch wenn die Regelung des § 779 BGB grundsätzlich nur für einen Vergleich diesen Grundsatz vorsieht, so leitet die Rechtsprechung aus dieser Regelung zugleich ein gesetzliches Leitbild ab. Bei Änderungsvereinbarungen ist dieses Leitbild zu berücksichtigen, wenn ein Streit oder rechtliche Ungewissheit hinsichtlich einer Vereinbarung im Ganzen oder einzelner Punkt beseitigt werden soll.[137] Die Änderung von Versorgungszusagen werden vom BAG anhand dieses Leitbilds und dem damit verbundenen gegenseitigen Nachgeben der Parteien im Rahmen der AGB-Prüfung gemessen. Begleitumstände können bewirken, dass Versorgungszusagen angepasst werden müssen.

Eine unangemessene Benachteiligung wird im Hinblick auf den Grundsatz des gegenseitigen Nachgebens regelmäßig abzulehnen sein, soweit der Arbeitgeber ein berechtigtes Interesse an der Anpassung hat und die Anpassung sich aber gleichzeitig nur im Rahmen des Erforderlichen bewegt. Dies lässt sich auch aus der Rechtsprechung des BAG ableiten. Eine konkrete Richtschnur gibt das

---

134 BAG v. 15.11.2016 – 3 AZR 582/15, NZA 2017, 1058, 1066 f.; BAG v. 21.4.2016 – 8 AZR 474/14, NZA 2016, 1409, 1416, Rn. 72 ff.

135 BAG v. 15.11.2016 – 3 AZR 582/15, NZA 2017, 1058, 1067.

136 BAG v. 15.11.2016 – 3 AZR 582/15, NZA 2017, 1058, 1067.

137 BAG v. 15.11.2016 – 3 AZR 582/15, NZA 2017, 1058, 1066, Rn. 66.

BAG allerdings für eine zulässige Vereinbarung zum teilweisen oder vollständigen Verzicht nicht an die Hand – dies wird auch in der Literatur kritisiert.[138] In den konkret zu entscheidenden Fällen verneinte das BAG eine unangemessene Benachteiligung mit der Begründung, dass der Arbeitgeber sich in einer seine Existenz bedrohende wirtschaftlichen Lage befunden habe und zur Vermeidung von wirtschaftlichen Risiken ein berechtigtes Interesse an einer rechtssicheren Ablösung des bestehenden Versorgungssystems gehabt habe.[139]

Für die Zulässigkeit der Vereinbarung eines vollständigen Verzichts wäre eine Richtschnur besonders relevant. Eine solche Regelung ist jedenfalls nicht von vornherein unangemessen. Die grundsätzliche Zulässigkeit hat das BAG bestätigt: Im Jahr 2003 hat das Gericht mit seiner Rechtsprechung klargestellt, dass ein Arbeitnehmer im laufenden Arbeitsverhältnis auch auf in der Vergangenheit erdiente unverfallbare Anwartschaften grundsätzlich verzichten kann.[140] Das in § 3 BetrAVG geregelte Abfindungsverbot, das einem entschädigungslosen Erlass der Versorgungsanwartschaft gleich steht, stehe einer solchen Änderungsvereinbarung nicht entgegen.[141] § 3 BetrAVG finde nur auf Vereinbarungen im Zusammenhang mit der Beendigung des Arbeitsverhältnisses Anwendung.[142]

Da eine substanzgefährdende wirtschaftliche Lage eines Unternehmens als zulässiger Grund für eine verschlechternde Vereinbarung von der Rechtsprechung anerkannt wurde, wäre wohl eine ähnliche Wertung und Differenzierung von Eingriffsstufen wie bei dem sogenannten Drei-Stufen-Modell im Rahmen der Angemessenheitsprüfung konsequent. Den Maßstab des Drei-Stufen-Modells hat die Rechtsprechung für eine Ablösung durch Betriebsparteien entwickelt, denen im Rahmen ihrer Betriebsautonomie gewissen Freiheiten zukommen. Daher ist nicht von einer 1:1 Übertragung auf die Angemessenheitsprüfung im Rahmen der AGB-Kontrolle auszugehen. Die Wertungen hinter dem Drei-Stufen-Modell sollten aber jedenfalls ihre Berücksichtigung finden.[143]

Es bleibt jedenfalls dabei, dass im Rahmen der Angemessenheitsprüfung auf Seiten des Arbeitgebers erhebliche Gründe vorliegen müssen, die einen solchen

---

138 WHSS/*Schnitker/Döring*, 6. Aufl. 2021, Teil J Rn. 665.

139 BAG v. 23.5.2017 – 3 AZR 771/15, n.v., *juris*, Rn. 33; BAG v. 15.11.2016 – 3 AZR 582/15, NZA 2017, 1058, 1066.

140 BAG v. 14.6.2005 – 3 AZR 185/04, AP Nr. 14 zu § 3 BetrAVG; BAG v. 21.1.2003 – 3 AZR 30/02, VersR 2004, 356.

141 BAG v. 21.1.2003 – 3 AZR 30/02, VersR 2004, 356.

142 BAG v. 21.1.2003 – 3 AZR 30/02, VersR 2004, 356.

143 Ähnlich WHSS/*Schnitker/Döring*, 6. Aufl. 2021, Teil J Rn. 665.

Verzicht rechtfertigen. Andernfalls überwiegt das Interesse des Arbeitnehmers, dass jedenfalls eine verhältnismäßige Kürzung der Anwartschaften erfolgt.

cc) Unzulässigkeit des Verzichts im Aufhebungsvertrag

In Aufhebungsverträgen ist hingegen der vollständige Verzicht auf Versorgungsleistungen stets unzulässig. Dies lässt sich aus § 3 BetrAVG herleiten. Nach § 3 BetrAVG sind Abfindungen von laufenden Leistungen und von unverfallbaren Versorgungsanwartschaften im Falle der Beendigung des Arbeitsverhältnisses nicht zulässig.[144] Das Abfindungsverbot gilt nur für den gesetzlich unverfallbaren Teil der Anwartschaft.[145] Das BAG leitet aus dieser gesetzlichen Regelung nach dem *a-maiore-ad-minus*-Schluss ab, dass auch ein entschädigungsloser Erlass unwirksam ist.[146] Wenn das Gesetz schon einen Verzicht auf Anwartschaften gegen ein Entgelt im Grundsatz als unzulässig erachtet, dann muss dies erst Recht für einen entschädigungslosen Verzicht von Anwartschaften gelten. Jedenfalls gilt die Unzulässigkeit des Verzichts in dem Umfang, in dem auch das Abfindungsverbot gilt.

Anders wird das Verzichtsverbot teilweise in der Literatur gesehen. So vertritt *Rolfs* die Ansicht, dass der Arbeitnehmer schon aus eigenem Interesse einen Erlassvertrag bzw. einen Verzicht bei Beendigung des Arbeitsverhältnisses ablehne.[147] Eine Umgehung des Abfindungsverbots sei durch die Zulässigkeit des Verzichts nicht zu befürchten.[148] Dies begründet *Höfer* weiter damit, dass anlässlich der Beendigung des Arbeitsverhältnisses der „frühere" Arbeitnehmer sich in einer stärkeren Position als der betriebsangehörige Arbeitnehmer befinde.[149] Die soziale und wirtschaftliche Bindung an den früheren Arbeitgeber fehle

144 BAG v. 17.6.2014 – 3 AZR 412/13, AP Nr. 16 zu § 1 BetrAVG Treuebruch, Rn. 50; BAG v. 14.6.2005 – 3 AZR 185/04, AP Nr. 14 zu § 3 BetrAVG, Rn. 27; BAG v. 21.1.2003 – 3 AZR 30/02, AP Nr. 13 zu § 3 BetrAVG, Rn. 21 ff.; BAG v. 20.10.1987 – 3 AZR 200/86, BAGE 56, 251, 261; BAG v. 22.9.1987 – 3 AZR 194/86 BAGE 56, 148, 153 f.; Blomeyer/Rolfs/Otto/*Rolfs*, BetrAVG, 8. Aufl. 2022, § 3 Rn. 10.

145 Blomeyer/Rolfs/Otto/*Rolfs*, BetrAVG, 8. Aufl. 2022, § 3 Rn. 19.

146 Grundlegend BAG v. 22.9.1987 – 3 AZR 194/86, NZA 1988, 470; bestätigend BAG v. 17.6.2014 – 3 AZR 412/13, DB 2014, 2534, Rn. 50.; BAG v. 14.6.2005 – 3 AZR 185/04, DB 2006, 959, Rn. 27.

147 Blomeyer/Rolfs/Otto/*Rolfs*, BetrAVG, 8. Aufl. 2022, § 3 Rn. 10.

148 Blomeyer/Rolfs/Otto/*Rolfs*, BetrAVG, 8. Aufl. 2022, § 3 Rn. 10.

149 Höfer/de Groot/Küpper/Reich/*Höfer*, Betriebsrentenrecht Band I, 28. Ergänzliefg. Mai 2022, § 3, Rn. 26.

nunmehr.[150]

Die Argumentation gegen die Ausführungen des BAG überzeugen nicht. Wenn schon nicht zum Schutze des Arbeitnehmers eine Abfindung gegen Verzicht auf die Anwartschaften möglich sein soll, dann muss dies erst recht für den Verzicht ohne Entschädigungsleistung gelten. Hierfür sprechen bereits der Sinn und Zweck des § 3 BetrVG. Der Gesetzgeber wollte mit dieser Regelung sicherstellen, dass Anwartschaften auf betriebliche Altersversorgung bis zum Rentenbeginn und laufende Betriebsrenten bis zum Lebensende erhalten bleiben. In der Gesetzesbegründung zu § 3 BetrAVG wird ausgeführt, dass eine vorzeitige Verwertung dem Versorgungszweck widerspreche.[151] Auch wenn ein Arbeitnehmer aus eigenem Interesse einen solchen Verzicht ablehnen würde, so ist dennoch das Über- und Unterordnungsverhältnis zwischen ihm und dem Arbeitgeber zu beachten, das gewisse Schutzvorkehrungen zugunsten des Arbeitnehmers erforderlich macht. Das gilt auch bei Abschluss eines Aufhebungsvertrages, bei dem nicht leichtfertig auf Anwartschaften auf betriebliche Altersversorgung verzichtet werden soll, um hierfür ein – ggf. nicht gleichwertiges – Entgegenkommen des Arbeitgebers in einem anderen Bereich zu bewirken.

b) Ablösung durch Änderungskündigung

Ist eine einvernehmliche Lösung mit Arbeitnehmern nicht möglich, sind einseitige Mittel zur Anpassung der Versorgungszusage durch den Arbeitgeber in Betracht zu ziehen. Im laufenden Arbeitsverhältnis sind einseitige, insbesondere verschlechternde Änderungen von individualvertraglichen Versorgungszusagen durch den Arbeitgeber im Wege von Änderungskündigungen möglich.

aa) Erfordernis einer Änderungskündigung

Als Entgeltbestandteil gehören Versorgungszusagen zu den wesentlichen Bedingungen im Arbeitsvertrag, deren einseitige Änderung grundsätzlich einer Änderungskündigung bedarf. Dies bedeutet aber auch, dass eine Änderung im Wege der Änderungskündigung nur möglich ist, wenn insbesondere auch die Schutzvorschriften des Kündigungsschutzgesetzes berücksichtigt werden. Eine Änderungskündigung muss wie eine Kündigung ohne Änderungsangebot sozial gerechtfertigt sein.[152] Es müssen daher personen-, verhaltens- oder

---

150 Höfer/de Groot/Küpper/Reich/*Höfer*, Betriebsrentenrecht Band I, 28. Ergänzliefg. Mai 2022, § 3 BetrAVG, Rn. 26.

151 BT-Drucks. 15/2150, S. 52.

152 ErfK/*Oetker*, 22. Aufl. 2022, § 2 KSchG, Rn. 39; vgl. hierzu auch das Kapitel zu den materiellen Anforderungen, hier Abschn. C. II.

betriebsbedingte Gründe vorliegen, die die Änderungskündigung rechtfertigen. Ebenso muss der Verhältnismäßigkeitsgrundsatz gewahrt werden. Mitbestimmungsrechte des Betriebsrats sind ebenfalls berührt, wie § 102 BetrVG (Anhörung vor Ausspruch einer Kündigung). Sofern eine Anzahl von mehreren Arbeitnehmern von dieser Änderungsmaßnahme betroffen sind, ist das zwingende Mitbestimmungsrecht nach § 87 Abs. 1 Nr. 10 BetrVG zu beachten.[153]

Vor diesem Hintergrund kann ein Arbeitgeber sich daher nicht leicht von Individualzusagen lösen. Die engen Schranken führen dazu, dass in der Praxis Änderungskündigungen ein selten genutztes Instrument zur Änderung von individuellen Versorgungszusagen sind. Vor allem bei Individualzusagen mit kollektivem Bezug werden Änderungskündigungen nicht die gewünschte Lösung zur Anpassung sein.

Insbesondere aufgrund der Entscheidung des BAG vom 23.2.2016[154] zur Ablösung von Versorgungszusagen durch verschlechternde Betriebsvereinbarungen stellt sich aber ohnehin die Frage, ob eine Änderung von Versorgungszusagen in Individualverträgen nur zwingend durch Änderungskündigungen erreicht werden kann. Das BAG führte in dieser Entscheidung zur betrieblichen Altersvorsorge aus, dass die Zusage einer betrieblichen Altersversorgung in Form einer Gesamtzusage den Willen des Arbeitgebers verdeutliche, die Zusage nach einheitlichen Regeln bzw. einem einheitlichen System umsetzen zu wollen.[155] Da daher im Regelfall eine Versorgung nur nach den jeweils beim Arbeitgeber geltenden Versorgungsregeln zugesagt werde und eine einheitliche Anwendung nur so möglich sei, bedürfe es zur Neuregelung der Zusagen keiner Änderungskündigung.[156]

Ob dieser folgenorientierte Ansatzpunkt auch formell-rechtlich zu begründen ist, kann an dieser Stelle dahinstehen. Auch wenn es sich bei Gesamtzusagen um Zusagen handelt, die Bestandteil des Individualvertrags werden, so ist der Lösungsweg des BAG dennoch nicht auf individuelle Versorgungszusagen ohne kollektiven Bezug übertragbar. Die Argumentation des BAG beruht gerade auf den einheitlichen Regelungswillen des Arbeitgebers. Dieser Wille spiegelt sich nicht in reinen Individualzusagen ohne kollektiven Bezug wider.

---

153 Blomeyer/Rolfs/Otto/*Rolfs*, BetrAVG, 8. Aufl. 2022, Anhang zu § 1 Rn. 417.
154 BAG v. 23.2.2016 – 3 AZR 960/13, NZA 2016, 642.
155 BAG v. 23.2.2016 – 3 AZR 960/13, NZA 2016, 642, 646, Rn. 32.
156 BAG v. 23.2.2016 – 3 AZR 960/13 NZA 2016, 642, 646, Rn. 32.

bb) Kein Ausschluss der Änderungskündigung – Verhältnis zum Wegfall der Geschäftsgrundlage

Die Änderungskündigung wird jedenfalls nicht vom Rechtsinstitut des Wegfalls der Geschäftsgrundlage verdrängt. Das Kündigungsrecht ist gegenüber der Vertragsanpassung lex specialis.[157] Sachverhalte, die zu einem Wegfall der Geschäftsgrundlage führen, sind daher auch im Rahmen des § 2 KSchG zu berücksichtigen und daraufhin zu prüfen, ob sie eine Kündigung rechtfertigen können.[158]

cc) Maßstab der Entgeltreduzierung durch Änderungskündigung

Liegen die Voraussetzungen einer Änderungskündigung zur einseitigen Änderung individualvertraglicher Versorgungszusagen vor, ist die Änderungskündigung im Rahmen der geltenden Maßstäbe auszusprechen.

Aus formeller Sicht ist daher grundsätzlich der Maßstab für Entgeltreduzierungen durch Änderungskündigungen anzuwenden. Das Angebot zur Fortsetzung des Arbeitsverhältnisses mit der geänderten Versorgungszusage muss eindeutig bestimmt bzw. bestimmbar sein, sodass der Arbeitnehmer dieses ohne weiteres Zutun annehmen kann.[159] Für den durchschnittlichen Arbeitnehmer muss zweifelsfrei deutlich werden, welche Voraussetzungen und Bedingungen zukünftig für die Versorgungszusage gelten sollen. Unklarheiten führen zur Unwirksamkeit der Änderungskündigung.[160]

Ob und inwieweit darüber hinaus Anforderungen an eine Änderung von Versorgungszusagen durch Änderungskündigungen gestellt werden müssen, ist eine Frage der materiellen Einschränkung und wird in Kapitel C. II. näher behandelt.

c) Ablösung bei vorbehaltenem Widerruf

Ein grundsätzlich einfacherer Weg zur Lossagung von Zusagen wäre das Mittel des Widerrufvorbehalts. Wirft man einen Blick auf andere Individualleistungen des Arbeitgebers, so begegnet man nicht selten dem Widerrufsvorbehalt als ein

---

157 BAG v. 8.10.2009 – 2 AZR 235/08, NZA 2010, 465, 467 f., Rn. 34; ErfK/*Oetker*, 22. Aufl. 2022, § 2 KSchG Rn. 1a m.w.N.

158 S. nur BAG v. 20.10.2017 – 2 AZR 783/16 (F), NZA 2018, 440, 443, Rn. 30; BAG v. 5.6.2014 – 2 AZR 615/13, NZA 2015, 40, 42, Rn. 23; ausführlich zum Wegfall der Geschäftsgrundlage vgl. Abschn. C. I. 1. d).

159 Vgl. BAG v. 10.9.2009 – 2 AZR 822/07, NZA 2010, 333, 335, Rn. 15.

160 BAG v. 10.9.2009 – 2 AZR 822/07, NZA 2010, 333, 335, Rn. 15; BAG v. 15.1.2009 – 2 AZR 641/07, NZA 2009, 957, 958, Rn. 16.

mögliches einseitiges Ablösungsinstrument. Der Widerrufsvorbehalt wird in Arbeitsverträgen häufig im Zusammenhang mit zusätzlichen Sozialleistungen des Arbeitgebers verwendet, wie beispielsweise beim Urlaubs- und Weihnachtsgeld. So kann sich der Arbeitgeber in wirtschaftlich schwierigen Zeiten leichter von solchen Sozialleistungen wieder lösen. Die Rechtsprechung setzt auch unabhängig von Versorgungszusagen AGB-rechtlich hohe Maßstäbe an die Wirksamkeit von Regelungen zu den Widerrufsvorbehalten.

Es stellt sich die Frage, ob die aufgestellten Grundsätze der Rechtsprechung auch auf Widerrufsvorbehalte für Versorgungszusagen übertragen werden können. Ob überhaupt eine Versorgungszusage unter einen Widerrufsvorbehalt gestellt werden kann, hängt von der Finanzierungsform ab. Nur für arbeitgeberfinanzierte Versorgungszusagen können die Vertragsparteien grundsätzlich einen Widerruf vereinbaren. Eine reine Entgeltumwandlung oder eine Eigenbeitragszusage können nicht wirksam unter einen Widerruf gestellt werden. § 1a BetrAVG gewährt einen Rechtsanspruch auf die Entgeltumwandlung. Eine Einschränkung dieses gesetzlichen Anspruches stellt einen Verstoß gegen § 19 Abs. 3 BetrAVG dar und ist unwirksam.[161] Dies gilt ebenso für einen Widerruf auf der Grundlage von § 313 BGB (Störung der Geschäftsgrundlage).[162]

aa) Grundsätzliche Entwicklung der Anforderungen an Widerrufsklauseln im Arbeitsrecht

Während im Bereich der betrieblichen Altersvorsorge die Relevanz der Vereinbarung von Widerrufsklauseln bislang überschaubar ist, ist die Verwendung von solchen Klauseln im Kontext von anderweitigen freiwilligen Sozialleistungen bei Arbeitgebern beliebt.

In diesen Bereichen zeichnet sich eine eher strenge Rechtsprechung im Hinblick auf die AGB-rechtlichen Anforderungen ab. Nach der Rechtsprechung darf aufgrund der Wertungen der §§ 307 Abs. 1 und 2 BGB (unangemessene Benachteiligung), 308 Nr. 4 (Änderungsvorbehalt) BGB durch einen Widerrufsvorbehalt nicht in den Kernbereich des Arbeitsvertrags eingegriffen werden.[163] Dies konkretisiert das BAG dadurch, dass der widerrufliche synallagmatische Teil des

161 Blomeyer/Rolfs/Otto/*Rolfs*, BetrAVG, 8. Aufl. 2022, Anhang zu § 1, Rn. 487; Clemens, Entgeltumwandlung zur betrieblichen Altersversorgung, 2005, S. 307.

162 Blomeyer/Rolfs/Otto/*Rolfs*, BetrAVG, 8. Aufl. 2022, Anhang zu § 1, Rn. 487.

163 Vgl. nur BAG v. 11.10.2006 – 5 AZR 721/05, NZA 2007, 87, 89, Rn. 22.

Gesamtverdienstes unter 25 % liegen muss und gegebenenfalls Tariflohn nicht unterschritten werden darf.[164]

Insbesondere auf Grundlage des Transparenzgebots gem. § 307 Abs. 1 S. 2 BGB fordert die Rechtsprechung, dass Widerrufsvorbehalte, die unmittelbar synallagmatische Pflichten oder bereits erdiente Rechte betreffen und bei denen der Arbeitnehmer keinen Einfluss auf den Eintritt des Widerrufsgrundes hat, nur Bestand haben, sofern die Klausel im Arbeitsvertrag selbst den konkreten Widerrufsgrund nennt und im Rahmen der Wertung des § 2 KSchG Bestand hätte.[165] Zudem müsse die widerrufliche Leistung nach Art und Höhe eindeutig sein, damit der Arbeitnehmer erkennen könne, was gegebenenfalls auf ihn zukomme.[166]

Ist die Klausel nach den §§ 307 ff. BGB angemessen und liegen die Voraussetzungen des Widerrufs vor, muss daneben die Ausübung des Widerrufs im Einzelfall billigem Ermessen entsprechen.[167]

bb) Übertragbarkeit auf Versorgungszusagen – Anforderungen an Widerrufsklauseln

Für Widerrufsvorbehalte in Versorgungszusagen gilt grundsätzlich nichts anderes. Allerdings sind die Besonderheiten der betrieblichen Altersversorgung hier zu beachten.

In der Praxis sind allerdings die Widerrufsvorbehalte in Bezug auf Versorgungszusagen regelmäßig deklaratorischer Natur und spiegeln die gesetzlichen Regelungen wider.[168] Die Klausel unterliegt dann schon nicht der Inhaltskontrolle nach den §§ 307 ff. BGB, da sie keine neuen Änderungsmöglichkeiten über die gesetzlichen Vorschriften hinaus schaffen soll (vgl. § 307 Abs. 3 BGB). Auch ohne den deklaratorischen Widerrufsvorbehalt gelten die zivilrechtlichen Normen wie die §§ 242, 313 BGB.

Insofern muss auch die Klausel, sofern sie die Gesetzeslage wiedergibt, nicht auch beinhalten, in welcher Höhe die Versorgungszusage widerruflich ist. Die

---

164 Vgl. nur BAG v. 11.10.2006 – 5 AZR 721/05, NZA 2007, 87, 89, Rn. 23; BAG v. 7.12.2005 – 5 AZR 535/04, NZA 2006, 423, 427 f., Rn. 44; BAG v. 12.1.2005 – 5 AZR 364/04, NZA 2005, 465, 467.

165 Vgl. nur BAG v. 11.10.2006 – 5 AZR 721/05, NZA 2007, 87, 90, Rn. 27; ErfK/*Preis*, 22. Aufl. 2022, § 310 BGB, Rn. 61.

166 Vgl. nur BAG v. 11.10.2006 – 5 AZR 721/05, NZA 2007, 87, 90, Rn. 27.

167 BAG v. 12.1.2005 – 5 AZR 364/04, NZA 2005, 465, 469; ErfK/*Preis*, 22. Aufl. 2022, § 310 BGB, Rn. 62.

168 Vgl. Abschn. C. I. 1. c).

widerrufliche Höhe ergibt sich ohnehin als Rechtsfolge der entsprechenden Gesetzesnorm, beispielsweise bei Vorliegen einer Störung der Geschäftsgrundlage nach § 313 BGB.

Geht eine Vorbehaltsklausel zum Widerruf von Versorgungszusagen über die Gesetzeslage hinaus, so findet die AGB-Kontrolle statt. Unabhängig davon, dass die durch AGB- und Richterrecht entwickelten Anforderungen wie bei sonstigen Widerrufsvorbehalten auch gelten, wie insbesondere klare Formulierung der Widerrufsgründe sowie Begrenzung des widerruflichen Teils, wird im Rahmen der Angemessenheitsprüfung auch der besondere Schutz der betrieblichen Altersversorgung zu berücksichtigen sein.

Der besondere Schutz der betrieblichen Altersversorgung schränkt die wirksamen Widerrufsgründe für Versorgungszusagen allerdings ohnehin ein. Dies ist – sofern keine deklaratorische Regelung vorliegt – im Rahmen der Angemessenheitsprüfung nach § 307 Abs. 1 S. 1 BGB zu berücksichtigen.

(a) Widerrufsgründe in der betrieblichen Altersversorgung

Die Widerrufsgründe, die sich regelmäßig in Vereinbarungen finden, sind meist deklaratorischer Natur. Ohne explizite Regelung würden diese Gründe letztlich auch über das Rechtsinstitut der Störung der Geschäftsgrundlage regelmäßig eine Vertragsanpassung rechtfertigen.

Die „Standardgründe", die sich in Vereinbarungen finden, orientieren sich an den Musterklauseln in den Einkommensteuerrichtlinien. Die dort enthaltenen Vorbehalte sind „steuerunschädlich". Andernfalls wären sie für Versorgungszusagen aus steuerlichen Gründen bzw. für die Rückstellungsbildung nicht zulässig. Nach § 6a Abs. 1 Nr. 2 EstG ist beispielsweise für Direktzusagen geregelt, dass solche nur einen Widerrufsvorbehalt enthalten dürfen, wenn sich der Vorbehalt auf Tatbestände erstreckt, deren Vorliegen nach allgemeinen Rechtsgrundsätzen unter Beachtung billigen Ermessens eine Minderung oder einen Entzug der Pensionsanwartschaft oder der Pensionsleistung zulassen.

Der allgemeine Mustervorbehalt gem. § 6a Abs. 4 Nr. 1 EStR 2012 orientiert sich an § 313 BGB (Störung der Geschäftsgrundlage) und lautet wie folgt:

> *„Die Firma behält sich vor, die Leistungen zu kürzen oder einzustellen, wenn die bei Erteilung der Pensionszusage maßgebenden Verhältnisse sich nachhaltig so wesentlich geändert haben, dass der Firma die Aufrechterhaltung der zugesagten Leistungen auch unter objektiver Beachtung der Belange des Pensionsberechtigten nicht mehr zugemutet werden kann".*[169]

---

169 Vgl. Höfer/de Groot/Küpper/Reich/*Höfer/Küpper*, Betriebsrentenrecht Band I,

Als weitere spezielle Widerrufsvorbehalte[170] werden die nachfolgenden Widerrufsgründe verwendet:

- Änderungen des Sozialversicherungsrechts: wesentliche Veränderung der Bemessungsgrößen in der gesetzlichen Rentenversicherung
- Wesentliche Veränderung der Rechtslage: u.a. der arbeits- und steuerrechtlichen Voraussetzungen der Versorgungszusage. Nach dem BAG ist eine unerwartete Rechtsänderung nur anzunehmen, wenn sie bei Entstehung der Versorgungszusage oder Erteilung der Versorgungszusage noch nicht dem geltenden Recht entnommen werden konnte.[171]
- Verletzung der Treuepflicht[172]: Kommt nur unter sehr restriktiven Voraussetzungen in Betracht. Wann eine grobe Verletzung der Treuepflicht des Arbeitnehmers vorliegt und der Arbeitgeber die Versorgungszusage widerrufen kann, hat die Rechtsprechung näher konkretisiert:
  - Zufügen eines existenzgefährdenden Schadens zulasten des Arbeitgebers
  - Erschleichen der Unverfallbarkeit durch Vertuschung schwerer Verfehlungen.[173]
- Eintritt einer wirtschaftlichen Notlage[174]: Früher war dieser Grund ebenfalls ein anerkannter Widerrufsgrund. Seit einer Gesetzesreform mit Wirkung zum 1.1.1999 ist dies jedoch nicht mehr der Fall.

Neben diesen speziellen Widerrufsgründen erkennt das BAG auch den Fall der planwidrigen Überversorgung als Widerrufsgrund an.[175] Der Fall der planwidrigen Überversorgung stellt nach der Rechtsprechung eine Zweckverfehlung dar.[176] Ob eine planwidrige Überversorgung vorliegt, hängt von der jeweiligen Versorgungsordnung bzw. -vereinbarung ab.[177]

---

28. Ergänzliefg. Mai 2022, Kapitel 5 Rn. 145.

170 Vgl. Blomeyer/Rolfs/Otto/*Rolfs*, BetrAVG, 8. Aufl. 2022, Anhang zu § 1, Rn. 495, 497; Höfer/de Groot/Küpper/Reich/*Höfer/Küpper*, Betriebsrentenrecht Band I, 28. Ergänzliefg. Mai 2022, Kapitel 5 Rn. 137.

171 Vgl. BAG v. 17.1.2012 – 3 AZR 555/09, AP BetrAVG § 1 Überversorgung Nr. 14, Rn. 23; Blomeyer/Rolfs/Otto/*Rolfs*, BetrAVG, 8. Aufl. 2022, Anhang zu § 1, Rn. 510.

172 Zu Treupflichtverletzungen: C. I. 1. c) cc) (c).

173 BAG v. 13.11.2012 – 3 AZR 444/10, NZA 2013, 1279, 1282, 1284, Rn. 32, 46.

174 Vgl. Abschn. C. I. 1. c) aa) (b).

175 S. etwa: BAG v. 17.1.2012 – 3 AZR 555/09, AP BetrAVG § 1 Überversorgung Nr. 14; BAG v. 19.2.2008 – 3 AZR 290/06, BAGE 126, 1; BAG v. 9.7.1985 – 3 AZR 546/82, NZA 1986.

176 BAG v. 17.1.2012 – 3 AZR 555/09, AP BetrAVG § 1 Überversorgung Nr. 14, Rn. 24.

177 BAG v. 17.1.2012 – 3 AZR 555/09, AP BetrAVG § 1 Überversorgung Nr. 14, Rn. 26.

Die Literatur sieht zudem teilweise auch die steigende Lebenserwartung als eine weitere Fallgruppe an.[178] Das BAG hat die steigende Lebenserwartung zumindest für geschlossene Versorgungssysteme als einen Fall der Störung der Geschäftsgrundlage bzw. als Widerrufsgrund zu Recht verneint.[179] Warum das BAG dies nur für geschlossene Versorgungssysteme angenommen hat, führt es in seiner Begründung nicht näher aus. Legt man die Voraussetzungen des § 313 BGB zugrunde, muss man richtigerweise zu dem Ergebnis gelangen, dass die steigende Lebenserwartung kein für die Vertragsparteien bei Vertragsabschluss unvorhergesehenes Ereignis ist. Im Gegenteil: Es ist allgemein bekannt, dass die Lebenserwartungen aufgrund des medizinischen Fortschritts stetig steigen. Dies muss bei Einrichtung einer Versorgungsordnung bzw. der Zusage einer bestimmten Versorgungsleistung seitens des Arbeitgebers Berücksichtigung finden, insbesondere bei Zusagen zu lebenslangen Versorgungsleistungen. Ähnlich sieht es auch *Kemper*, der das Risiko, dass ein Arbeitnehmer länger als der statistische Durchschnitt lebt, nach objektiver Würdigung als vorhersehbar ansieht.[180]

(b) Wirtschaftliche Notlage als Widerrufsgrund

In der Vergangenheit war ein Widerruf wegen einer wirtschaftlichen Notlage des Unternehmens stets möglich. Dieser Widerrufsgrund ist nunmehr mit der Streichung des Sicherungsfalls im Falle einer wirtschaftlichen Notlage in § 7 BetrAVG a.F. seit dem Jahr 1999 entfallen.[181]

Ist ein Unternehmen zahlungsunfähig, muss es Insolvenz anmelden, sodass der Versorgungsberechtigte dann Ansprüche gegen den Pensionssicherungsverein erwirbt (vgl. § 7 BetrAVG). Sofern die wirtschaftliche Notlage nicht derart ausgeprägt ist, dass Insolvenz angemeldet werden muss, aber das Unternehmen liquidiert wird, sieht das Gesetz Möglichkeiten zur Übertragung der Ansprüche vor (vgl. § 4 BetrAVG).

Vor diesem Hintergrund sieht die Rechtsprechung über die gesetzlichen Möglichkeiten hinaus keinen Bedarf für einen Rückgriff auf die Grundsätze der

---

178 Blomeyer/Rolfs/Otto/*Rolfs*, BetrAVG, 8. Aufl. 2022, Anhang zu § 1 Rn. 507; Höfer/de Groot/Küpper/Reich/*Höfer/Küpper*, Betriebsrentenrecht Band I, 28. Ergänzliefg. Mai 2022, Kapitel 5 Rn. 156 ff.; *Schumann* in: Festschrift Förster, 2001, S. 165, 179 ff.

179 BAG v. 10.11.2015 – 3 AZR 390/14, AP BetrAVG § 1 Ablösung Nr. 72.

180 *Kemper*, DB 1998, 774, 775.

181 Vgl. nur BAG v. 17.6.2003 – 3 AZR 396/02, BAGE 106, 327.

Störung der Geschäftsgrundlage oder auf eine Widerrufsmöglichkeit im Fall der wirtschaftlichen Notlage oder einer Betriebsstilllegung.[182]

(c) *Treuepflichtverletzung*

Ein Widerruf wegen Treuepflichtverletzung ist nur unter sehr strengen Voraussetzungen möglich.

Voraussetzung für einen zulässigen Widerruf ist der Rechtsmissbrauchseinwand nach § 242 BGB. Aus der Rechtsprechung haben sich zwei Sachverhaltsgruppen zum Rechtsmissbrauch herausgebildet – existenzgefährdender Schaden und das Erschleichen der Unverfallbarkeit.[183]

Betrachtet man diese von der Rechtsprechung entwickelten Sachverhaltsgruppen, wird deutlich, dass im Ergebnis auch im Rahmen der Treuepflichtverletzungen eines Arbeitnehmers grundsätzlich die wirtschaftliche Komponente eine maßgebende Rolle spielt – unabhängig davon, wie streng die Maßstäbe für einen Widerruf im Laufe der Zeit von der Rechtsprechung festgelegt wurden.

Auch der Blick in die ordentliche Gerichtsbarkeit bestätigt dies. Diese behandelt zwar Treupflichtverletzungen bei Geschäftsführern, doch legt sie bei diesen die gleichen Maßstäbe an wie die Arbeitsgerichtsbarkeit bei Arbeitnehmern im Sinne des § 5 ArbGG.[184] Aus Entscheidungen der ordentlichen Gerichtsbarkeit lässt sich entnehmen, dass ein bloßer Verstoß gegen strafrechtliche Vorschriften nicht den Anforderungen eines zulässigen Widerrufs genügt.[185] So führt der BGH hierzu aus:

> *„Erst dann, wenn das pflichtwidrige Verhalten des Dienstverpflichteten sich als eine besonders grobe Verletzung der Treuepflicht des Leitungsorgans darstellt, kann die Gesellschaft den Rechtsmissbrauchseinwand erheben. Dazu reicht es nach der gefestigten Rechtsprechung des Senats nicht aus, dass ein wichtiger Grund für die sofortige Beendigung des Anstellungsverhältnisses besteht oder dass das Leitungsorgan gegen strafrechtliche Vorschriften verstoßen hat; vielmehr hat der Senat die entsprechende Voraussetzung bisher*

---

182 BAG v. 31.7.2007 – 3 AZR 373/06, AP Nr. 27 BetrAVG § 7 Widerruf, Rn. 28 ff.; BAG v. 21.11.2006 – 3 AZR 672/05, NZA-RR 2007, 306; BAG v. 17.6.2003 – 3 AZR 396/02, AP Nr. 24 BetrAVG § 7 Widerruf; LAG Rheinland-Pfalz v. 26.4.2016 – 8 Sa 300/15, n.v., *juris*, Rn. 73.

183 BAG v. 13.11.2012 – 3 AZR 444/10, NZA 2013, 1279; vgl. auch Blomeyer/Rolfs/Otto/*Rolfs*, BetrAVG, 8. Aufl. 2022, Anhang zu § 1 Rn. 530 ff.

184 Vgl. nur BGH v. 17.12.2001 – II ZR 222/99, NZA 2002, 511, 512; BGH v. 13.12.1999 – II ZR 152/98, NJW 2000, 1197; OLG Karlsruhe v. 23.1.2018 – 13 U 46/17, n.v., *juris*.

185 BGH v. 17.12.2001 – II ZR 222/99, NZA 2002, 511; OLG München v. 25.1.2005 – 18 U 3299/03, DB 2005, 2198, 2199.

nur dann bejaht, wenn der Versorgungsberechtigte den Versprechenden in eine seine Existenz bedrohende Lage gebracht hat, weil jedenfalls dann die Grenze überschritten ist, bis zu der auch der pflichtwidrig Handelnde, ohne sich dem Einwand auszusetzen, rechtsmissbräuchlich zu handeln, das ihm gegebene Versprechen einfordern kann."[186]

Eine bloße grobe Pflichtverletzung reicht daher grundsätzlich nicht aus.[187] Der finanzielle Schaden ist maßgeblich.

Die frühere Rechtsprechung besann sich allerdings noch auf die allgemeinen Grundsätze zum Rechtsmissbrauchseinwand. In einer Entscheidung aus dem Jahr 1982 heißt es:

„*Der Vorwurf des Rechtsmißbrauchs kann begründet sein, wenn die vergütete Betriebstreue sich rückblickend als wertlos erweist, etwa weil der Arbeitnehmer seine Stellung jahrelang dazu mißbraucht hat, dem Arbeitgeber Schaden zuzufügen (BAG 32, 139, 147 = AP Nr. 1 zu § 1 BetrAVG Treuebruch [zu III 1b der Gründe]; vgl. auch BGH, Urt. vom 22.6.1981 – II ZR 146/80 – AP Nr. 3 zu § 1 BetrAVG Treuebruch = BetrAV 1981, 197 f. = BB 1981, 1643, 1645 = DB 1981, 1971). Dabei kann allerdings die Schadenshöhe für sich allein genommen nicht entscheidend sein, vielmehr ist immer eine Gesamtwürdigung aller Vorgänge erforderl., die zu dem Schaden geführt haben. Diese Gesamtwürdigung muß den Rechtsmißbrauch ersichtl. machen. Wird auf die Höhe des eingetretenen Schadens abgestellt, so ist regelmäßig zu fordern, daß dem Arbeitnehmer insoweit ein erhebl. Vorwurf gemacht werden muß. Es kann nicht ausreichen, daß ein leitender Angestellter, etwa aus Krankheitsgründen, die Übersicht verloren hat nicht verhindert, daß ihm unterstellte Mitarbeiter einen großen Schaden anrichten.*"[188]

Ausgehend hiervon sind die zulässigen Gründe für einen Widerruf nicht allein auf Fälle mit einem finanziellen Schaden zu beschränken. Nach der Rechtsprechung liegt ein durchgreifender Rechtsmissbrauchseinwand vor, wenn der Versorgungsgläubiger seine Pflichten in grober Weise verletzt habe, dass sich die in der Vergangenheit bewiesene Betriebstreue als wertlos oder zumindest erheblich entwertet herausstelle.[189] Nach den allgemeinen Grundsätzen liegt eine unzulässige Rechtsausübung vor, „*wenn sich objektiv das Gesamtbild eines widersprüchlichen Verhaltens ergibt, weil das frühere Verhalten mit dem späteren sachlich unvereinbar ist und die Interessen der Gegenpartei im Hinblick hierauf*

186 BGH v. 17.12.2001 – II ZR 222/99, NZA 2002, 511, 512.
187 OLG München v. 25.1.2005 – 18 U 3299/03, DB 2005, 2198, 2199.
188 BAG v. 11.5.1982 – 3 AZR 1239/79, AP Nr. 4 zu § 1 BetrAVG Treubruch.
189 BAG v. 24.4.1990 – 3 AZR 497/88, ZIP 1990, 1615, 1616; BGH v. 17.12.2001 – II ZR 222/99, NZA 2002, 511, 512; LAG Düsseldorf v. 16.10.2012 – 17 Sa 461/11, n.v., *juris*; LAG Köln v. 30.9.2010 – 13 Sa 551/10, n.v., *juris*.

vorrangig schutzwürdig erscheinen".[190] Die Rechtsausübung muss als solche zu missbilligen sein (*Fall der exceptio doli praesentis, der aus der römischrechtlichen Arglisteinrede hervorgegangen ist*).[191] Wie *Mansel* ausführt, müsste die „*Rechtsausübung im Einzelfall zu einem grob unbilligen, mit der Gerechtigkeit nicht mehr zu vereinbarenden Ergebnis führen*".[192] Dies zugrunde gelegt, muss es dem Versorgungsschuldner auch möglich sein, die Versorgungszusage zu widerrufen, wenn Delikte vorliegen, bei denen nicht zugleich das Vermögen des Arbeitgebers geschädigt wird. Die entwickelten Sachgruppen in der Rechtsprechung sind daher nicht abschließend. So dürfte auch eine erhebliche Treuepflichtverletzung anzunehmen sein, wenn beispielsweise der Arbeitnehmer ein Tötungsdelikt im Zusammenhang mit seinem Anstellungsverhältnis begangen hat. Hierbei entsteht zwar nicht unmittelbar ein finanzieller Schaden, doch dürfte unter Berücksichtigung der gegenseitigen Rücksichtnahmepflichten im Arbeitsverhältnis und der Schwere des Verstoßes die bewiesene Betriebstreue wertlos sein.

Erst im Laufe der Zeit hat das BAG mit dem Fokus auf den Entgeltcharakter der betrieblichen Altersversorgung die Anforderungen für den Einwand des Rechtsmissbrauchs verschärft. Grundsätzlich wird ein existenzgefährdender Schaden, den der Arbeitnehmer verursacht haben muss, verlangt.

So heißt es im Orientierungssatz Nr. 8 der Richterinnen und Richter des BAG im Urteil v. *20.6.2016 – 3 AZR 77/15* wie folgt:

> *„Die vom Senat entwickelten Grundsätze zum Widerruf von Versorgungszusagen wegen grober Pflichtverletzung (vgl. BAGE 143, 273 = NZA 2013, 1279) greifen nicht nur, wenn der Arbeitnehmer seine vertraglichen oder nachvertraglichen Pflichten aus dem Arbeitsverhältnis gegenüber dem Arbeitgeber verletzt. Auch grobe Pflichtverletzungen, die ein früherer Arbeitnehmer im Rahmen eines anderen Rechtsverhältnisses mit seinem ehemaligen Arbeitgeber zu dessen Lasten begeht und die zu einem existenzgefährdenden Schaden des ehemaligen Arbeitgebers führen, können die Berufung des ehemaligen Arbeitnehmers auf sein Versorgungsversprechen nach § 242 BGB rechtsmissbräuchlich machen.*"[193]

Zum Rechtsmissbrauch führt das BAG in seiner Entscheidung v. *20.6.2016 – 3 AZR 77/15* weiter aus:

190 BGH v. 7.5.2014 – IV ZR 76/11, NJW 2014, 2646, 2649 Rn. 40; BGH v. 12.7.2016 – XI ZR 501/15, NJW 2016, 3518, 3520 Rn. 20.

191 MüKo/*Schubert*, 9. Aufl. 2022, § 242 BGB Rn. 239; Jauernig/*Mansel*, BGB, 18. Aufl. 2021, § 242. Rn. 37.

192 Jauernig/*Mansel*, BGB, 18. Aufl. 2021, § 242. Rn. 37.

193 BAG v. 20.6.2016 – 3 AZR 77/15, NZG 2017, 69, Orientierungssatz Nr. 8 der Richterinnen und Richter des BAG.

„Führen die vom Arbeitnehmer verursachten Vermögensschäden hingegen nicht zu einer Gefährdung der wirtschaftlichen Grundlage des Arbeitgebers, sind dessen Interessen mit der Möglichkeit, den Arbeitnehmer auf Schadensersatz in Anspruch zu nehmen, hinreichend gewahrt (vgl. dazu ausführlich BAGE 143, 273 = NZA 2013, 1279 Rn. 30 ff.). Da die Leistungen der betrieblichen Altersversorgung auch Entgelt des Arbeitnehmers sind, das dieser als Gegenleistung für die im Arbeitsverhältnis erbrachte Betriebszugehörigkeit erhält (vgl. etwa BVerfG, NZA 2013, 193 Rn. 33 = NJW 2013, 593 Ls.; BAGE 143, BAGE 143, 273 = NZA 2013, 1279 Rn. 31), kann die betriebliche Altersversorgung nicht bereits dann verweigert werden, wenn der Arbeitnehmer dem Arbeitgeber einen erheblichen Vermögensschaden unterhalb der Schwelle der Existenzgefährdung zugefügt hat. Der Widerruf einer Versorgungszusage dient nicht dazu, auf einfachem und schnellem Wege einen Schadensersatzanspruch zu befriedigen (vgl. ausführlich BAGE 143, 273 = NZA 2013, 1279 Rn. 32 ff.).“[194]

Basierend auf dieser jüngeren Rechtsprechung kommt es schon nicht zu einer Gesamtabwägung, wenn der entstandene Schaden unterhalb der Schwelle einer Existenzgefährdung ist. Aber auch das Vorliegen der zwei sich aus der Rechtsprechung herausgebildeten Sachverhaltsgruppen zum Rechtsmissbrauch – existenzgefährdender Schaden und Erschleichen der Unverfallbarkeit – bedeutet nicht zwangsläufig, dass ein Widerruf zulässig ist. Für den Fall der Existenzgefährdung hat das BAG ausdrücklich entschieden, dass weder die Schädigung als solche noch die Schadenshöhe für sich alleine entscheidend sind. Die Fälle sind nur ein gewichtiges Indiz im Rahmen einer Gesamtbetrachtung.[195]

Neben dem entstandenen Schaden ist bei einer Gesamtbetrachtung jedenfalls zu berücksichtigen, dass Sinn und Zweck des Widerrufs nicht der Schadensausgleich sein kann. Das BAG führt dazu aus, dass der Arbeitgeber für einen Schadensausgleich insoweit auf die gesetzlichen Möglichkeiten verwiesen sei und dabei der Pfändungsschutz, das mitwirkende Verschulden und die beschränkte Arbeitnehmerhaftung zu berücksichtigen seien.[196] Der Widerruf der Versorgungszusage soll keine Möglichkeit der schnellen Schadensersatzforderung sein.[197]

Zu differenzieren ist zudem im Falle eines Widerrufs, ob die Treuepflichtverletzung vor oder nach Eintritt der Unverfallbarkeit begangen wurde. Wenn die Verfehlung nach der Erfüllung der Unverfallbarkeitsfristen begangen worden ist

---

194 BAG v. 20.6.2016 – 3 AZR 77/15, NZG 2017, 69, 76 Rn. 58.

195 BAG v. 8.5.1990 – 3 AZR 152/88, NZA 1990, 807, Rn. 20; vgl. auch *Steinau-Steinrück/Mosch*, NJW-Spezial 2010, 626.

196 BAG v. 8.5.1990 – 3 AZR 152/88, NZA 1990, 807, Rn. 21.

197 BAG v. 13.11.2012 – 3 AZR 444/10, NZA 2013, 1279.

und die Verfehlung zu einem Widerruf berechtigt, ist grundsätzlich die Anwartschaft bis zum Zeitpunkt der Begehung der Verfehlung in der entsprechenden Höhe aufrechtzuerhalten.[198] Etwas anderes gilt nur dann, wenn aufgrund der Treuepflichtverletzung die Betriebstreue insgesamt als wertlos zu betrachten ist, beispielsweise bei ruinösem Wettbewerb.[199] Auch bei einem nachvertraglichen Treuebruch durch ausgeschiedene Mitarbeiter kann ein Widerruf der Versorgungszusage zulässig sein. Dies wird man insbesondere bei einem ruinösen Wettbewerb annehmen können.[200]

(d) Planwidrige Überversorgung

Eine Überversorgung liegt vor, wenn die Bezüge während des Versorgungsfalls höher sind als die letzten Nettobezüge als aktiver Arbeitnehmer (sog. absolute Überversorgung) bzw. wenn der zugesagte Versorgungsgrad überschritten wird (sog. relative Überversorgung).[201]

Planwidrig ist die Überversorgung, wenn in der Versorgungsordnung bzw. in der Versorgungszusage der Wille erkennbar ist, dass eine gewisse Ausfüllung der Versorgungslücke durch die Versorgungsleistungen beabsichtigt ist. Dies kann beispielsweise durch eine Versorgungsobergrenze herausgearbeitet werden oder aber auch durch Erläuterungen zum Sinn und Zweck der Versorgungszusage.[202]

cc) Widerrufsvorbehalt in der betrieblichen Altersvorsorge – eine Notwendigkeit?

In der Praxis sind konstitutive Widerrufsvorbehalte in Versorgungszusagen selten anzutreffen. Widerrufsvorbehalte zu Versorgungszusagen sind in der Regel deklaratorischer Natur und spiegeln nur die bestehende Gesetzlage wieder.[203]

---

198 Höfer/de Groot/Küpper/Reich/*Höfer/Küpper*, Betriebsrentenrecht Band I, 28. Ergänzliefg. Mai 2022, Kapitel 5 Rn. 253; vgl. auch BAG v. 12.11.2013 – 3 AZR 274/12, NZA 2014, 780.

199 BAG v. 19.6.1980 – 3 AZR 137/79, AP Nr. 2 BetrAVG § 1 Treubruch; vgl. auch Thüsing/Granetzny, 2019, S. 134.

200 BAG v. 3.4.1990 – 3 AZR 211/89, BAGE 64, 298, 302 f.; BAG v. 18.10.1979 – 3 AZR 550/78, BAGE 32, 139, 147.

201 BAG v. 28.7.1998 – 3 AZR 357/97, BAGE 89, 279, 289; Höfer/de Groot/Küpper/Reich/*Höfer/Küpper*, Betriebsrentenrecht Band I, 28. Ergänzliefg. Mai 2022, Kapitel 5 Rn. 172 und 176; *Höfer/Küpper*, BB 1982, 565 569; Thüsing/Granetzny, 2019, S. 131.

202 Höfer/de Groot/Küpper/Reich/*Höfer/Küpper*, Betriebsrentenrecht Band I, 28. Ergänzliefg. Mai 2022, Kapitel 5 Rn. 165.

203 *Kemper*, DB 1998, 774.

Nach der Gesetzeslage ist ein Widerruf aufgrund des Wegfalls der Geschäftsgrundlage gemäß § 313 BGB oder nach § 242 BGB aufgrund einer unzulässigen Rechtsausübung des Arbeitnehmers möglich.

Der Grund für die deklaratorische Bedeutung liegt zum einen darin, dass es sich bei den Vorbehalten entsprechend der Gesetzeslage um sogenannte „steuerunschädlichen Mustervorbehalte“[204] nach den Einkommensteuer-Richtlinien handelt und das BAG aufgrund des besonderen Schutzes der betrieblichen Altersversorgung letztlich den Maßstab an die Widerrufsgründe wie bei § 313 BGB ansetzt.[205]

Zudem ist gerade bei Versorgungszusagen mit kollektivrechtlichem Bezug ein Widerrufsvorbehalt nicht mehr von großer Relevanz bzw. vielmehr noch nahezu obsolet. Die großzügige Auslegung der Rechtsprechung zu betriebsvereinbarungsoffenen Individualzusagen mit kollektivem Bezug, insbesondere seit der Entscheidung des BAG vom 10.3.2015,[206] erleichtern dem Arbeitgeber den Weg, Versorgungszusagen durch verschlechternde Betriebsvereinbarungen oder auch Gesamtzusagen abzulösen,[207] ohne den Weg über Widerrufsvorbehalte oder das Rechtsinstitut des Wegfalls der Geschäftsgrundlage gehen zu müssen.

d) Vertragsanpassung aufgrund einer Störung der Geschäftsgrundlage

Diese Widerrufsgründe müssen allerdings nicht explizit formuliert sein. Als Auffangtatbestand zur Anpassung der Versorgungszusage kann § 313 BGB greifen und einen Widerruf ermöglichen.[208]

aa) Allgemeine Voraussetzungen

Auf eine Störung der Geschäftsgrundlage kann sich der Arbeitgeber berufen, wenn

(1) sich die rechtlichen und faktischen Rahmenbedingungen, die zwar nicht Inhalt des Vertrags geworden sind, wohl aber die Voraussetzungen für die Versorgungszusage gebildet haben, seit dem Verpflichtungsakt wesentlich

---

204 Höfer/de Groot/Küpper/Reich/*Höfer/Küpper*, Betriebsrentenrecht Band I, 28. Ergänzliefg. Mai 2022, Kapitel 5 Rn. 135 ff.

205 Vgl. nur BAG v. 17.1.2012 – 3 AZR 555/09, AP BetrAVG § 1 Überversorgung Nr. 14, Rn. 22.

206 BAG v. 10.3.2015 – 3 AZR 56/14, NRA-RR 2015, 371.

207 Vgl. zu Betriebsvereinbarungsoffenheit: etwa BAG v. 18.3.2020 – 5 AZR 36/19, AP Nr. 62 BGB § 611 Arbeitszeit; vgl. hierzu auch Abschn. C. I. 1. e) m.w.N.

208 So zuletzt bestätigt: BAG v. 8.12.2020 – 3 AZR 65/19, NZA 2021, 344.

und nachhaltig geändert haben. Ob der Arbeitgeber wirtschaftlich in der Lage ist, die erhöhten Versorgungsleistungen zu erbringen, ist unerheblich;

(2) Parteien, hätten sie diese Veränderung vorausgesehen, den Vertrag nicht oder mit anderem Inhalt geschlossen hätten;

(3) für den Arbeitgeber das Festhalten am unveränderten Vertrag unter Berücksichtigung aller Umstände des Einzelfalls, insbesondere der vertraglichen oder gesetzlichen Risikoverteilung, unzumutbar ist.[209]

Die Rechtsprechung bringt es zusammenfassend auf den Punkt:

> *„Nach ständiger Rechtsprechung des Senats kann sich eine Befugnis zur Anpassung eines Versorgungswerks wegen Störung der Geschäftsgrundlage dann ergeben, wenn sich die zugrunde gelegte Rechtslage nach Schaffung des Versorgungswerks wesentlich und unerwartet geändert und dies beim Arbeitgeber zu erheblichen Mehrbelastungen geführt hat (Äquivalenzstörung).*“[210]

Liegen die Voraussetzungen einer Anpassung vor, ist nach der Rechtsprechung bei dem Umfang der Anpassung (= Proportionalität des Eingriffs) zu berücksichtigen, dass nach der Neuregelung des Versorgungswerks der Gesamtbarwert bezogen auf den einzubeziehenden Personenkreis nicht geringer sein darf als bei dessen Schaffung.[211]

bb) Niedrigzinsen als Fallgruppe der Störung der Geschäftsgrundlage

Aufgrund der Entwicklungen zu Niedrigzinsen im vergangenen Jahrzehnt ist es in der Praxis zunehmend von Relevanz, ob auch verringerte Renditen der Versicherungsgesellschaften eine Fallgruppe der Störung der Geschäftsgrundlage darstellen. Soweit ersichtlich, gibt es bisher keine Entscheidungen der Rechtsprechung hierzu. Zumindest argumentativ vergleichbar erscheint eine Entscheidung des BAG, in der eine Störung der Geschäftsgrundlage (Äquivalenzstörung) wegen eines deutlich gestiegenen Dotierungsrahmens bejaht wurde.[212] Das BAG entschied, dass bei Gesamtversorgungszusagen eine Anpassung wegen Äquivalenzstörung dann verlangt werden könne, wenn der bei Schaffung des Versorgungssystems zugrunde gelegte Dotierungsrahmen auf Grund von Änderungen

---

209 BAG v. 14.3.2000 – 9 AZR 212/99, n.v. (in vollständiger Fassung) *juris*, Rn. 32.

210 BAG v. 17.1.2012 – 3 AZR 555/09, AP BetrAVG § 1 Überversorgung Nr. 14, Rn. 23.

211 BAG v. 10.11.2015 – 3 AZR 390/14, AP Nr. 72 BetrAVG § 1 Ablösung, Rn. 39.

212 BAG v. 8.12.2020 – 3 AZR 65/19, NZA 2021, 344, 345, Rn. 20; BAG v. 17.1.2012 – 3 AZR 555/09, AP BetrAVG § 1 Überversorgung Nr. 14, Rn. 23; BAG v. 19.2.2008 – 3 AZR 290/06, BAGE 126,1.

der Rechtslage zum Anpassungsstichtag um mehr als 50 % überschritten wird. Dann sei die sog. „Opfergrenze“ erreicht.[213] Die instanzliche Rechtsprechung sowie Literatur lässt auch eine Opfergrenze von mindestens 40 % ausreichen.[214]

Ob die Opfergrenze überschritten ist, ist nach dem BAG unternehmensbezogen aufgrund eines Barwertvergleichs festzustellen.[215] Der Barwertvergleich habe sich auf die Gesamtheit der nach der bisherigen Regelung versorgten Betriebsrentner und auf den Anpassungsstichtag zu beziehen.[216] Zu vergleichen sei die wirtschaftliche Belastung, die sich bei Zugrundelegung der Rechtslage bei Schaffung des Versorgungswerks ergeben würde, und die tatsächliche wirtschaftliche Belastung, die sich bei Zugrundlegung der Anpassung der Rechtslage zum Anpassungsstichtag ergeben würde.[217]

Thüsing/Rawe[218] haben sich grundsätzlich für eine Übertragbarkeit der Entscheidung auf Fälle einer unvorhersehbaren Zinsentwicklung ausgesprochen, wobei sie dies lediglich im Rahmen des Drei-Stufen-Modells für die Frage einer Anpassung künftiger Anwartschaften untersucht haben, nicht für die Frage, ob Eingriffe in schon erdiente Besitzstände zulässig sind.

Auch *Höfer/Küpper*[219] erkennen das Niedrigzinsniveau richtigerweise im Grundsatz als eine mögliche Äquivalenzstörung an. Sie differenzieren allerdings zwischen den verschiedenen Leistungsplänen. Dies ist auch richtig. Denn maßgeblich ist, ob die Zinsentwicklung zur Geschäftsgrundlage geworden ist oder nicht. Sehr deutlich sprach sich hierfür auch jüngst *Frank* aus. So subsumiert er die die Niedrigzinsphase unter die Tatbestandsvoraussetzungen des Rechtsinstituts der Störung der Geschäftsgrundlage und kommt zu dem Ergebnis, dass die Niedrigzinsphase ebenfalls als eine mögliche Fallgruppe anerkannt werden müsse.[220] Richtig führt dieser aus, dass auch die Zinsentwicklung eine Geschäftsgrundlage für eine Versorgungszusage sein könne.[221] Voraussetzung hierfür ist allerdings wiederum, dass der Kapitalmarktzins nicht Vertragsgegenstand

213 BAG v. 19.2.2008 – 3 AZR 290/06, BAGE 126, 1, 8 ff.

214 LAG Berlin v. 1.11.2006 – 9 Sa 1084/06, n.v., *juris*, Rn. 28; Uebelhack, Betriebliche Altersversorgung und Wegfall der Geschäftsgrundlage, 1995, S. 114.

215 BAG v. 19.2.2008 – 3 AZR 290/06, BAGE 126, 1, 9.

216 BAG v. 19.2.2008 – 3 AZR 290/06, BAGE 126, 1, 9.

217 BAG v. 19.2.2008 – 3 AZR 290/06, BAGE 126, 1, 9.

218 *Thüsing/Rawe*, NZA 2016, 1169 ff.

219 Höfer/de Groot/Küpper/Reich/*Höfer/Küpper*, Betriebsrentenrecht Band I, 28. Ergänzliefg. Mai 2022, Kapitel 5 Rn. 158 ff.

220 *Frank*, BB 2021, 1524.

221 *Frank*, BB 2021, 1524.

geworden ist. Ist die Zinsentwicklung Vertragsinhalt geworden, kann sie nicht Geschäftsgrundlage sein.[222] Dies ist allerdings keine Besonderheit der betrieblichen Altersversorgung, sondern entspricht den allgemeinen Grundsätzen des Rechtsinstituts der Störung der Geschäftsgrundlage. Geschäftsgrundlage können regelmäßig nur außervertragliche Umstände werden, sofern der Geschäftswille der Parteien auf ihnen aufbaut. Der Vertragsinhalt selbst kann aber denklogisch schon nicht dessen Grundlage bilden.[223]

Sofern eine versicherungsmathematische Berechnung ergeben würde, dass nach den Berechnungsvorgaben der höchstrichterlichen Rechtsprechung die 50 %-Grenze beziehungsweise gegebenenfalls mit der instanzlichen Rechtsprechung die Grenze von 40 % vorliegend überschritten wird, könnten die Grundsätze der BAG-Entscheidung herangezogen werden, um eine Störung der Geschäftsgrundlage vorliegend zu begründen und die Versorgungszusage zumindest für die Zukunft entsprechend anzupassen.

e) Ablösung durch Kollektivvertrag – kollektivvertragsoffene Regelungen

Um eine einheitliche Änderung der Versorgungszusagen bei allen Arbeitnehmern zu erreichen und nicht den Voraussetzungen der Änderungskündigung zu unterliegen, ist in der Praxis oftmals die Ablösung durch kollektivvertragliche Regelungen von Relevanz.

In der Rechtsprechung[224] und Literatur[225] wurden vor allem die Betriebsvereinbarungsoffenheit und ihre Voraussetzungen immer wieder erörtert und diskutiert. Mit der Thematik der Tarifvertragsoffenheit haben sich Literatur und Rechtsprechung bisher wenig beschäftigt. Doch auch für sie gelten kongruent

---

222 BAG v. 8.12.2020 – 3 AZR 65/19, NZA 2021, 344, 346, Rn. 25.

223 St. Rspr.; s. nur BGH v. 1.2.1990 – VII ZR 176/88, NJW-RR 1990, 601, 602; BGH v. 1.2.1984 – VIII ZR 54/83, NJW 1984, 1177.

224 Etwa BAG v. 11.4.2018 – 4 AZR 119/17, NZA 2018, 1273, 1278, Rn. 58.

225 AGB-Klauselwerke/*Thüsing*, 48. Ergänzungsliefg., Stand: März 2022, Arbeitsverträge Rn. 360 ff.; ErfK/*Kania*, 22. Aufl. 2022, § 77 BetrVG Rn. 79 ff.; Richardi/*Richardi/Picker*, BetrVG, 17. Aufl. 2022, § 77 Rn. 190 ff.; *Hoffmann/Köllmann*, NZA 2020, 914 ff.; *Hromadka* in: Festschrift Richardi, S. 257, 259 ff.; *Kolbe*, ZfA 2011, 95, 115; *Preis/Ulber*, NZA 2014, 6, 9 f.; *Säcker*, BB 2013, 2677 ff.; *Waltermann*, Rda 2016, 296, 301 f.

zu Ablösungsmöglichkeiten von individualvertraglichen Versorgungszusagen durch Betriebsvereinbarung die gleichen Grundsätze.[226]

Für eine Möglichkeit der Änderung von Versorgungszusagen auf individualvertraglicher Ebene ohne kollektiven Bezug kann bereits ohne eine Ablösung das Ergebnis eines Günstigkeitsvergleichs sein, dass die kollektivrechtliche Regelung günstiger ist. Diese geht dann der individualvertraglichen Regelung vor.[227]

Anders verhält es sich mit ablösenden, das heißt verschlechternden, kollektivvertraglichen Regelungen.[228] Diese gehen nicht automatisch einer Individualzusage vor. Eine Ablösung auf kollektivrechtlicher Ebene ist allerdings möglich, wenn die individualvertragliche Regelung kollektivvertragssoffen gestaltet ist. Doch wie muss eine solche Öffnungsklausel ausgestaltet sein?

Sofern keine ausdrückliche Regelung zur kollektivvertragsoffenen Ausgestaltung in einer individualvertraglichen Zusage enthalten ist, ist nach der Rechtsprechung auch der konkludente Vorbehalt zur kollektivrechtlichen Ablösung ausreichend.[229] Voraussetzung ist allerdings ein kollektiver Bezug der Regelung. Wann ein solcher kollektiver Bezug anzunehmen ist, ist in Literatur und Rechtsprechung umstritten.

aa) Entwicklung in der Rechtsprechung

In der Rechtsprechung erging die Grundsatzentscheidung zur Zulässigkeit von kollektivvertraglichen Ablösungen durch den Großen Senat im Jahr 1986.[230] Der Große Senat behandelte die Frage, wie individualrechtlich begründete Sozialleistungen mit kollektivem Bezug abgelöst werden können. In dieser Entscheidung arbeitete der Große Senat heraus, dass durchaus betriebsvereinbarungsoffene Vorbehalte – ausdrücklich oder konkludent – bei individualvertraglichen Zusagen mit kollektivem Bezug zulässig seien.[231] Auch nur dann könne eine kollektivvertragliche Ablösung möglich sein. Ob ein betriebsvereinbarungsoffener Vorbehalt vorliege, sei durch Auslegung zu ermitteln.[232] Praktische

226 Vgl. auch AGB-Klauselwerke/*Thüsing*, 48. Ergänzungsliefg., Stand: März 2022, Arbeitsverträge Rn. 360 ff.; *Freiherr von Buddenbrock/Kühn*, BB 2017, 2997, 3002 f.; *Meinel/Kiehn*, NZA 2014, 509; *Worzalla*, NZA-Beilage 2006, 122, 132.

227 Blomeyer/Rolfs/Otto/*Rolfs*, BetrAVG, 8. Aufl. 2022, Anhang zu § 1 Rn. 106 ff.

228 Zum Begriff der ablösenden kollektivrechtlichen Vereinbarung: vgl. Höfer/de Groot/Küpper/Reich/*Höfer/Küpper*, Betriebsrentenrecht Band I, 28. Ergänzliefg. Mai 2022, Kapitel 5 Rn. 36.

229 Siehe etwa grundlegend: BAG v. 16.9.1986 – GS 1/82, BAGE 53, 42, 50 ff.

230 BAG v. 16.9.1986 – GS 1/82, BAGE 53, 42.

231 BAG v. 16.9.1986 – GS 1/82, BAGE 53, 42, 50 ff.

232 BAG v. 16.9.1986 – GS 1/82, BAGE 53, 42, 57.

Schwierigkeiten könnten nicht der Anlass sein, „*die Unterscheidung von vertragsrechtlichen und kollektiv-rechtlichen Gestaltungsmitteln aufzugeben (vertragliche Einheitsregelung als ‚quasi-kollektiv-rechtliches Gestaltungsmittel')*".[233] Zudem weist der Große Senat auch darauf hin, dass der Arbeitgeber – unabhängig von einem solchen Vorbehalt – zur einheitlichen Ablösung von Versorgungszusagen und anderen Sozialleistungen mittels einer kollektivrechtlichen Vertragsgestaltung von Anfang an der Problematik der fehlenden einheitlichen Ablösbarkeit aus dem Weg geht.[234]

Im Hinblick auf die Frage, wann ein kollektiver Bezug einer Regelung vorliegt, sorgte die Entscheidung des BAG vom 5.3.2013[235] für Aufmerksamkeit. Der Erste Senat legte in seinem Urteil aus 2013 einen sehr großzügigen Maßstab hinsichtlich der Annahme von betriebsvereinbarungsoffenen Regelungen an. Ein hinreichender Umstand für die Annahme sei der Fall, wenn der Vertragsgegenstand in Allgemeinen Geschäftsbedingungen enthalten sei und einen kollektiven Bezug habe.[236]

Der Dritte Senat hat die Betriebsvereinbarungsoffenheit in einem Urteil aus 2015 als Regel angeführt und es im Gegensatz dazu als Ausnahme dargestellt, wenn der Arbeitgeber eine unveränderte Geltung der in der Gesamtzusage niedergelegten Versorgungsbedingungen beabsichtige.[237] Dies steht im Einklang zur Rechtsprechung des Ersten Senats zu betriebsvereinbarungsoffenen Regelungen:

> „*Da allgemeine Geschäftsbedingungen ebenso wie Bestimmungen in einer Betriebsvereinbarung auf eine Vereinheitlichung der Regelungsgegenstände gerichtet sind, kann aus Sicht eines verständigen und redlichen Arbeitnehmers nicht zweifelhaft sein, dass es sich bei den vom Arbeitgeber gestellten Arbeitsbedingungen um solche handelt, die einer Änderung durch Betriebsvereinbarung zugänglich sind. Etwas anderes gilt nur dann, wenn Arbeitgeber und Arbeitnehmer ausdrücklich Vertragsbedingungen vereinbaren, die unabhängig von einer für den Betrieb geltenden normativen Regelung Anwendung finden sollen.*"[238]

---

233 BAG v. 16.9.1986 – GS 1/82, BAGE 53, 42, 58.

234 BAG v. 16.9.1986 – GS 1/82, BAGE 53, 42, 57.

235 BAG v. 5.3.2013 – 1 AZR 417/12, NZA 2013, 916.

236 BAG v. 5.3.2013 – 1 AZR 417/12, NZA 2013, 916, 920, Rn. 60 ff., vgl. auch LAG Düsseldorf v. 25.10.2016 – 8 Sa 500/15, *juris*, Rn. 49 ff.; kritisch hierzu inzwischen der Vierte Senat: vgl. BAG v. 11.4.2018 – 4 AZR 119/17, NZA 2018, 1273, 1276, Rn. 48 ff.

237 BAG v. 10.3.2015 – 3 AZR 56/14, NRA-RR 2015, 371, 375, Rn. 32.

238 BAG v. 5.3.2013 – 1 AZR 417/12, NZA 2013, 916, 921, Rn. 60.

Die auf dieses Urteil folgenden Entscheidungen des BAG stützten bis 2018 diese großzügige Auslegung. Das BAG hat in einem seiner Urteile zur Umdeutung einer unwirksamen Betriebsvereinbarung in eine Gesamtzusage vom 23.2.2016[239] für Versorgungszusagen in Form von Gesamtzusagen ausdrücklich hervorgehoben, dass es keiner Änderungskündigung für die Ablösung bedarf. Die Feststellung beruhte auf der Begründung, dass Versorgungszusagen, die durch die Gesamtzusagen erteilt würden, auf einem einheitlichen System beruhen würden und eine Gesamtzusage im Regelfall nur eine Versorgung nach den jeweils beim Arbeitgeber geltenden Versorgungsregeln ermöglichen solle. Um eine einheitliche Anwendung zu ermöglichen, könne auch ohne eine Änderungskündigung durch Vereinbarungen zwischen den Betriebsparteien eine Änderung herbeigeführt werden.[240] Auch für betriebliche Übungen hat das BAG nicht anders entschieden. Ebenfalls in einer Entscheidung vom 23.2.2016[241] hat es ausgeführt, dass Versorgungszusagen in Form von Gesamtzusagen und betriebliche Übungen gleichermaßen unter dem Vorbehalt einer Änderung – auch durch Betriebsvereinbarungen – stehen. Die Begründung war insbesondere für die Besonderheit des Vorbehalts der Abänderung von Versorgungszusagen, dass das System der zugesagten betrieblichen Altersversorge nicht erstarren dürfe.[242]

Kritisch zu dieser großzügigen Rechtsprechung hat sich erstmals in der höchstrichterlichen Rechtsprechung der Vierte Senat im Jahr 2018 ausgesprochen.[243] Obwohl das Vorliegen einer Betriebsvereinbarungsoffenheit in dem zu entscheidenden Fall nicht streiterheblich war, nahm der Vierte Senat seinen Fall zum Anlass, um seine Kritik zu äußern. Wie der Vierte Senat in seiner Rechtsprechung richtig ausführt, unterliegt auch die konkludente Vereinbarung einer Betriebsvereinbarungsoffenheit der AGB-Kontrolle.[244] Lege man den Maßstab des Transparenzgebots nach § 307 Abs. 1 S. 2 BGB zugrunde, so gelte für die Annahme einer betriebsvereinbarungsoffenen Regelung, dass ein Arbeitnehmer aufgrund der Umstände und dem Vertragstext erkennen können müsse, dass die jeweilige getroffene Leistungsregelung zur Disposition der Betriebsparteien

239 BAG v. 23.2.2016 – 3 AZR 960/13, NZA 2016, 642.

240 BAG v. 23.2.2016 – 3 AZR 960/13, NZA 2016, 642, 646, Rn. 31 ff.

241 BAG v. 23.2.2016 – 3 ARZ 44/14, NZA 2016, 961, 966, Rn. 47.

242 BAG v. 23.2.2016 – 3 AZR 960/13, BAGE 154, 144, Rn. 32; BAG v. 10.3.2015 – 3 AZR 56/14, NRA-RR 2015, 371, 375, Rn. 32.

243 BAG v. 11.4.2018 – 4 AZR 119/17, NZA 2018, 1273.

244 BAG v. 11.4.2018 – 4 AZR 119/17, NZA 2018, 1273, 1277, Rn. 50; BAG v. 14.9.2011 – 10 AZR 526/10, BAGE 139, 156; Preis/*Greiner*, Der Arbeitsvertrag, 6. Aufl. 2020, Kapitel II O Rn. 15a.

gestellt werde. Allein der Umstand, dass die jeweilige Leistungsregelung in Allgemeinen Geschäftsbedingungen geregelt sei, werde nicht zu einer solchen Erkenntnis führen können.[245]

Hiervon scheinen sich die übrigen Senate des BAG allerdings nicht beeindrucken zu lassen. Der Fünfte Senat[246] hat noch einmal die großzügige Rechtsprechung zur Betriebsvereinbarungsoffenheit bestätigt. Der Senat scheint sich – insbesondere nach der kritischen Entscheidung des Vierten Senats[247] – besonders ausführlich mit den kritischen Argumenten auseinandergesetzt zu haben.[248] So führt der Fünfte Senat insbesondere in Rn. 61 Folgendes aus:

> *„Soweit hiergegen eingewandt wird, die Annahme einer Betriebsvereinbarungsoffenheit beruhe auf Unterstellungen und Fiktionen (Waltermann, RdA 2016, 296 [301]; Lang, Die verdrängende Betriebsvereinbarung, 179; sehr pointiert Preis/Ulber, NZA 2014, Seite 6 [9]), wird verkannt, dass diese Ausführungen erkennbar typisierenden Charakter haben und keine Fiktion im Rechtssinne darstellen (zutr. Linsenmaier, RdA 2014, 336 [342 f.]). Die Kritik an dieser Rechtsprechung marginalisiert zudem den generalisierenden Charakter der Allgemeinen Geschäftsbedingungen. Dieser bringt sie hinsichtlich ihres Gegenstands in die Nähe von Betriebsvereinbarungen, die ebenfalls nicht individuell für das einzelne Arbeitsverhältnis ausgehandelt werden, sondern betriebsbezogen oder zumindest gruppenbezogen wirken (Linsenmaier, RdA 2014, 336 [343]). Sowohl Allgemeine Geschäftsbedingungen als auch Betriebsvereinbarungen zielen auf eine Vereinheitlichung der Regelungsgegenstände. Eine betriebsvereinbarungsfeste Gestaltung der Arbeitsbedingungen liefe dem zuwider. Die Änderung und Umgestaltung von betriebseinheitlich gewährten Leistungen wäre nur durch den Ausspruch von Änderungskündigungen möglich. Der Abschluss von betriebsvereinbarungsfesten Abreden würde zudem den Gestaltungsraum der Betriebsparteien für zukünftige Anpassungen von Arbeitsbedingungen mit kollektivem Bezug einschränken (BAG, NZA 2013, Seite 916 = AP BetrVG 1972 § 77 Nr. 105 Rn. 60).“*[249]

Auch anhand dieses Urteils wird noch einmal der besondere Flexibilisierungsgedanke der Senate deutlich. Nicht nur bei der Betriebsrente besteht das Bedürfnis, starre Regelungen bzw. Zusagen zu vermeiden.

bb) Kritische Stimmen der Literatur

Die großzügige Rechtsprechung zur Betriebsvereinbarungsoffenheit wurde insbesondere seit dem Urteil zu betriebsvereinbarungsoffenen Allgemeinen

---

245 Vgl. auch BAG v. 11.4.2018 – 4 AZR 119/17, NZA 2018, 1273, 1277, Rn. 51.
246 BAG v. 30.1.2019 – 5 AZR 450/17, NZA 2019, 1065.
247 BAG v. 11.4.2018 – 4 AZR 119/17, NZA 2018, 1273, 1278, Rn. 55, 57.
248 BAG v. 30.1.2019 – 5 AZR 450/17, NZA 2019, 1065.
249 BAG v. 30.1.2019 – 5 AZR 450/17, NZA 2019, 1065, 1071 f., Rn. 61.

Geschäftsbedingungen als Arbeitsverträge vom 5.3.2013[250] immer wieder kritisiert. Die Literaturmeinungen haben insbesondere die Auslegung des Ersten Senats im Hinblick auf das Transparenzgebot nach § 307 Abs. 1 S. 2 BGB und das Verbot der überraschenden Klausel nach § 305c Abs. 2 BGB kritisch begutachtet.[251] Dies sind genau die Gründe, die auch der Vierte Senat nunmehr in seiner Rechtsprechung zu individualvertraglichen Zusagen mit kollektivem Bezug heranzieht, um die Bedenken gegen eine solch großzügige Auslegung zu äußern.[252]

In der Literatur sieht man daneben allerdings auch ein anderes Problem an der Rechtsprechung zur Betriebsvereinbarungsoffenheit: Die Literatur stellt sich die Frage, ob das Ordnungsprinzip dann dem Günstigkeitsprinzip vorgehe.[253] *Preis* sieht in den gerichtlichen Entscheidungen eine Aushebelung des Günstigkeitsprinzips.[254] Dies sind berechtigte Bedenken. Nicht einfach ist das Rechtsproblem aufzulösen, wie das Günstigkeitsprinzip hier nicht zur Anwendung kommen soll – das nicht zur Disposition der Arbeitsvertragsparteien steht.[255] Nicht einfach ist zu erklären, wie es mit der strengen AGB-Kontrolle vereinbar ist, dass Allgemeine Geschäftsbedingungen alleine schon ausreichen sollen, um erkennbar spätere kollektivrechtliche Ablösungsmöglichkeiten offen halten zu wollen.

cc) Bewertung: Divergenz von Dogmatik und Praktikabilität

Aufgrund der Begründungen des BAG zu seinen diversen Entscheidungen zu betriebsvereinbarungsoffenen Versorgungszusagen auf individualvertraglicher Ebene entsteht der Eindruck, dass nicht die grundsätzliche Dogmatik zu Gesamtzusagen und anderen individualvertraglichen Vereinbarungen mit kollektivem Bezug im Vordergrund stand, sondern das Ziel, dass Versorgungszusagen, die mit langfristigen Verpflichtungen einhergehen, nicht unverändert wie eine Last am Arbeitgeber hängen bleiben sollen. Sie sollen – zumindest formell – flexibel gestaltbar sein, wenn schon materiell genug Hürden bestehen.

---

250 BAG v. 5.3.2013 – 1 AZR 417/12, NZA 2013, 916.

251 AGB-Klauselwerke/*Thüsing*, 48. Ergänzungsliefg., Stand: März 2022, Arbeitsverträge Rn. 360 ff.; ErfK/*Kania*, 22. Aufl. 2022, § 77 BetrVG Rn. 79 ff.; Richardi/*Richardi/Picker*, BetrVG, 17. Aufl. 2022, § 77 Rn. 190 ff.; *Hromadka* in: Festschrift Richardi, S. 257, 259 ff.; *Kolbe*, ZfA 2011, 95, 115; *Preis/Ulber*, NZA 2014, 6, 9 f.; *Säcker*, BB 2013, 2677 ff.; *Waltermann*, Rda 2016, 296, 301 f.

252 BAG v. 11.4.2018 – 4 AZR 119/17, NZA 2018, 1273; vgl. Abschn. C. I. 1. e) aa).

253 Vgl. *Preis*, NZA 2014, 6, 9.

254 *Preis*, NZA 2014, 6, 9; *Waltermann*, Rda 2016, 296, 299 f.

255 *Schipp* in: 100 Jahre Betriebsverfassungsrecht, 2020, S. 669, 676 ff.

Die Entscheidungen im Laufe der Zeit seit der Grundsatzentscheidung des Großen Senats von 1986 zeigten bis zuletzt deutlich, dass die Auslegung, wann eine betriebsvereinbarungsoffene Vertragsgestaltung vorliegt bzw. wann eine Änderungskündigung entbehrlich ist, immer großzügiger durch die Rechtsprechung erfolgte. Die Auslegung hätte jedoch nicht immer zwingend zu einer solchen eindeutigen Annahme führen müssen. Faktisch kehrte die Rechtsprechung damit zum Ablösungsprinzip zurück, wie sie vor der Entscheidung des Großen Senats verfolgt wurde.[256] Das heißt, die zeitliche Kollision ist entscheidend und nicht das Ordnungsprinzip. Der Vierte Senat kritisierte dies zum ersten Mal in einer seiner Entscheidungen aus 2018.[257] Zuletzt hat der Fünfte Senat allerdings die großzügige Rechtsprechung nochmals bestätigt und sich ausführlich mit der Problematik der Betriebsvereinbarungsoffenheit auseinandergesetzt.[258] Insbesondere hat der Senat sich mit der Bedeutung von Allgemeinen Geschäftsbedingungen als erkennbares Mittel zur späteren Ablösungsmöglichkeiten durch Betriebsparteien auseinandergesetzt. Maßgebliches Argument ist vor allem die Nähe von Allgemeinen Geschäftsbedingungen zu Betriebsvereinbarungen, weshalb auch für einen Arbeitnehmer erkennbar sein müsse, dass die Regelungen einheitlich für ein Kollektiv gelten sollten und späteren kollektivrechtlichen Änderungen zugänglich sein müssten.[259] Wie sich dies in der Rechtsprechung weiterentwickelt, bleibt abzuwarten.

So richtig und relevant das Ziel auch in der Praxis ist, so dürfen die juristischen dogmatischen Ansätze nicht außer Acht bleiben. Die Grenzen von Allgemeinen Geschäftsbedingungen ergeben sich immer noch aus den §§ 307 ff. BGB. Auch eine mögliche Auslegung im Sinne einer Betriebsvereinbarungsoffenheit unterliegt der Inhaltskontrolle. Die Besonderheiten des Arbeitsrechts im Sinne des § 310 Abs. 4 S. 2 BGB lassen dies nicht obsolet erscheinen. Für einen verständigen und redlichen Arbeitnehmer ist die Tragweite von Allgemeinen Geschäftsbedingungen nicht klar erkennbar, soweit sie zur konkludenten Annahme einer Betriebsvereinbarungsoffenheit führen sollen. Nur weil der Arbeitnehmer einen Arbeitsvertrag unterzeichnet der als Allgemeine Geschäftsbedingungen ausgestaltet ist, ist für ihn nicht erkennbar, dass er aufgrund der Betriebsvereinbarungsoffenheit die Dispositionsbefugnis hinsichtlich bestimmter Regelungen

---

256 Vgl. auch Höfer/de Groot/Küpper/Reich/*Höfer/Küpper*, Betriebsrentenrecht Band I, 28. Ergänzliefg. Mai 2022, Kapitel 5 Rn. 62.1.

257 Vgl. BAG v. 11.4.2018 – 4 AZR 119/17, NZA 2018, 1273.

258 BAG v. 30.1.2019 – 5 AZR 450/17, NZA 2019, 1065, 1071 f., Rn. 60 ff.

259 BAG v. 30.1.2019 – 5 AZR 450/17, NZA 2019, 1065, 1071 f., Rn. 61.

wie Versorgungszusagen aus der Hand gibt. Letztlich geht mit der Möglichkeit der Ablösung durch eine Betriebsvereinbarung auch einher, dass das Günstigkeitsprinzip zumindest faktisch außer Kraft gesetzt wird, welches einen wesentlichen Grundsatz im Arbeitsrecht darstellt.

Die Besonderheiten des Arbeitsrechts machen auch nicht eine ergebnisorientierte Entscheidung erforderlich. Auch individualvertragliche Zusagen können entsprechend ausgestaltet werden, dass eine flexible formelle Anpassung durch kollektivrechtliche Vereinbarungen möglich bleibt. Sie müssen nur für den Arbeitnehmer klar und transparent unter den Vorbehalt einer entsprechenden Ablösung gestellt werden.

Versorgungszusagen stellen da keine Ausnahme hinsichtlich der Dogmatik dar und rechtfertigen auch keine Ausnahme. Sofern ein solcher Vorbehalt nicht hinreichend deutlich zum Ausdruck kommt, sollte es bei der dogmatischen Trennung zwischen der individualrechtlichen und der kollektivrechtlichen Ebene bleiben. Wie der Große Senat richtig ausgeführt hat, bleibt es dem Arbeitgeber unbenommen entsprechende Vorbehalte oder vertragliche Vereinbarungen zu wählen, die flexible Ablösungsinstrumente ermöglichen.

2. Betriebsvereinbarung

Im Vergleich zu individualvertraglichen Abreden gestaltet sich die Ablösung von Betriebsvereinbarungen einfacher: Versorgungszusagen für aktive Mitarbeiter können auf diesem Wege einheitlich abgelöst werden. Nur bei ausgeschiedenen Mitarbeitern und Rentnern kann die Ablösbarkeit Probleme bereiten.

Zudem ist auch die einseitige Ablösung durch Kündigung ein Instrument, das gegebenenfalls weitergehende Lösungsmöglichkeiten eröffnet. Dies gilt es näher zu betrachten.

a) Grundsätzliche Ablösbarkeit durch Betriebsvereinbarung und Tarifvertrag

Soweit Versorgungszusagen in Form von Betriebsvereinbarungen vereinbart werden, setzt sich der Arbeitgeber im Hinblick auf die formelle Ablösung nicht der Gefahr aus, dass eine einheitliche Ablösung nicht möglich ist. Bei Betriebsvereinbarungen gilt die Zeitkollisionsregel.[260] Eine nachfolgende

260 Vgl. nur BAG v. 23.10.1990 – 3 AZR 260/89, BAGE 66, 145; statt vieler s. auch: ErfK/*Kania*, 22. Aufl. 2022, § 77 BetrVG Rn. 89; Fitting, BetrVG, 31. Aufl. 2022, § 77 Rn. 192.

Betriebsvereinbarung kann mit Betriebsparteien ausgehandelte Versorgungszusagen ablösen. Dies gilt unabhängig davon, ob eine Änderung für die Arbeitnehmer verschlechternd ist oder nicht.

Folgt auf eine Betriebsvereinbarung ein Tarifvertrag, so gilt das Ordnungsprinzip und der Tarifvertrag geht als höherrangiges Regelungswerk der Betriebsvereinbarung vor.

b) Ablösbarkeit durch Betriebsvereinbarung: Mitbestimmung des Betriebsrats bei Änderungen von Versorgungszusagen

Die Anpassungen von Versorgungszusagen können allerdings betriebsverfassungsrechtliche Beteiligungsrechte auslösen. Sind zwingende Mitbestimmungsrechte des Betriebsrats berührt, heißt dies nicht, dass die Einführung der Versorgungszusage bzw. deren Änderung zwingend in Form einer Betriebsvereinbarung erfolgen muss.[261]

aa) Mitbestimmungsfreier Teil

Die arbeitgeberfinanzierte Versorgungszusage ist eine freiwillige Zusage zu Sozialleistungen, bei denen die Entscheidung über das „Ob“ der Leistung, die Höhe der bereitzustellenden finanziellen Mittel, die Versorgungsform sowie der Personenkreis nicht der zwingenden Mitbestimmung nach § 87 BetrVG unterliegen.[262] Dass die Wahl der Versorgungsform und des Durchführungsweges mitbestimmungsfrei sind, hängt mit der freien Wahl des Dotierungsrahmens durch den Arbeitgeber zusammen.[263] Die Durchführungswege bringen jeweils unterschiedliche Kosten mit sich. Ebenso führte das BAG in einer seiner Entscheidungen zur Mitbestimmung aus, dass auch die Wahl des konkreten Versorgungsträgers nicht der Mitbestimmung unterfiele, da diese Wahl Auswirkungen auf den vom Arbeitgeber zu tragenden Finanzierungsaufwand sowie auf das Haftungsrisiko des Arbeitgebers gem. § 1 Abs. 1 S. 3 BetrAVG habe.[264]

---

261 Thüsing/Granetzny, 2019, S. 180.

262 Blomeyer/Rolfs/Otto/*Rolfs*, BetrAVG, 8. Aufl. 2022, Anhang zu § 1 Rn. 406; vgl. BAG v. 12.6.1975 – 3 ABR 13/74, BAGE 27, 194, 195.

263 Höfer/de Groot/Küpper/Reich/*Höfer/Reinhard*, Betriebsrentenrecht Band I, 28. Ergänzliefg. Mai 2022, Kapitel 8 Rn. 48 ff.

264 BAG v. 29.7.2003 – 3 ABR 34/02, BAGE 107, 112, 117; BAG v. 16.2.1993 – 3 ABR 29/92, BAGE 72, 229, 234; Höfer/de Groot/Küpper/Reich/*Höfer/Reinhard*, Betriebsrentenrecht Bd. 1, 22. EL Stand: April 2018, Kapitel 8, 4.2.1., Rn. 67.

Vor diesem Hintergrund erstreckt sich die Entscheidungsfreiheit des Arbeitgebers ohne Beteiligung des Betriebsrats grundsätzlich auch auf Änderungen von Versorgungszusagen im Hinblick auf den Personenkreis, die Höhe des Dotierungsrahmens oder auf den Durchführungsweg. Der Wechsel des Durchführungsweges ist nur dann mitbestimmungsfrei, soweit der ursprüngliche Leistungsplan und die ursprüngliche Verteilung des Dotierungsrahmens gewahrt werden.[265]

Ob die Schließung eines Versorgungswerks für Neueintritte ebenfalls mitbestimmungsfrei ist, wird in der Literatur kritisch diskutiert.[266] *Griebeling*[267] leitet ein Mitbestimmungsrecht des Betriebsrats aus § 87 Abs. 1 Nr. 10 BetrVG her, nach dem ein generelles Mitbestimmungsrecht bei Entlohnungsgrundsätzen besteht. Diese Ansicht steht allerdings im Widerspruch zur Rechtsprechung des BAG, das gerade aus der Tatsache, dass die Festlegung der Höhe der finanziellen Mittel mitbestimmungsfrei ist, ebenso die Entscheidung der Abschaffung der betrieblichen Altersversorgung als mitbestimmungsfreie Entscheidung herleitet.[268] Als *argumentum e contrario* ist die Herleitung des BAG eine logische Schlussfolgerung, die überzeugt.[269] Dies deckt sich eben auch mit dem Grundsatz der Freiheit der Leistungserbringung bei der betrieblichen Lohngestaltung:[270] Wenn der Arbeitgeber ohne Beteiligung des Betriebsrats entscheiden darf, ob er eine Leistung einführt, muss er auch entscheiden dürfen, ob er eine Leistung wieder abschafft. Weder die Art und Weise der Gestaltung der betrieblichen Altersvorsorge bzw. die Aufstellung von Entlohnungsgrundsätzen sind hiervon betroffen noch die Einführung und Anwendung von neuen Entlohnungsmethoden im Sinne von § 87 Abs. 1 Nr. 10 BetrVG.

Hiervon unberührt bleiben aber die formellen und materiellen Voraussetzungen, die der Arbeitgeber hierbei zu berücksichtigen hat.

---

265 Höfer/de Groot/Küpper/*Höfer/Reinhard*, Betriebsrentenrecht Band I, 28. Ergänzliefg. Mai 2022, Kapitel 8 Rn. 50.

266 *Griebling*, NZA 1989, Beilage 3, 26, 34; *Stumpf* in: Gegenwart und Zukunft der betrieblichen Altersversorgung, 1982, S. 107.

267 *Griebling*, NZA 1989, Beilage 3, 26, 34.

268 BAG v. 9.12.2008 – 3 AZR 384/07, NZA 2009, 1341, 1344, Rn. 28. BAG v. 12.6.1975 – 3 ABR 13/74, BAGE 27, 194, 204.

269 So wohl auch Höfer/de Groot/Küpper/Reich/*Höfer/Reinhard*, Betriebsrentenrecht Band I, 28. Ergänzliefg. Mai 2022, Kapitel 8 Rn. 54.

270 Vgl. Richardi/*Richardi/Maschmann*, BetrVG, 17. Aufl. 2022, § 87 Rn. 795 m.w.N.

bb) Mitbestimmung nach § 87 Abs. 1 Nr. 8 und 10 BetrVG

Hingegen ist eine Änderung dann mitbestimmungspflichtig, wenn Fragen der betrieblichen Lohngestaltung, insbesondere die Aufstellung von Entlohnungsgrundsätzen, die Einführung und Anwendung von neuen Entlohnungsmethoden sowie deren Änderung (§ 87 Abs. 1 Nr. 10 BetrVG) und / oder bei der Einrichtung eines Versorgungswerks die Form, Ausgestaltung und Verwaltung von sozialen Einrichtungen (§ 87 Abs. 1 Nr. 8 BetrVG), berührt sind.

Die betriebliche Altersversorgung betrifft die betriebliche Lohngestaltung. Die zwingende Mitbestimmung nach § 87 Abs. 1 Nr. 10 BetrVG wird ausgelöst, soweit die Versorgungsleistung nicht durch eine Sozialeinrichtung erbracht wird und daher der Mitbestimmung nach § 87 Abs. 1 Nr. 8 BetrVG unterliegt.[271] Sozialeinrichtungen im Sinne des § 87 Abs. 1 Nr. 8 BetrVG sind im Kontext der betrieblichen Altersvorsorge Unterstützungskassen, Pensionskasse und Pensionsfonds.[272] Sie erfüllen im Gegensatz zu Direktzusagen und Direktversicherungen die Voraussetzungen einer auf Dauer angelegten und abgrenzbaren Organisation mit einem zweckgebundenen Sondervermögen.[273]

Die Mitbestimmung ergibt sich im Rahmen von § 87 Abs. 1 Nr. 10 BetrVG zum einen aufgrund der Einordnung der betrieblichen Altersvorsorge als vermögenswerte Gegenleistung der Arbeitsleistung und zum anderen zur Vermeidung einer Regelungslücke bei Direktzusagen und der Versicherung bei einem Versicherungsunternehmen im Vergleich zu Unterstützungs- und Pensionskassen, die der Mitbestimmung nach Nr. 8 unterfallen.[274]

So bedarf es im Falle der Änderungen von Versorgungszusagen insbesondere dann der Mitbestimmung des Betriebsrats, wenn der Leistungsplan geändert wird[275] oder die Verteilung der Leistungen innerhalb des Dotierungsrahmens berührt ist.[276] Der Verteilungsschlüssel ist beispielsweise dann betroffen, wenn

---

271 BAG v. 12.6.1975 – 3 ABR 13/74, BAGE 27, 194; Richardi/*Richardi/Maschmann*, BetrVG, 17. Aufl. 2022, § 87 Rn. 856 m.w.N.

272 Fitting, BetrVG, 31. Aufl. 2022, § 87 Rn. 377; Richardi/*Richardi/Maschmann*, BetrVG, 17. Aufl. 2022, § 87 Rn. 642.

273 Vgl. nur BAG v. 8.11.2011 – 1 ABR 37/10, NZA 2012, 462, 463, Rn. 18 f.; BAG v. 12.6.1975 – 3 ABR 13/74, BAGE 27, 194, 198 f.; vgl. auch *Schnitker/Sittard*, NZA 2011, 331.

274 Richardi/*Richardi/Maschmann*, BetrVG, 17. Aufl. 2022, § 87 Rn. 859; vgl. auch BAG v. 12.6.1975 – 3 ABR 13/74, BAGE 27, 194, 199.

275 BAG v. 18.3.1976 – 3 ABR 32/75, AP BetrVG 1972 § 87 Altersversorgung Nr. 4.

276 Richardi/*Richardi/Maschmann*, BetrVG, 17. Aufl. 2022, § 87 Rn. 870.

die Mittel für die Versorgungsleistungen gekürzt werden und hierdurch eine Neuverteilung der gekürzten Mittel bewirkt wird.

Für den Fall des Abbaus einer Überversorgung hat das BAG ebenfalls entschieden, dass ein Mitbestimmungsrecht besteht, allerdings auch im Einklang mit seiner Rechtsprechung[277] zu den Mitbestimmungsrechten nach § 87 Abs. 1 Nr. 8 und 10 BetrVG nur einschränkend auf die Art und Weise des Abbaus und eben nicht bezogen auf das Vorliegen und den Umfang einer Überversorgung.[278]

Zur Durchführung seiner Aufgaben nach dem Betriebsverfassungsgesetz ist der Betriebsrat rechtzeitig und umfassend vom Arbeitgeber über Änderungen der betrieblichen Altersvorsorge nach § 80 Abs. 2 S. 1 BetrVG zu informieren. Ausreichend ist, dass der Arbeitgeber dieser Pflicht während der Planungen nachkomme.[279] Es bedürfe nicht einer vorherigen Ausformulierung der Ausgestaltung bis ins letzte Detail.[280]

cc) Risiken unterbliebener Mitbestimmung

Risiken unterbliebener Mitbestimmung können Folgen sowohl auf kollektivrechtlicher als auch auf individualrechtlicher Ebene auslösen.

Werden die Mitbestimmungsrechte des Betriebsrats missachtet, sind die mitbestimmungspflichtigen Maßnahmen des Arbeitgebers sowie individualvertragliche Vereinbarungen zulasten des Arbeitnehmers nach einhelliger Meinung unwirksam (Theorie der Wirksamkeitsvoraussetzungen).[281] Wird der Dotierungsrahmen durch eine Änderung beispielsweise gekürzt und die Verteilung innerhalb der Gruppe der Versorgungsberechtigten geändert, ohne dass der Betriebsrat beteiligt wird, so führt dies zur Unwirksamkeit der angepassten Versorgungsordnung und die bisherige gilt weiter.

Eine Verletzung der Mitbestimmung mit der Folge der Unwirksamkeit kann sowohl durch den Arbeitgeber als auch durch die Handlung einer Sozialeinrichtung wie eine Unterstützungskasse verursacht werden. Mit seiner Entscheidung aus dem Jahr 1988[282] hat das BAG seine Auffassung aufgegeben, dass Organe

277 Vgl. Richardi/*Richardi/Maschmann*, BetrVG, 17. Aufl. 2022, § 87 Rn. 676 m.w.N.
278 Vgl. BAG v. 28.7.1998 – 3 AZR 357/97, BAGE 89, 279, 286.
279 BAG v. 12.6.1975 – 3 ABR 13/74, BAGE 27, 194, 207 f.
280 BAG v. 12.6.1975 – 3 ABR 13/74, BAGE 27, 194, 208.
281 BAG v. 11.6.2002 – 1 AZR 390/01, NZA 2003, 570; Fitting, BetrVG, 31. Aufl. 2022, § 87 Rn. 618 m.w.N.; Höfer/de Groot/Küpper/Reich/*Höfer*, Betriebsrentenrecht Band I, 28. Ergänzliefg. Mai 2022, Kapitel 8 Rn. 156.
282 BAG v. 26.4.1988 – 3 AZR 168/86, NZA 1989, 219, 221.

einer rechtlich selbständigen Einrichtung nicht die Rechtsfolge der Unwirksamkeit einer Versorgungszusage auslösen können. Die Begründung basierte auf der Kritik von *Hanau*[283] zur früheren Rechtsprechung. Auch die rechtlich selbständigen Einrichtungen fänden ihre Grenzen in den zwingenden Mitbestimmungsrechten und sind lediglich ein Instrument des Arbeitgebers. Dies gelte vor allem bei Unterstützungskassen, deren Träger der Arbeitgeber schließlich selbst sei.

Dem Betriebsrat steht ein Unterlassungsanspruch gegen den Arbeitgeber zu, wenn dieser Rechte aus § 87 BetrVG verletzt.[284] Dieser Anspruch kann gegebenenfalls auch im Wege der einstweiligen Verfügung gem. § 85 Abs. 2 ArbGG i.V.m. §§ 935, 940 ZPO durchgesetzt werden.[285]

Ansprüche des Arbeitnehmers bestehen nur insoweit, als dass er einen Erfüllungsanspruch auf Leistungen hat, die den bestehenden Vertragsgrundlagen entsprechen. Über die Vertragsgrundlagen hinausgehende Ansprüche bestehen nicht.[286] Eine Verletzung des Mitbestimmungsrechts führe nach dem BAG auch nicht dazu, dass der Arbeitgeber sein billiges Ermessen ausüben müsse und dem Arbeitnehmer als Folge mehr einräumen müsse, als ihm vertraglich zustehe.[287]

c) *Reichweite der Ablösbarkeit durch Betriebsvereinbarung für Rentner und Ausgeschiedene*

Dass die Ablösbarkeit aktive Mitarbeiter erfasst, steht außer Frage. Um eine einheitliche Ablösbarkeit zu erreichen, besteht aber regelmäßig der Wille des Arbeitgebers bzw. der Betriebsparteien, auch ausgeschiedene Mitarbeiter, die unverfallbare Anwartschaften erworben haben, ebenso von der ablösenden Betriebsvereinbarung zu erfassen.

Nach der Rechtsprechung erfasst eine ablösende Betriebsvereinbarung unproblematisch auch die ausgeschiedenen Arbeitnehmer mit Anwartschaften, wenn auf arbeitsvertraglicher Grundlage eine Jeweiligkeitsklausel auf zukünftige Betriebsvereinbarungen Bezug nimmt.[288]

---

283 *Hanau*, Anmerkung zu BAG v. 13.7.1978 – 3 ABR 108/77, AP BetrVG 1972 § 87 Altersversorgung Nr. 5.

284 BAG v. 3.5.1994 – 1 ABR 24/93, BAGE 76, 364.

285 BAG v. 3.5.1994 – 1 ABR 24/93, BAGE 76, 364; ErfK/*Kania*, 22. Aufl. 2022, § 87 BetrVG Rn. 141.

286 BAG v. 19.7.2005 – 3 AZR 472/04, AP BetrAVG § 1 Nr. 42, Rn. 37 f.

287 BAG v. 19.7.2005 – 3 AZR 472/04, AP BetrAVG § 1 Nr. 42, Rn. 38.

288 Höfer/de Groot/Küpper/Reich/*Höfer/Küpper*, Betriebsrentenrecht Band I, 28. Ergänzliefg. Mai 2022, Kapitel 5 Rn. 88.

Vor dem Hintergrund der bestehenden Rechtsprechung zum Geltungsbereich ablösender Betriebsvereinbarungen ist eine Anwendbarkeit aber eben dann auszuschließen, wenn keine Jeweiligkeitsklausel auf individualvertraglicher Ebene bestanden hat.[289] Das BAG begründet dies insbesondere mit der mangelnden Regelungskompetenz der Betriebspartner mit Beendigung des Arbeitsverhältnisses.

Diese Auffassung ist in der Literatur vielfach auf Kritik gestoßen. Die kritischen Stimmen wollen eine stillschweigende Jeweiligkeitsklausel annehmen, um dem praktischen Bedürfnis gerecht zu werden, dass eine etwaige Ablösung einheitlich erfolgen kann.[290] Sie sehen kein Legitimationshindernis für die Regelungskompetenz der Betriebsparteien für Rentner. Bei den Versorgungsleistungen handele es sich zum einen um Leistungen des Arbeitgebers und zum anderen würden sie im Kontext einer kollektiven Ordnung gewährt.[291]

Auch wenn das praktische Erfordernis einer solchen Regelungskompetenz offensichtlich ist, überzeugen die Argumente nicht. Eine Jeweiligkeitsklausel kann nicht ohne Weiteres in einen Arbeitsvertrag hineingelesen werden. Fehlt es an einer solchen Klausel, so ist im Zweifel – allein aus AGB-rechtlicher Sicht schon – von einer statischen Klausel auszugehen. Für einen Rentner ist es ansonsten nicht erkennbar, dass die Regelungen der Versorgungsleistungen unter dem Ablösungsvorbehalt der Betriebsparteien stehen. Aufgrund dessen erscheint die Konstruktion des BAG sinnvoll, dass sich die Ansprüche aus der Betriebsvereinbarung mit dem Ausscheiden aus dem Arbeitsverhältnis in einen individuellen schuldrechtlichen Einzelanspruch des Rentners gegen den Arbeitgeber umwandeln.[292] Trotz vieler Kritik in der Literatur gegen diese Rechtsprechung, ist das BAG bisher nicht von seiner Rechtsansicht abgewichen.[293]

---

289 BAG v. 13.5.1997 – 1 AZR 75/97, NZA 1998, 160; BAG v. 25.10.1988 – 3 AZR 483/86, NZA 1989, 522.

290 *Fitting*, BetrVG, 31. Aufl. 2022, § 77 Rn. 38 ff.; GK/*Kreutz*, BetrVG, 12. Aufl. 2022, § 77 Rn. 190 ff.; HWGNRH/*Worzalla*, BetrVG, 10. Aufl. 2018, § 77 Rn. 31; *Dietrich*, NZA 1984, 273, 277 f.; *Gamillscheg* in: Festschrift Bosch, 1976, S. 209, 223; *Hanau*, ZfA 1974, 89, 107 f.; *Konzen/Jacobs* in: Festschrift Dietrich, 1999, S. 297; *Schwerdtner*, ZfA 1975, 171; *Waltermann*, NZA 1998, 505.

291 Vgl. *Fitting*, BetrVG, 31. Aufl. 2022, § 77 Rn. 39.

292 BAG v. 13.5.1997 – 1 AZR 75/97, NZA 1998, 160, 161, Rn. 22; BAG v. 25.10.1988 – 3 AZR 483/86, BAGE 60, 78, 82 Rn. 15; BAG Großer Senat v. 16.5.1956 – GS 1/55, BAGE 3, 1, 10, Rn. 21.

293 Vgl. nur BAG v. 28.7.1998 – 3 AZR 100/98, BAGE 89, 262, 270.

d) Einseitige Lösbarkeit durch den Arbeitgeber

Die Betriebsvereinbarung als Rechtsgrundlage zur Regelung einer betrieblichen Altersversorgung eröffnet grundsätzlich die Möglichkeit, die im Betriebsverfassungsgesetz verankerten Ablösungsinstrumente zu nutzen. Dies umfasst auch einseitige Ablösungsmöglichkeiten.

Wirft man ein Blick in die Rechtsprechung wird allerdings auch hinsichtlich der betriebsverfassungsrechtlichen Ablösungsinstrumente deutlich, dass das BAG der betrieblichen Altersversorgung einen Wert an sich zuspricht, der diese Ablösungsinstrumente wiederum einschränkt. Selbst im Falle der Ausübung des Kündigungsrechts nach § 77 Abs. 5 BetrVG bleibt dem Arbeitgeber nicht die volle Anpassungsfreiheit der Versorgungszusage – unabhängig davon, ob eine Nachwirkung geregelt ist oder nicht.

Dies ergibt sich bereits klar aus der Rechtsprechung des Dritten Senats aus dem Jahr 1989, wonach der Senat eine Kündigung für möglich hält und auch explizit keine Nachwirkung nach der Kündigung annimmt, aber für betroffene Arbeitnehmer mit erworbenen Besitzständen eine Änderung nur unter der Berücksichtigung der Grundsätzen der Verhältnismäßigkeit und des Vertrauensschutzes für zulässig erachtet:[294]

> *„Der Ablauf der Geltungsdauer einer Betriebsvereinbarung sagt deshalb noch nichts darüber aus, ob und in welchem Umfange eventuelle Versorgungsbesitzstände der Arbeitnehmer, die aufgrund der Betriebsvereinbarung entstanden waren, geschützt werden müssen. Diese Frage kann im Falle der Kündigung nicht anders behandelt werden als im Falle der Ablösung einer Betriebsvereinbarung durch eine nachfolgende Betriebsvereinbarung. Der einzige Unterschied besteht darin, daß bei der Kündigung von einem einseitigen Lösungsrecht Gebrauch gemacht wird, während bei einer inhaltsgleichen Ablösung Arbeitgeber und Betriebsrat die alte Regelung gemeinsam aufheben. Wenn aber schon die Änderung einer Betriebsvereinbarung durch eine spätere Betriebsvereinbarung der gesetzlichen Billigkeitskontrolle unterliegt, dann muß das erst recht gelten, wenn der Arbeitgeber von dem einseitigen Lösungsmittel der Kündigung Gebrauch macht. Die Grundsätze der Verhältnismäßigkeit und des Vertrauensschutzes müssen auch in diesem Fall beachtet werden. Daraus folgt: Der Umfang des Eingriffs muß sich auf der Seite des Arbeitgebers danach richten, wie gewichtig die Gründe sind, die ihn zur Kündigung veranlassen. Auf der Seite der Arbeitnehmer ist zu unterscheiden, ob es sich um einen Eingriff in den bereits erdienten Teilbetrag einer Anwartschaft handelt, ob zugesagte Berechnungsfaktoren, z.B. der Faktor ‚ruhegehaltsfähiges Entgelt' zum Nachteil des Arbeitnehmers geändert werden sollen (Schutz der sogenannten zeitanteilig erdienten Dynamik), oder ob rein dienstzeitabhängige künftige Steigerungsbeträge entfallen sollen."*[295]

---

294 BAG v. 18.4.1989 – 3 AZR 688/87, NZA 1990, 67, 68.
295 BAG v. 18.4.1989 – 3 AZR 688/87, NZA 1990, 67, 68.

Dabei handelt es sich bei der betrieblichen Altersversorgung um eine teilmitbestimmte Angelegenheit.[296] Der Arbeitgeber kann ohne Beteiligung des Betriebsrats entscheiden, ob und in welchem Umfang finanzielle Mittel für die betriebliche Altersversorgung zur Verfügung gestellt werden.

Für die Folgen einer Kündigung ist daher im Allgemeinen zwischen einer Betriebsvereinbarung mit vereinbarter Nachwirkung und einer Betriebsvereinbarung ohne explizit geregelte Nachwirkung sowie mit dem ausdrücklichen Ausschluss einer Nachwirkung zu differenzieren.

aa) Die simple Möglichkeit: Kündigungsmöglichkeit ohne Nachwirkung

Sofern keine Nachwirkung ausdrücklich vereinbart ist, ist für teilmitbestimmte Angelegenheiten im Hinblick auf die Kündigungsmöglichkeiten zwischen zwei Fällen zu unterscheiden: (1) keine ausdrückliche Regelung zur Nachwirkung einerseits oder (2) ausdrücklicher Ausschluss der Nachwirkung andererseits.

Diese Unterscheidung ist für den speziellen Fall der freiwilligen Sozialleistung der betrieblichen Altersversorgung von zusätzlicher Relevanz, da die betriebliche Altersversorgung an sich einen Vertrauensschutz genießt.

(1) Ohne ausdrückliche Regelung des Ausschlusses der Nachwirkung

Grundsätzlich entfalten teilmitbestimmte Betriebsvereinbarungen über freiwillige Sozialleistungen keine Nachwirkung, sofern der Arbeitgeber die Leistungen für die Zukunft ersatzlos streichen will.[297] Soweit der Arbeitgeber jedoch nur eine Kürzung des Volumens und damit verbunden eine Änderung des Leistungsplans vornehmen möchte, wirkt die Betriebsvereinbarung nach der Rechtsprechung des BAG nach.[298]

Die Kündigung einer Betriebsvereinbarung über freiwillige Sozialleistungen verbunden mit einer vollständigen Kürzung der dort geregelten Leistung hat zur Folge, dass nach Beendigung der Betriebsvereinbarung die Leistungen auch für die Mitarbeiter entfallen, die bereits Leistungen nach dieser Betriebsvereinbarung erhalten haben.

Dieser Grundsatz ist allerdings nicht ohne Weiteres auf Betriebsvereinbarungen über Leistungen zur betrieblichen Altersversorgung übertragbar. Auch im Falle der Kündigung verlangt die Rechtsprechung, dass Arbeitnehmer, die bereits

---

296 BAG v. 11.5.1999 – 3 AZR 21/98, NZA 2000, 322, 326.; s. auch bereits Abschn. C. I. 2. b).
297 BAG v. 26.8.2008 – 1 AZR 354/07, NZA 2008, 1426.
298 BAG v. 26.8.2008 – 1 AZR 354/07, NZA 2008, 1426.

eine Zusage auf Grundlage der Betriebsvereinbarung erhalten haben, weiterhin vor ungerechtfertigten Eingriffen geschützt sind.[299] Während für Neueintritte die Leistungen mit Beendigung ersatzlos entfallen, gilt die Betriebsvereinbarung für Mitarbeiter, die bereits eine Zusage auf Grundlage der Betriebsvereinbarung erhalten haben, unmittelbar und zwingend fort – soweit eine Kürzung nicht gerechtfertigt ist.[300] Eine Kürzung für diese Mitarbeitergruppe kann grundsätzlich nur auf Basis des Drei-Stufen-Modells erfolgen.

Durch diese Anforderung stellt die Rechtsprechung sicher, dass Arbeitgeber auf Grundlage einer Betriebsvereinbarung nicht weitergehende einseitige Beendigungsmöglichkeiten haben als auf Grundlage einer anderweitigen Rechtsgrundlage, wie eine Individualvereinbarung oder tarifvertragliche Regelungen.[301]

Vor diesem Hintergrund kann ein Arbeitgeber sich nur von der Betriebsvereinbarung auch für Bestandsmitarbeiter für die Zukunft lösen, sofern sachlich-proportionale Gründe den Eingriff rechtfertigen.[302] Der Arbeitgeber muss daher stets die Verhältnismäßigkeit bei Eingriffen in zukünftige Anwartschaften berücksichtigen. Die höchstrichterliche Rechtsprechung geht davon aus, dass durch die Kündigung die unmittelbare und zwingende Wirkung der Betriebsvereinbarung nur bis zur Grenze des zulässigen entfällt.[303] Sofern daher zu einem späteren Zeitpunkt weitere Kürzungen erfolgen sollen, bedarf es der Beteiligung des Betriebsrats oder einer erneuten Kündigung.[304] Soweit der Verteilungsgrundsatz betroffen ist, wie bei der Kürzung des Dotierungsrahmens, bedarf es der Beteiligung des Betriebsrat nach § 87 Abs. 1 Nr. 10 BetrVG.

Diese Rechtsfolge der Kündigung führt zu einer Unsicherheit für die Betriebsparteien und die Mitarbeiter, in welchem Umfang nun die Betriebsvereinbarung rechtlich zulässig entfällt. Dies hat auch ein Fall des BAG im Jahr 1999 bestätigt, in dem der Betriebsrat eines Unternehmens in einem Beschlussverfahren hilfsweise den Antrag gestellt hatte, in welchem Umfang die gekündigte Betriebsvereinbarung zur betrieblichen Altersversorgung fort galt. Das BAG hat diesen Antrag für zulässig gehalten, da ein Rechtsbedürfnis eines Betriebsrats bestehe,

---

299 BAG v. 25.2.2020 – 1 ABR 39/18, NZA 2020, 875, 880, Rn. 43; BAG v. 15.2.2011 – 3 AZR 45/09, AP Nr. 20 BetrAVG § 1 Auslegung, Rn. 61; BAG v. 17.8.1999 – 3 ABR 55/98, NZA 2000, 498, 500 f.

300 BAG v. 17.8.1999 – 3 ABR 55/98, NZA 2000, 498, 501.

301 BAG v. 11.5.1999 – 3 AZR 21/98, RdA 2000, 365, 368.

302 Vgl. Abschn. C. II. 2. b).

303 BAG v. 17.8.1999 – 3 ABR 55/98, NZA 498, 501.

304 BAG v. 17.8.1999 – 3 ABR 55/98, NZA 498, 501.

„ob und in welchem Umfang die Betriebsvereinbarung trotz der ausgesprochenen Kündigung kollektivrechtlich wirksam“ geblieben sei.[305]

Unabhängig hiervon ist zu beachten, dass der mitbestimmte Teil gem. § 77 Abs. 6 BetrVG nachwirkt, sodass dieser Teil durch Kündigung nicht entfällt, wenn mit der Kündigung zugleich eine Neugestaltung der betrieblichen Altersversorgung beabsichtigt ist. Können sich die Betriebsparteien nicht auf eine neue Betriebsvereinbarung einigen, so besteht die Möglichkeit, eine Einigungsstelle anzurufen – für den nicht-bestimmten Teil entfällt die Regelung mit ihrer Beendigung mangels insoweit geltender Nachwirkung Etwas anderes gilt nur dann, wenn die Betriebsvereinbarung nicht sinnvoll in nachwirkende und nachwirkungslose Abschnitte unterteilt werden kann.[306]

(2) Ausdrückliche Regelung des Ausschlusses der Nachwirkung

Unklar sind bislang auch die Rechtsfolgen einer Kündigung, wenn die Nachwirkung in der Betriebsvereinbarung ausdrücklich ausgeschlossen ist. Das BAG hat bisher in seinen Entscheidungen darauf abgestellt, dass für Bestandsmitarbeiter die Betriebsvereinbarung ihre unmittelbare und zwingende Wirkung beibehält, soweit die betroffenen Bestandsmitarbeiter darauf vertrauen konnten, dass die Rechte der Versorgungszusage erhalten bleiben.[307] Insoweit verlangt das BAG, dass die Grundsätze des Drei-Stufen-Modells erfüllt sein müssen. Sofern jedoch die Nachwirkung explizit ausgeschlossen ist, müsste konsequenterweise – da der Vertrauensschutz herabgesetzt sein müsste – darauf abgestellt werden, dass die Rechtsgrundlage für die betriebliche Altersversorgung für alle Mitarbeiter, die dem Anwendungsbereich der gekündigten Betriebsvereinbarung unterfallen, entfällt.

Unter Berücksichtigung der bisher vom BAG aufgestellten Grundsätze ist allerdings davon auszugehen, dass auch im Falle eines ausdrücklichen Ausschlusses der Nachwirkung das BAG eine zwingende und unmittelbare Weitergeltung der Betriebsvereinbarung für Bestandsmitarbeiter annimmt – soweit das Drei-Stufen-Modell dies erfordert. In der bisherigen Rechtsprechung zur Kündbarkeit von Betriebsvereinbarungen zur betrieblichen Altersversorgung bestätigt das BAG zwar, dass die gewählte Rechtsgrundlage als Betriebsvereinbarung für den Mitarbeiter erkennen lässt, dass dieser bei verschlechternden Eingriffen

305 BAG v. 17.8.1999 – 3 ABR 55/98, NZA 498, 501.
306 BAG v. 5.10.2010 – 1 ABR 20/09, NZA 2011, 598, 599 Rn. 18.
307 BAG v. 15.2.2011 – 3 AZR 45/09, AP Nr. 20 BetrAVG § 1 Auslegung.

nicht beteiligt werden muss, das BAG stellt aber zugleich auf den Vertrauensschutz des Mitarbeiters ab:

> *„Es entspricht deshalb der ständigen Rechtsprechung des Senats, die aufgrund einer Betriebsvereinbarung erworbenen Versorgungsbesitzstände nach den Grundsätzen der Verhältnismäßigkeit und des Vertrauensschutzes gegenüber einer Kündigung ebenso zu schützen wie gegenüber ablösenden Betriebsvereinbarungen. Je stärker durch die Kündigung einer Betriebsvereinbarung in Besitzstände eingegriffen werden soll, desto gewichtiger müssen die Gründe des kündigenden Arbeitgebers für diesen Eingriff sein. Aus diesem Grund kann durch die Kündigung einer Betriebsvereinbarung der bereits erdiente und nach den Grundsätzen des § 2 BetrAVG errechnete Teilbetrag nur aus wichtigem Grund, und damit nur in seltenen Ausnahmefällen entzogen werden. Zuwächse, die sich aus variablen Berechnungsfaktoren ergeben, können nur aus triftigem Grund geschmälert werden, soweit sie zeitanteilig erdient sind. Will die Kündigung nur in Zuwachsraten eingreifen, die noch nicht erdient worden sind, genügen sachlich-proportionale Gründe“.*[308]

Das BAG stellt weniger auf die betriebsverfassungsrechtlichen Grundsätze ab als vielmehr auf den Vertrauensschutz in die betriebliche Altersversorgung an sich. Auch die jüngste Rechtsprechung bestätigt diese Annahme. So stellt das BAG in einem Beschluss aus dem Jahr 2020 ausdrücklich klar, dass zur Vermeidung von Wertungswidersprüchen die Wirkung der grundsätzlich ohne das Vorliegen weiterer Gründe zulässigen Kündigung im Verhältnis zur ablösenden und somit einvernehmlichen Neugestaltung von Betriebsvereinbarungen begrenzt werden müsse.[309] Weiter führt das BAG in seinem Beschluss aus, dass kein systematischer Wertungswiderspruch zur Kündigungsmöglichkeit gem. § 77 Abs. 5 BetrVG besteht, da eine Teilkündigung möglich sei.[310] Aufgrund des Drei-Stufen-Modells sei eine sachgemäße Abgrenzung der Folgen einer Kündigung möglich.[311]:

> *„Durch das Stufenschema ist die Betriebsvereinbarung zwingend teilbar. Wenn die Betriebsvereinbarung bei den Rechtsfolgen einer Kündigung teilweise sinnvoll aufrechterhalten werden kann, muss der Arbeitgeber seine Kündigung – gerade zur Wahrung der Verhältnismäßigkeit – auch auf eine Stufe beschränken können. Dies kann zwar dazu führen, dass eine solche Teilkündigung mangels sie rechtfertigender Gründe ins Leere geht und damit einer Prüfung der Wirksamkeit der Kündigung nahekommt.“*[312]

---

308 BAG v. 11.5.1999 – 3 AZR 21/98, RdA 2000, 365, 368.
309 BAG v. 8.12.2020 – 3 ABR 44/19, ZIP 2021, 535, 538 Rn. 30.
310 BAG v. 8.12.2020 – 3 ABR 44/19, ZIP 2021, 535, 538 Rn. 31.
311 BAG v. 8.12.2020 – 3 ABR 44/19, ZIP 2021, 535, 538 Rn. 31.
312 BAG v. 8.12.2020 – 3 ABR 44/19, ZIP 2021, 535, 538 Rn. 31.

Mit anderen Worten: In Abweichung der ansonsten geltenden Rechtsprechung, wonach die Nachwirkung gem. § 77 Abs. 6 BetrVG ausgeschlossen werden kann, ist dies im Bereich der betrieblichen Altersversorgung faktisch nicht der Fall. Vielmehr noch gilt die Versorgungszusage unmittelbar und zwingend in ihrem bisherigen Geltungsbereich weiter und kann nur unter den besonderen Voraussetzungen des Drei-Stufen-Modells angepasst bzw. abgelöst werden.

(3) Durchbrechung der Gesetzessystematik: Stimmen aus der Literatur

Teile der Literatur sehen diesen Ansatz der Rechtsprechung als Durchbrechung des Grundsatzes zum Kündigungsrecht aus § 77 Abs. 5 BetrVG an.[313]

Diller/Günther kritisieren den vermeintlichen Sonderstatus der betrieblichen Altersversorgung und stellen den von der Rechtsprechung aufgestellten Vertrauensschutz, der die Folgen der Kündigung eingrenzt, in Frage. So bezeichnen sie die Argumentation des BAG als „*Zirkelschluss*".[314] Arbeitnehmer könnten nur einen Vertrauensschutz entwickeln, weil die Rechtsprechung den Fortbestand besonders schütze. Zudem wenden sie ein, dass die betriebliche Altersversorgung nicht mehr den Anreiz und Bindungswert wie früher habe, da Mitarbeiter nicht mehr dauerhaft für ein Unternehmen arbeiten würden. Auch insoweit überzeuge das Argument des Vertrauensschutzes nicht.

Auch *Waltermann* bezeichnet den Weg des BAG als Sonderweg und sieht für die Zuwächse aufgrund dienstzeitabhängiger Steigerungsraten keinen Anlass für den zwingenden und unmittelbaren Fortbestand trotz der Kündigung einer entsprechenden Betriebsvereinbarung.[315] *Waltermann* führt aus, dass die Erwartung auf diese zukünftigen Steigerungen durch die Kündigung *ex nunc* zunichte gemacht werde.

---

313 *Blomeyer*, Anmerkung in: SAE 2000, 230, 233; *Dahm* in: Löwisch/Kaiser, BetrVG, 7. Aufl. 2020, § 77 Rn. 66; *Diller/Günther*, DB 2017, 908, 910; *Konzen* in: Festschrift Kreutz, 2010, S. 229, 243 f.; *Roth* in: Schlewing/Henssler/Schipp/Schnitker, Arbeitsrecht der betrieblichen Altersversorgung, 8/2020, Teil 7 A Rn. 365; *Schipp* in: 100 Jahre Betriebsverfassungsrecht, 2020, S. 669, 675; *Strick*, Anmerkung in: ZIP 2000, 855, 858; *Waltermann* in: Festschrift Kreutz, 2010, S. 471, 483 f.; *Waltermann* in: Gedächtnisschrift Heinze, 2005, S. 1021, 1028 ff.; a.A. *Schlewing*, NZA 2010, 529 ff.

314 *Diller/Günther*, DB 2017, 908, 910.

315 *Waltermann* in: Festschrift Kreutz, 2010, S. 471, 483 f.

(4) Bewertung: Einseitiges Ablösungsrecht im Einklang mit der Gesetzessystematik

Die Regelung des § 77 Abs. 5 BetrVG koppelt das Kündigungsrecht einer Betriebspartei gerade nicht an weitere Gründe und verlangt keine Verhältnismäßigkeitsprüfung der Ausübung des Kündigungsrechts. Auch wenn der Dritte Senat zwischen der Wirksamkeit und den Rechtsfolgen einer Kündigung unterscheidet, so lässt der Senat mittelbar keine „grundlose" Kündigung zu – wie dies der zuvor dargestellte Beschluss aus 2020[316] bestätigt.

Mangels gesetzlicher Grundlage sollten allerdings für noch nicht erdiente Anwartschaften eine einseitige Ablösung für die Zukunft möglich sein. Eine einfache Loslösung für die Zukunft greift erst dann nicht, soweit dem zwingende Mitbestimmungsrechte entgegenstehen und insoweit eine Nachwirkung entfaltet wird. So handhabt dies die Rechtsprechung entsprechend den vorgegebenen betriebsverfassungsrechtlichen Vorgaben des Gesetzgebers. Dies ist auch mit dem Vertrauensschutz von Arbeitnehmern vereinbar. Eine Betriebsvereinbarung, die keine ausdrückliche Nachwirkung enthält, lässt den Schluss für Arbeitnehmer zu, dass eine einseitige Ablösung für die Zukunft durchaus möglich ist. Soweit die Rechtsprechung auf den in der Gesetzesbegründung[317] erwähnten Zweck der betrieblichen Altersversorgung abstellt, dass der „*Lebensstandard zumindest teilweise*" gesichert sein muss, so kann insoweit durchaus ein Vertrauensschutz angenommen werden.[318] Da der noch nicht erdiente Zuwachs vielmehr eine Erwartung[319] und weniger als ein verfassungsrechtlich geschütztes Gut oder mittelbar über den Vertrauensschutz als verfassungsrechtlich geschützt[320] anzusehen ist, ist insoweit nicht ersichtlich, warum dies die betriebsverfassungsrechtliche Gesetzessystematik durchbrechen soll. Insoweit mögen auch *Diller/Günther* mit dem Vorwurf des „*Zirkelschlusses*" des BAG Recht behalten.

bb) Kündigungsmöglichkeit und -wirkung bei vereinbarter Nachwirkung / Einigungsstelle

Soweit die Betriebsparteien ausdrücklich eine Nachwirkung vereinbart haben, wirkt die Betriebsvereinbarung zur betrieblichen Altersversorgung im Falle ihrer Beendigung grundsätzlich solange nach, bis die Betriebsparteien eine neue

316 BAG v. 8.12.2020 – 3 ABR 44/19, ZIP 2021, 535, 538 Rn. 31.
317 BT-Drucks. 7/1281, S. 19.
318 BAG v. 19.3.2019 – 3 AZR 201/17, NZA 2020, 1031, 1036, Rn. 34.
319 So auch Strick, ZIP 2000, 855, 859.
320 Vgl. nur BAG v. 17.11.1992 – 3 AZR 76/92, NZA 1993, 938, 941.

Regelung vereinbart haben. Auch in so einem Fall muss sich ein Arbeitgeber von einer Betriebsvereinbarung zur betrieblichen Altersversorgung jedoch lösen können müssen. Der Wille des Arbeitgebers bei ausdrücklicher Regelung einer Nachwirkung kann es nicht sein, dauerhaft an die Regelungen der Betriebsvereinbarung gebunden zu sein und die Leistungen zur betrieblichen Altersversorgung nicht einstellen zu können.

(1) Zuständigkeit und Entscheidungskompetenz der Einigungsstelle

Die ausdrückliche Regelung der Nachwirkung bewirkt gerade keine Perpetuierung der Betriebsvereinbarung zur betrieblichen Altersversorgung, sondern ermöglicht auch eine Konfliktlösung im Wege der Einigungsstelle. Lange Zeit war die Zulässigkeit der Regelung der Nachwirkung für nicht zwingend mitbestimmte Angelegenheiten und damit weitergehend die Konfliktlösungsmöglichkeit über die Einigungsstelle umstritten. Das BAG hat für den Fall der ausdrücklichen Regelung einer Nachwirkung für freiwillige Betriebsvereinbarungen, die nicht Angelegenheiten der zwingenden Mitbestimmung regeln, eine Auslegung dahingehend angenommen, dass nach dem Willen der Betriebsparteien im Zweifel zugleich eine Konfliktlösung entsprechend derjenigen der erzwingbaren Mitbestimmung möglich sein soll.[321] Können die Betriebsparteien keine Einigung erreichen, kann daher jede Betriebspartei die Einigungsstelle anrufen und die Einigungsstelle in diesem Fall auch verbindlich entscheiden.[322] Die Nachwirkung kann durch einen Spruch der Einigungsstelle aufgehoben werden und die Einigungsstelle kann über eine Neuregelung verbindlich entscheiden. Teilweise wird diese Auslegung kritisch gesehen und angenommen, dass die Regelung einer ausdrücklichen Nachwirkung nur die Möglichkeit zur Anrufung einer Einigungsstelle sowie die Spruchfähigkeit über die Aufhebung der Nachwirkung umfassen soll.[323]

Auf teilmitbestimmte Betriebsvereinbarungen, bei denen ebenfalls die Nachwirkung ausdrücklich ausgeschlossen ist, kann die Rechtsprechung des BAG übertragen werden. Die Interessenlage ist für den nicht zwingend mitbestimmten

321 BAG v. 28.4.1998 – 1 ABR 43/97, NZA 1998, 1348, 1351.

322 BAG v. 28.4.1998 – 1 ABR 43/97; NZA 1998, 1348, 1351; DKW/*Berg*, BetrVG, 18. Aufl. 2022, § 77 Rn. 123; *Fitting*, BetrVG, 31. Aufl. 2022, § 76 Rn. 106b; GK-BetrVG/*Kreutz*, BetrVG, 12. Aufl., § 77 Rn. 470.

323 *Trebeck/von Broich*, NZA 2012, 1018, 1020; weitergehend und gegen die Zulässigkeit der Regelung einer Nachwirkung für freiwillige Betriebsvereinbarungen: *Jacobs*, NZA 2000, 69; *Loritz*, DB 1997, 2074.

Teil identisch zu rein freiwilligen Betriebsvereinbarungen. Das BAG legt für die Anforderungen an die Spruchfähigkeit der Einigungsstelle bei teilmitbestimmten Angelegenheiten die gleichen Maßstäbe an wie bei freiwilligen Betriebsvereinbarungen.[324] So bedarf es ohne einer besonderen Regelung zur Konfliktlösungsmöglichkeit bzw. zur Nachwirkung auch bei teilmitbestimmten Angelegenheiten des Willens der Betriebsparteien, die Angelegenheit durch eine Einigungsstelle verbindlich zu regeln.[325]

(2) Maßstab im Rahmen der Entscheidungskompetenz der Einigungsstelle

Ausgehend von der Rechtsprechung des BAG zur Zuständigkeit der Einigungsstelle im Falle einer ausdrücklichen Regelung der Nachwirkung und der Entscheidungskompetenz der Einigungsstelle, stellt sich weitergehend die Frage, wie der Maßstab für einen Spruch der Einigungsstelle anzulegen ist. Im Ergebnis ist auch die Einigungsstelle im Rahmen ihres Ermessens an die Grundsätze des Vertrauensschutzes und der Verhältnismäßigkeit und damit auch das Drei-Stufen-Modell zur Änderung und Ablösung von Betriebsvereinbarungen zur betrieblichen Altersversorgung gebunden.

Der Maßstab für die Beschlüsse und damit den Spruch einer Einigungsstelle richtet sich grundsätzlich nach § 76 Abs. 5 S. 3 BetrVG. Danach fasst die Einigungsstelle ihre Beschlüsse unter angemessener Berücksichtigung der Belange des Betriebs und der betroffenen Arbeitnehmer nach billigem Ermessen. Gemäß der Rechtsprechung des BAG ist die Einigungsstelle an zwingendes vorrangiges Recht gebunden.[326] Dies umfasst auch die Grundsätze des Vertrauensschutzes über § 75 BetrVG.[327] Ein Spruch kann nicht weitergehend sein als das, was die Betriebsparteien selbst zulässigerweise regeln können.

Gesetzlich nicht geregelt ist das von der Rechtsprechung entwickelte Drei-Stufen-Modell. Aus diesem Grund könnte in Betracht gezogen werden, dass die Einigungsstelle im Rahmen ihres Ermessensspielraums und der Pflicht zur Berücksichtigung der betrieblichen Belange aus § 76 Abs. 5 S. 3 BetrVG lediglich – ähnlich wie bei einer Ablösung auf tariflicher Ebene – nur an die

---

324 BAG v. 11.12.2018 – 1 ABR 17/17, NZA 2019, 714.

325 BAG v. 11.12.2018 – 1 ABR 17/17, NZA 2019, 714, 718 Rn. 32.

326 Vgl. etwa BAG v. 29.6.2004 – 1 ABR 21/03, NZA 2004, 1278; BAG v. 12.11.2002 – 1 AZR 58/02, NZA.

327 BAG v. 21.2.2017 – 1 AZR 252/15, NZA 2017, 738, Orientierungssatz der Richter:innen; *Müller-Boruttau*, BB 2020, 116, 118.

Grundsätze des Vertrauensschutzes und der Verhältnismäßigkeit gebunden ist, ohne strikt das Drei-Stufen-Modell anwenden zu müssen.

Die Berücksichtigung betrieblicher Belange im Sinne des § 76 Abs. 5 S. 3 BetrVG, die auch die Belange des Unternehmens umfassen,[328] dürften allerdings den Handlungsspielraum der Einigungsstelle nicht dahingehend erweitern, dass diese weitergehende Regelungen und Änderungen treffen kann als die Betriebsparteien selbst. Ein Spruch der Einigungsstelle kann nicht weitergehend sein als das, was die Betriebsparteien selbst zulässigerweise regeln können.[329] Andernfalls würde ein solches Ergebnis zu einer Umgehungsmöglichkeit der Anwendbarkeit des Drei-Stufen-Modells führen und der Arbeitgeber würde regelmäßig die Anrufung der Einigungsstelle herbeiführen. Hinzu kommt, dass die Belange des Unternehmens ohnehin auch im Rahmen des Drei-Stufen-Modells berücksichtigt werden. Soweit das Unternehmen entsprechende sachliche Gründe vorweisen kann, die einen Eingriff in die betriebliche Altersversorgung der Bestandsmitarbeiter rechtfertigen, kann die Versorgungszusage entsprechend verschlechtert werden. Dies ist auch bei einem Spruch der Einigungsstelle zu berücksichtigen. Auch die Rechtsprechung des BAG lässt den Rückschluss zu, dass auch das BAG im Rahmen eines Einigungsstellenspruchs von dem Drei-Stufen-Modell als Maßstab ausgeht.[330]

3. Tarifvertrag

Ähnlich wie bei Betriebsvereinbarungen ist die einheitliche Ablösung von tarifvertraglichen Regelungen zu Versorgungszusagen formell gesehen nicht mit größeren Herausforderungen verbunden.

a) Grundsätzliche Ablösbarkeit

Versorgungszusagen, die auf Grundlage eines Tarifvertrags erteilt werden, können durch die Tarifvertragsparteien leicht abgelöst werden. Es gilt die Zeitkollisionsregel, ohne dass ein Günstigkeitsvergleich stattfindet.

Eine Ablösung von tarifvertraglichen Regelungen zu Versorgungszusagen durch eine Betriebsvereinbarung ist im Grundsatz nicht möglich. Dem steht die Regelungssperre des § 77 Abs. 3 BetrVG entgegen. Etwas anderes gilt nur, wenn

328 *Fitting*, BetrVG, 31. Aufl. 2022, § 76 Rn. 121.
329 *Fitting*, BetrVG, 31. Aufl. 2022, § 76 Rn. 117.
330 BAG v. 11.12.2001 – 3 AZR 128/01, NZA 2003, 1407, 1411.

eine tarifvertragliche Öffnungsklausel, den Betriebsparteien abweichende Regelungen gestattet.

b) Reichweite der Ablösbarkeit für Rentner und Ausgeschiedene

Eine Regelungskompetenz auch für ausgeschiedene Mitarbeiter und Rentner ist insoweit unproblematisch, als sie selbst tarifgebunden sind. Als Gewerkschaftsmitglied können Tarifgebundene die innere Willensbildung auch weiterhin beeinflussen bzw. mitgestalten.[331]

Für nicht-tarifgebundene ausgeschiedene Mitarbeiter und Rentner stellt sich hingegen das gleiche Problem bei der Regelungskompetenz wie bei ablösenden Betriebsvereinbarungen, sofern die Bezugnahme des Tarifvertrags als Jeweiligkeitsklausel formuliert ist.[332] Von der Rechtsprechung ist dies bislang offen gelassen worden.[333] Die Literatur spricht sich auch hier aus ähnlichen Gründen wie bei der Ablösung von Betriebsvereinbarungen für eine Legitimation der Tarifvertragsparteien aus.[334] Sofern eine Bezugnahme als statisch auszulegen ist, dürfte ebenso angenommen werden, dass der ablösende Tarifvertrag nicht auf nicht-tarifgebundene Rentner und ausgeschieden Mitarbeiter ausgedehnt werden kann. Insoweit dürfte eine statische Bezugnahme eindeutig sein.

Wie auch die bislang mangelnde Rechtsprechung zeigt, ist diese Problematik in der Praxis bei Tarifverträgen jedoch nur von sehr geringer Relevanz. Im Zweifel sind Bezugnahmeklauseln auf Tarifverträge ohnehin dynamisch auszulegen,[335] sodass dann eine Regelungskompetenz wiederum bejaht werden kann.

---

331 Höfer/de Groot/Küpper/Reich/*Höfer/Küpper*, Betriebsrentenrecht Band I, 28. Ergänzliefg. Mai 2022, Kapitel 5 Rn. 77.

332 Höfer/de Groot/Küpper/Reich/*Höfer/Küpper*, Betriebsrentenrecht Band I, 28. Ergänzliefg. Mai 2022, Kapitel 5 Rn. 78.

333 Vgl. BAG v. 24.8.1993 – 3 AZR 313/93, NZA 1994, 807, 808, Rn. 23.

334 Vgl. Höfer/de Groot/Küpper/Reich/*Höfer/Küpper*, Betriebsrentenrecht Band I, 28. Ergänzliefg. Mai 2022, Kapitel 5 Rn. 78; Wiedemann/*Thüsing*, TVG, 8. Aufl. 2019, § 1, Rn. 387.

335 S. nur BAG v. 20.4.2012 – 9 AZR 504/10, NZA 2012, 983, 985, Rn. 25 ff.; BAG v. 19.5.2010 – 4 AZR 796/08, NZA 2010, 1183, 1184, Rn. 17; BAG v. 9.11.2005 – 5 AZR 128/05, NZA 2006, 202, 204, Rn. 22 ff.; BAG v. 13.11.2002 – 4 AZR 351/01, BAGE 103, 338, 343, Rn. 35.

4. Ergebnis zu möglichen Ablösungsinstrumenten

Unter Zugrundelegung der aktuellen Rechtsprechung ist die Ablösung von Versorgungszusagen durch kollektivrechtliche Vereinbarungen der praktikabelste Weg für Arbeitgeber, um eine einheitliche Änderung von Versorgungszusagen zu erreichen. Die Rechtsprechung ermöglicht dies – auf formeller Ebene – bislang auch ohne allzu hohe Hürden für Individualvereinbarungen, soweit der kollektive Bezug durch beispielsweise Allgemeine Arbeitsbedingungen, Gesamtzusagen, betriebliche Übungen für die Arbeitnehmer ersichtlich ist.

Soweit die Versorgungszusage keinen kollektiven Bezug aufweist und lediglich auf individualvertraglicher Basis gewährt wird, kann sich ein Arbeitgeber schon formell nur schwer von einer Versorgungszusage lösen. Für individualvertragliche Versorgungszusagen sind Änderungskündigungen oder der Auffangtatbestand des Rechtsinstituts des Wegfalls der Geschäftsgrundlage mit vermehrtem Aufwand und Unsicherheiten verbunden, die keine einheitliche Lösung garantieren. Auch einvernehmliche vertragliche Änderungen werden in der Praxis nicht einfach zu erreichen sein, da in der Regel kaum ein Arbeitnehmer das gewollte Ergebnis des Arbeitgebers zur Änderung der Versorgungszusage ohne Beanstandungen hinnehmen wird – selbst wenn das Ergebnis objektiv gerechtfertigt wäre. Eine Erleichterung bringt auf dieser vertraglichen Ebene nur die großzügige Rechtsprechung zur Annahme von betriebsvereinbarungsoffenen Klauseln. Insbesondere wenn es nicht um leitende Angestellte bzw. Geschäftsführer geht, dürften in einem Unternehmen kaum individuell unterschiedliche Versorgungszusagen vereinbart werden, sodass regelmäßig Versorgungszusagen als Allgemeine Geschäftsbedingungen vorliegen. Auch wenn der Vierte Senat diese großzügige Rechtsprechung im Jahr 2018[336] kritisierte, ist bislang keine Abkehr hiervon, insbesondere nicht durch den Ruhegeldsenat, in Sicht.

II. Materielle Voraussetzungen der Anpassung von Versorgungszusagen

Die formellen Voraussetzungen einer Anpassung von Versorgungszusagen sind nur notwendige Bedingung zur Beantwortung der Frage, inwieweit eine Änderung von bereits vereinbarten Versorgungszusagen oder auch von zukünftigen Versorgungszusagen, die auf einer bestehenden Versorgungsordnung basieren

336 BAG v. 11.4.2018 – 4 AZR 119/17, NZA 2018, 1273.

werden, möglich ist. Als hinreichende Bedingung müssen materielle Bedingungen erfüllt sein, die es nachfolgend herauszuarbeiten gilt.

Insbesondere bei vereinbarten Versorgungszusagen, nach denen Arbeitnehmer bereits Anwartschaften erworben haben, sind die Grenzen der Veränderbarkeit schon im Hinblick auf den Eigentumsschutz nach Art. 14 GG enger zu setzen. Der Arbeitnehmer genießt insoweit einen Vertrauensschutz.

Ein Eingriff in bereits zugesagte Versorgungsansprüche bedeutet zugleich eine Einwirkung auf einen Sachverhalt, der in der Vergangenheit begonnen hat. Durch Versorgungszusagen im Sinne des BetrAVG wird ein Vertrauenstatbestand begründet: Der Arbeitnehmer vertraut auf die spätere Versorgung, so wie sie zu Beginn im kollektivrechtlichen oder individualrechtlichen Vertrag vereinbart worden ist, als Vergütungsbestandteil und damit auch als Teil der Gegenleistung für die zu erbringende Leistung des Arbeitnehmers. Wenn der Arbeitnehmer somit seine Leistung bereits erbracht hat, kann nicht ohne Weiteres die Gegenleistung aberkannt werden.

Vor diesem Hintergrund leiten sich die Grenzen insbesondere von dem Grad des Vertrauensschutzes ab. Die verfassungsrechtlichen und allgemein zivilrechtlichen Grenzen bilden hier naturgemäß den Rahmen.[337]

Während für einvernehmliche Änderungen von individualvertraglichen Versorgungszusagen ohne kollektiven Bezug infolge der Privatautonomie „nur" die zwingenden Grenzen zu beachten sind,[338] hat sich für Eingriffe in den Besitzstand bei individualvertraglichen Regelungen mit kollektivem Bezug sowie bei kollektivrechtlichen Vereinbarungen durch Richterrecht eine Konkretisierung der Grenzen herausgebildet.

Die materiellen Anforderungen an Anpassungen von Versorgungszusagen unterscheiden sich je nach Art der Anpassung. So lassen sich im Wesentlichen drei Kategorien bilden: Die Reduzierung der Höhe von Versorgungsanwartschaften, die Änderung von Durchführungswegen und Leistungsplänen sowie Eingriffe in laufende Versorgungsleistungen.

---

337 Blomeyer/Rolfs/Otto/*Rolfs*, BetrAVG, 8. Aufl. 2022, Anhang zu § 1 Rn. 471.

338 BAG v. 14.8.1990 – 3 AZR 301/89, NZA 1991, 174; BAG v. 24.11.1977 – 3 AZR 732/76, BAGE 29, 379, 384; vgl. auch Höfer/de Groot/Küpper/Reich/*Höfer/Küpper*, Betriebsrentenrecht Band I, 28. Ergänzliefg. Mai 2022, Kapitel 5 Rn. 302; *Schnitker* in: Festschrift für Heinz Josef Willemsen, 2018, S. 449, 452.

1. Gemeinsamkeiten und Unterschiede der Eingriffe in Versorgungsanwartschaften

Bevor im Einzelnen auf die drei Kategorien der Eingriffe in Versorgungsanwartschaften eingegangen werden kann, sollen die wesentlichen Gemeinsamkeiten und Unterschiede herausgearbeitet werden. Mit diesem Wissen im Gepäck kann sodann beurteilt werden, warum die Rechtsprechung unterschiedliche – oder eben artverwandte – Maßstäbe an die verschiedenen Eingriffe anlegt.

Praktisch besonders relevant ist die Reduzierung der Höhe von Versorgungsanwartschaften. In einem über die vergangenen Dekaden erheblich veränderten Zinsumfeld sehen sich viele Arbeitgeber vor der Herausforderung, ob und ggf. wie sie bestehende Versorgungsanwartschaften und erteilte Garantiezinsen in der Zukunft wirtschaftlich bedienen werden können. Für den Arbeitnehmer geht es insoweit um den Kern der Versorgungsleistung: Mit welcher Betriebsrente kann er im Alter rechnen?

Nicht weniger praktisch relevant ist die Veränderung des Durchführungsweges sowie der Leistungspläne. Insoweit geht es nicht primär um die Anpassung der Höhe der Versorgungsleistungen, sondern um das „Wie" der Betriebsrente. Für Arbeitgeber sind praktische Treiber vor allem bilanzielle Effekte, etwa sofern von einer bilanzwirksamen Direktzusage auf einen externen Versicherungsträger umgestellt werden soll. Häufig soll auch eine Umstellung von Rentenleistungen auf Kapitalleistungen erfolgen, um neben Bilanzeffekten auch etwa das Langlebigkeitsrisiko im Lichte der demographischen Effekte zu begrenzen. Aus Arbeitnehmersicht ist die Betroffenheit im Fall einer Änderung nicht zwingend weniger stark, sondern eher anders. Jedenfalls steht keine direkte „Kürzung" von Versorgungsleistungen im Mittelpunkt. Es geht vielmehr um das „Wie" der Leistungsgewährung. Insoweit ist im Einzelfall zu betrachten, welche Auswirkungen sich auf Arbeitnehmerseite zeigen, um sachgerechte Abwägungsposten zu bilden und zu einem vertretbaren Ergebnis zu kommen.

Als letzte wesentliche Kategorie sind Eingriffe in laufende Versorgungsleistungen zu nennen. Hier geht es nicht nur um die Höhe der Versorgungsanwartschaft als aktiver Mitarbeiter – d.h. die Aussicht auf eine Betriebsrente in bestimmter Höhe im Alter –, sondern um die Höhe der Versorgungsleistungen, sprich: die tatsächlich ausgezahlte Rente, auf die bereits ein Anspruch entstanden ist. Es liegt geradezu auf der Hand, dass Eingriffe in diese Kategorie am schwersten zu rechtfertigen sind – ob und ggf. wie dies dennoch möglich sein kann, wird Gegenstand der Betrachtung unter Ziffer 4 sein.

2. Reduzierung der Höhe der Versorgungsanwartschaften

Die praktische Relevanz der Eingriffe in die Höhe der Versorgungsanwartschaften zeigt sich schon mit einem Blick in die Rechtsprechung. Schon allein unter dem Suchwort „Drei-Stufen-Modell" finden sich bei *juris* 65 Treffer sowie „Drei-Stufen-Theorie" und „betriebliche Altersversorgung" nochmals 42 Treffer[339] in der Kategorie Rechtsprechung. Hingegen finden sich zur Änderung von Durchführungswegen und Umstellung der Auszahlungsformen von Versorgungsleistungen weitaus weniger Einträge.

a) Maßstab für die Ablösung von Versorgungszusagen auf individualvertraglicher Ebene

Der Maßstab für die Ablösung von Versorgungszusagen auf individualvertraglicher Ebene richtet sich im Ergebnis nach den in Abschn. C. I. 1.) dargestellten formellen Anforderungen.

So gilt im Falle einer einvernehmlichen Anpassungsregelung der Maßstab des AGB-Rechts zu beachten, wonach bereits durch spezielle Regelungen sowie durch die allgemeine Regelung des § 307 Abs. 2 S. 1 BGB eine für den Arbeitnehmer unangemessene Regelung nach § 306 BGB regelmäßig unwirksam ist.[340]

Einseitige Ablösungsmöglichkeiten sind wiederum nur bei Vorliegen der Voraussetzungen einer Änderungskündigung oder der Grundsätze der Störung der Geschäftsgrundlage zulässig.[341]

Wie bereits im Kapitel zu den formellen Voraussetzungen (Abschn. I.) dargelegt, bedarf es für die Änderungskündigung zur Änderung von Versorgungszusagen der sozialen Rechtfertigung der Kündigung gemäß dem Kündigungsschutzgesetz. Im Falle einer Umstrukturierung der betrieblichen Altersversorgung müssen daher betriebsbedingte Gründe vorliegen, die in jedem Einzelfall die Änderungskündigung rechtfertigen müssen.

Welche Maßstäbe insoweit für Versorgungszusagen gelten, ist bislang durch die Rechtsprechung nicht abschließend geklärt. Das BAG hat jedenfalls für betriebliche Sozialleistungen entschieden, dass das Vorliegen nur wirtschaftlicher Gründe für eine Änderungskündigung nicht ausreichend ist.[342] Eine Änderungskündigung sei sozial gerechtfertigt, wenn die betriebsbedingten Gründe

339 Stand: 29.10.2022.
340 Vgl. Abschn. C. I. 1. a).
341 Vgl. Abschn. C. I. 1. b) bis d).
342 BAG v. 28.4.1982 – 7 AZR 1139/79, NJW 1982, 2687, 2688.

„unter vernünftiger Abwägung des Interesses des Arbeitgebers an der erstrebten Änderung gegenüber dem Interesse des Arbeitnehmers an der Aufrechterhaltung seiner gegenwärtigen Arbeitsbedingungen es als billigenswert und angemessen erscheinen lassen, um dieser Änderung willen das Mittel einer Kündigung zu gebrauchen und damit das Arbeitsverhältnis zu gefährden und unter Umständen zu beenden…“[343]

Diese Abwägung gilt es für jeden von der Änderung der Versorgungszusage betroffenen Arbeitnehmer im Konkreten durchzuführen. Sofern daher eine Umstrukturierung des Betriebsrentensystems, das auf Individualzusagen basiert, insgesamt beabsichtigt ist, dürfte eine einheitliche Anpassung im Wege der Änderungskündigung kaum möglich sein. Nicht für jeden betroffenen Arbeitnehmer wird der Arbeitgeber regelmäßig darlegen können, dass ohne eine Änderungskündigung der Arbeitsplatz des betroffenen Arbeitnehmers gefährdet sei. Selbst wenn der Arbeitgeber dies darlegen könnte, wird es meist auch Härtefälle geben, die eine Interessenabwägung zugunsten des Arbeitnehmers ausfallen lassen.

Bereits die Voraussetzungen auf formeller Ebene zur Ablösung von Individualzusagen zeigen, dass der Arbeitgeber sich letztlich von seinen einmal individuell erteilten Versorgungszusagen kaum loslösen kann. Da die Voraussetzungen einer Änderungskündigung für die betriebliche Altersversorgung regelmäßig in der Praxis nicht vorliegen werden, bleibt dem Arbeitgeber nichts anderes übrig als in Ausnahmefällen auf den Grundsatz der Störung der Geschäftsgrundlage zurückzugreifen – der allerdings ebenso wenig praxistauglich ist wie die Änderungskündigung.

b) Maßstab für die Ablösung von Versorgungszusagen in Betriebsvereinbarungen und Arbeitsverträgen mit kollektivem Bezug durch Betriebsvereinbarung: Drei-Stufen-Modell

Anders liegt der Fall für Betriebsvereinbarungen und individualvertragliche Lösungen mit kollektivem Bezug. Hier ist der Arbeitgeber nicht auf die Kooperation des Arbeitnehmers angewiesen. Auch zulasten der Arbeitnehmer können Betriebsparteien ablösende Regelungen treffen. Zum Schutz vor uneingeschränkten Kürzungen von Versorgungszusagen hat das BAG daher beruhend auf den Grundsätzen des Vertrauensschutzes und Verhältnismäßigkeit für verschlechternde ablösende Versorgungszusagen durch individualrechtliche

343 BAG v. 28.4.1982 – 7 AZR 1139/79, NJW 1982, 2687, 2688.

Vereinbarungen mit kollektivem Bezug oder durch Betriebsvereinbarungen das Drei-Stufen-Modell entwickelt.[344] Dieses gilt jedoch nur für Eingriffe in die Höhe von Versorgungsanwartschaften, nicht für Eingriffe in laufende Leistungen.[345]

aa) Ursprung des Drei-Stufen-Modells und Verhältnis zum Rechtsinstitut der Störung der Geschäftsgrundlage

Das Drei-Stufen-Modell ist wohl der schillernde Begriff der betrieblichen Altersversorgung. Seine Entwicklung beruht maßgeblich auf den Grundsätzen von Treu und Glauben nach § 242 BGB sowie dem Rechtsinstitut der Störung der Geschäftsgrundlage nach § 313 BGB. Dies bedeutet allerdings nicht, dass mit der Entwicklung des Drei-Stufen-Modells das Rechtsinstitut der Störung der Geschäftsgrundlage für Betriebsvereinbarungen und individualrechtliche Vereinbarungen mit kollektivem Bezug verdrängt wurde. Die Grundsätze der Störung der Geschäftsgrundlage und des Drei-Stufen-Modells finden vielmehr nebeneinander Anwendung. Ihre Ausgangspunkte sind unterschiedlich: Während die Regeln über die Störung der Geschäftsgrundlage die Anpassung der vertraglichen Grundlagen selbst betreffen,[346] prüft das Drei-Stufen-Modell als Ausprägung des Vertrauensschutzes und der Verhältnismäßigkeit die Wirksamkeit des Inhalts der Vertragsänderung.[347] Die inhaltlichen Grenzen der Änderungen sind daher im Rahmen des Drei-Stufen-Modells der relevante Prüfungsgegenstand.

Mit Blick auf die Entscheidungen in der Rechtsprechung kann dieser Unterschied oft übersehen werden, da zum einen beide Rechtsinstrumente den gleichen Zweck verfolgen – nämlich die Herstellung eines Ausgleichs zwischen Bestands und Anpassungsinteresse[348] – und zum anderen auf dieser Basis die Fallgruppen und Grenzen der Störung der Geschäftsgrundlage daher oft auch

344 BAG v. 27.8.1996 – 3 AZR 466/95; BAGE 84, 38; BAG v. 17.11.1992 – 3 AZR 76/92, BAGE 71, 372; BAG v. 11.9.1990 – 3 AZR 380/89, BAGE 66, 39; Kemper/Kisters-Kölkes/Berenz/Huber/*Kemper/Kisters-Kölkes*, BetrAVG, 9. Aufl. 2020, § 1 Rn. 283.

345 BAG v. 11.7.2017 – 3 AZR 513/16, NZA 2017, 1471.

346 St. Rspr.; s. nur BGH v. 1.2.1990 – VII ZR 176/88, NJW-RR 1990, 601, 602; BGH v. 1.2.1984 – VIII ZR 54/83, NJW 1984, 1177.

347 BAG v. 14.7.2015 – 3 AZR 517/13, AP BetrAVG § 1 Ablösung Nr. 71, Rn. 65; s. auch *Bader/Hartloff*, DB 2016, 1437, 1438.

348 Zur Störung der Geschäftsgrundlage: Palandt/*Grünberg*, BGB, 81. Aufl. 2022, § 313 Rn. 1; zum Drei-Stufen-Modell: Höfer/de Groot/Küpper/Reich/*Höfer/Küpper*, Betriebsrentenrecht Band I, 28. Ergänzliefg. Mai 2022, Kapitel 5 Rn. 302.

als Maßstab für Eingriffe in die Besitzstandstufen nach dem Drei-Stufen-Modell herangezogen werden.[349]

bb) Entwicklung des Drei-Stufen-Modells

Die Grundlage für die Entwicklung des Drei-Stufen-Modells durch Richterrecht setzte unter anderem das BAG selbst, indem es in seiner Grundsatzentscheidung im Jahr 1972 durch Rechtsfortbildung die Unverfallbarkeit von Anwartschaften bei Erfüllung bestimmter Voraussetzungen festlegte.[350] Vor dieser Entscheidung verfielen die Ansprüche des Arbeitnehmers auf die Versorgungsanwartschaften bei einer vorzeitigen Beendigung des Arbeitsverhältnisses. Später wurde die Unverfallbarkeit auch im Betriebsrentengesetz geregelt.

Im Laufe seiner Rechtsprechung konkretisierte das BAG das Drei-Stufen-Modell. Ausgangspunkt der Rechtsprechung war und ist der Grundsatz der Billigkeit, in dessen Rahmen eine Änderung auch zuungunsten des Arbeitnehmers möglich sein muss.[351] Dementsprechend hat das BAG bereits in seiner Entscheidung aus dem Jahr 1977[352] nach dem Wert der Besitzstände differenziert:

1.) Laufende Versorgungsleitungen
2.) Versorgungsanwartschaften, wobei der erdiente unverfallbare Teilwert schutzwürdiger sei als der nicht erdiente verfallbare Teilwert.
3.) Noch nicht erdiente Steigerungsbeiträge.

Das BAG entwickelte seine Rechtsprechung weiter in Richtung des heutigen Drei-Stufen-Modells, indem das Gericht in seinem Urteil vom 8.12.1981 herausarbeitete, dass es weniger auf die Verfallbarkeit ankomme als vielmehr darauf, ob die Anwartschaft bereits erdient sei oder nicht.[353] Die Unterscheidung nach den drei Stufen, nach denen die Rechtsprechung auch heute noch differenziert, hat das BAG schließlich erstmals in seiner Entscheidung vom 17.4.1985 vorgenommen.[354] Das BVerfG[355] legte zuvor den Grundstein für die Entwicklung

349 Vgl. Abschn. C. I. 1. d).

350 BAG v. 10.3.1972 – 3 AZR 278/71, BAGE 24, 177.

351 BAG v. 24.11.1977 – 3 AZR 732/76, BAGE 29, 379, 387 f.

352 BAG v. 24.11.1977 – 3 AZR 732/76, BAGE 29, 379, 387 f.; vgl. auch grundlegend: BAG v. 18.4.1989 – 3 AZR 299/87, NZA 1989, 845.

353 BAG v. 8.12.1981 – 3 AZR 518/80, NJW 1982, 1773, 1774; vgl. hierzu auch *Höfer/Küpper*, BB 1982, 565 ff.

354 BAG v. 17.4.1985 – 3 AZR 72/83, BAGE 49, 57.

355 BVerfG v. 14.1.1987 – 1 BvR 1052/79, BVerfGE 74, 129; BVerfG v. 19.10.1983 – 2 BvR 298/81, BVerfGE 65, 196; ausführlich hierzu vgl. *Rößler*, Der triftige Grund in

des triftigen Grundes – wenn auch nicht im Zusammenhang mit der erdienten Dynamik, für die der Maßstab des triftigen Grundes heute angewandt wird.

cc) Inhalt des vom BAG entwickelten Modells

Im Ergebnis ist die Kernaussage der Besitzstandsrechtsprechung, dass der Legitimationszwang für einen Eingriff in die Höhe der Versorgungsleistung mit der wachsenden Intensität des Eingriffs in die Versorgungsanwartschaft proportional ansteigt. Eingriffsintensität und Legitimationszwang sind also kommunizierende Röhren. Der geschützte Besitzstand wird eingeteilt in den erdienten Teilbetrag (1. Stufe), die erdiente Dynamik (2. Stufe) und die erdienbaren Zuwächse (3. Stufe). Der Eingriffsgrund, aufgrund dessen der Arbeitgeber in eine Anwartschaft eingreifen will, muss in seiner Notwendigkeit die jeweilige Einschränkung rechtfertigen. Ein Eingriff in den erdienten Teilbetrag bedarf zwingender Gründe, ein solcher in die erdiente Dynamik eines triftigen Grundes, während für einen Eingriff in die erdienbaren Zuwächse das Vorliegen eines sachlich-proportionalen Grundes ausreichend ist.[356]

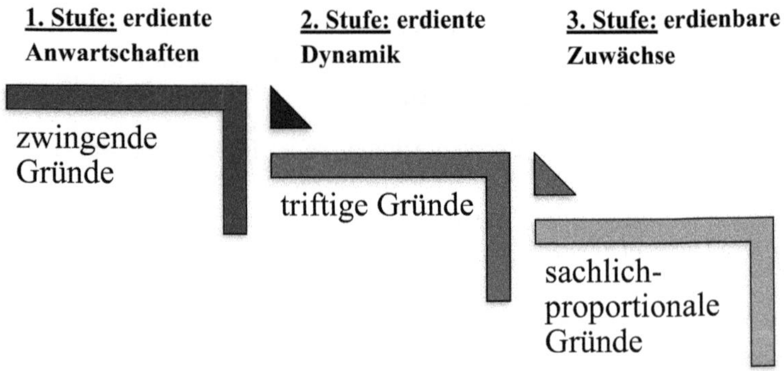

der Besitzstandsschutzrechtsprechung des Ruhegeldsenats des Bundesarbeitsgrichts, 2005, S. 160 ff.

356 BAG v. 10.9.2002 – 3 AZR 635/01, BB 2003, 2749 m.w.N; BAG v. 9.5.2023 – 3 AZR 226/22, NZA 2023, 1189, 1193.

(1) 1. Stufe: Schutz des erdienten Teilbetrags

Der erdiente Teilbetrag beansprucht im Vergleich zu den anderen beiden Stufen den höchsten Schutz. Diesen Besitzstand betrachtet die Rechtsprechung als eigentumsrechtlich bereits verfestigt.[357]

(a) Schutzbereich der 1. Stufe

Welcher Teil der Anwartschaft als erdienter Teil gilt, hängt von der Gestaltung der Versorgungszusage ab: Das heißt, ob es sich bei der Versorgungszusage um eine Leistungszusage, beitragsorientierte Leistungszusage, Beitragszusage mit Mindestleistung oder nunmehr seit dem Betriebsstärkungsgesetz zum 1.1.2018 um eine reine Beitragszusage handelt.

(aa) Erdienter Teilbetrag bei einer reinen Leistungszusage

Bei der reinen Leistungszusage, bei der der Arbeitgeber dem Versorgungsberechtigten bereits eine konkrete Versorgungshöhe verspricht, umfasst der erdiente Teil der Anwartschaft den nach § 2 Abs. 1 BetrAVG pro rata temporis berechneten Teil.[358] Dieser ratierliche Anteil berechnet sich grundsätzlich nach dem sogenannten m/n-tel-Verfahren.[359] Im ersten Schritt muss hierfür die Versorgungsleistung bei einem fiktiven Vollanspruch des Versorgungsberechtigten berechnet werden. Im nächsten Schritt wird dieser Betrag im Verhältnis der tatsächlichen Betriebszugehörigkeit (m) zu der bis zur festen Altersgrenze bzw. der Regelaltersgrenze fiktiv erreichbaren Betriebszugehörigkeit (n) gewichtet.[360]

(bb) Erdienter Teilbetrag bei einer beitragsorientierten Leistungszusage

§ 1 Abs. 2 Nr. 1 BetrAVG definiert eine beitragsorientiere Leistungszusage als eine Verpflichtung des Arbeitgebers, *„bestimmte Beträge in eine Anwartschaft auf Alters-, Invaliditäts- oder Hinterbliebenenversorgung umzuwandeln…“*.[361] Der Unterschied zur reinen Versorgungsleistung liegt darin, dass der Beitrag Teil der Versorgungszusage ist und eine bestimmte Leistung nur in Abhängigkeit von

---

357 BAG v. 17.4.1985 – 3 AZR 72/83, BAGE 49, 57, 66.

358 Höfer/de Groot/Küpper/Reich/*Höfer/Küpper*, Betriebsrentenrecht Band I, 28. Ergänzliefg. Mai 2022, Kapitel 5 Rn. 306.

359 Höfer/de Groot/Küpper/Reich/*Höfer*, Betriebsrentenrecht Band I, 28. Ergänzliefg. Mai 2022, § 2, Rn. 3; Thüsing/Granetzny, 2019, S. 68.

360 Thüsing/Granetzny, 2019, S. 69 mit einem Rechenbeispiel.

361 Vgl. § 1 Abs. 2 Nr. 1 BetrAVG.

diesem Beitrag versprochen wird.[362] Der erdiente Teil bemisst sich nach § 2 Abs. 5 BetrAVG.[363] Nach dieser Regelung entspricht den erworbenen Anwartschaften die vom Zeitpunkt der Zusage auf betriebliche Altersversorgung bis zum Zeitpunkt des Ausscheidens umgewandelten Entgeltbestandteile.

(cc) Erdienter Teilbetrag bei einer Beitragszusage mit Mindestleistung als eine Verpflichtung des Arbeitgebers

Die Beitragszusage mit Mindestleistung hat der Gesetzgeber in § 1 Abs. 2 Nr. 2 BetrAVG wie folgt definiert: Eine Verpflichtung des Arbeitgebers, „*Beiträge zur Finanzierung von Leistungen der betrieblichen Altersversorgung an einen Pensionsfonds, eine Pensionskasse oder eine Direktversicherung zu zahlen und für Leistungen zur Altersversorgung das planmäßig zuzurechnende Versorgungskapital auf der Grundlage der gezahlten Beiträge (Beiträge und die daraus erzielten Erträge), mindestens die Summe der zugesagten Beiträge, soweit sie nicht rechnungsmäßig für einen biometrischen Risikoausgleich verbraucht wurden, hierfür zur Verfügung zu stellen (Beitragszusage mit Mindestleistung).*“[364]

Der Arbeitgeber verpflichtet sich bei einer Beitragszusage mit Mindestleistung, die vereinbarten Beiträge anzulegen und das hierdurch entstehende Kapital mit den erzielten Erträgen dem Versorgungsberechtigten entsprechend der Versorgungszusage auszuzahlen.[365] Daher gilt als erdienter Teilbetrag das bis zum Zeitpunkt des Ausscheidens zuzurechnende Kapital, das mindestens die Summe der bis dahin zugesagten Beiträge umfassen muss (vgl. auch die Bemessungsgrundlage nach § 2 Abs. 6 BetrAVG).[366]

(dd) Reine Beitragszusage

Seit dem 1.1.2018 wurde mit der reinen Beitragszusage das sogenannte Sozialpartnermodell[367] im Gesetz normiert, vgl. § 1 Abs. 2 Nr. 2a BetrAVG. Merkmal eines hierauf basierenden Leistungsplans ist, dass der Arbeitgeber sich nur zur Zahlung von Beiträgen verpflichtet („*pay and forget*“) und mit der Zahlung seiner Pflicht vollständig nachkommt, ohne noch wie bei anderen Leistungsplänen

---

362 Vgl. ausführlich: Höfer/de Groot/Küpper/Reich/*Höfer*, Betriebsrentenrecht Band I, 28. Ergänzliefg. Mai 2022, § 1, Rn. 22 ff.

363 Blomeyer/Rolfs/Otto/*Rolfs*, BetrAVG, 8. Aufl. 2022, Anhang zu § 1 Rn. 622.

364 Vgl. § 1 Abs. 2 Nr. 2 BetrAVG.

365 Thüsing/Granetzny, 2019, S. 62.

366 Blomeyer/Rolfs/Otto/*Rolfs*, BetrAVG, 8. Aufl. 2022, Anhang zu § 1 Rn. 622.

367 Zur Historie vgl. ausführlich: *Görgen/Schwindt* in: Festschrift Uebelhack, 2019, S. 111.

einer Haftung nach § 1 Abs. 1 S. 3 BetrAVG zu unterliegen.[368] Da die Vereinbarung dieser besonderen Form der betrieblichen Altersversorgung gem. § 1 Abs. 2 Nr. 2a BetrAVG im Grundsatz nur den Tarifparteien vorbehalten ist, ist bei der reinen Beitragszusage das Drei-Stufen-Modell grundsätzlich nicht von Relevanz. Unabhängig hiervon beinhaltet eine reine Beitragszusage gerade nicht das Versprechen des Arbeitgebers, im Versorgungsfall eine bestimmte Höhe der Versorgungsleistung zu erbringen.[369] Das Anlagerisiko trägt daher im Vergleich zu anderen Versorgungsplänen der Arbeitnehmer selbst.[370]

(b) Gerechtfertigter Eingriff aufgrund von zwingenden Gründen

Als zwingenden Grund, der einen Eingriff in die erste Stufe rechtfertigt, hatte das BAG ursprünglich die wirtschaftliche Notlage anerkannt.[371] Die wirtschaftliche Notlage begründet heute jedoch – wie auch bei Widerrufsvorbehalten[372] – keinen Eingriff mehr in die erste Stufe, seitdem der Insolvenzsicherungsfall der wirtschaftlichen Notlage in § 7 Abs. 1 S. 3 Nr. 5 BetrAVG mit Wirkung vom 1.1.1999 ersatzlos gestrichen worden ist. Dies haben sowohl das BAG als auch das BVerfG mit Blick auf die Verfassungsmäßigkeit bestätigt.[373] Aufgrund des damals reformierten Insolvenzverfahrens bedurfte es keiner Regelung mehr dieses Sicherungsfalles im BetrAVG.[374] Nunmehr sind zwingende Gründe anzunehmen, wenn eine schwerste Treupflichtverletzung,[375] eine gravierende Äquivalenzstörung[376] oder eine erhebliche und nicht vorhersehbare absolute oder relative Überversorgung[377] vorliegt.

---

368 Vgl. ausführlich: Abschn. E. II.; Blomeyer/Rolfs/Otto/*Rolfs,* BetrAVG, 8. Aufl. 2022, § 1 Rn. 105; Thüsing/Granetzny, 2019, S. 63 f.

369 Vgl. auch Blomeyer/Rolfs/Otto/*Rolfs,* BetrAVG, 8. Aufl. 2022, § 1 Rn. 107.

370 Blomeyer/Rolfs/Otto/*Rolfs,* BetrAVG, 8. Aufl. 2022, § 1 Rn. 107; Thüsing/Granetzny, 2019, S. 63.

371 BAG v. 6.12.1979 – 3 AZR 274/78, BetrAV 1980, 205; BAG v. 20.1.1987 – 3 AZR 313/85, NZA 1986, 664.

372 Vgl. hierzu Abschn. C. I. 1. c) aa) (b).

373 BVerfG v. 29.2.2012 – 1 BvR 2378/10, NZA 2012, 788; BAG v. 31.7.2007 – 3 AZR 373/06, BetrAV 2008, 416.

374 BT-Drucks. 12/3803, S. 137; vgl. BVerfG v. 29.2.2012 – 1 BvR 2378/10, NZA 2012, 788.

375 Höfer/de Groot/Küpper/Reich/*Höfer/Küpper*, Betriebsrentenrecht Band I, 28. Ergänzliefg. Mai 2022, Kapitel 5, Rn. 311.

376 BAG v. 19.2.2008 – 3 AZR 290/06, BetrAV 2008, 721, Rn. 25 ff.

377 BAG v. 11.12.2001 – 3 AZR 128/01, BB 2003, 56; BAG v. 23.10.1990 – 3 AZR 260/89, NZA 1991, 242.

(2) 2. Stufe: Schutz erdienter Dynamik

Die Differenzierung in erdienter und nicht erdienter Dynamik nahm das BAG ebenfalls in seiner richtungsweisenden Rechtsprechung aus dem Jahr 1985 vor.[378]

(a) Schutzbereich der 2. Stufe

Nach der Rechtsprechung ist maßgeblich, ob die Dynamik dienstzeitabhängig ist oder nicht. Solle die Anwartschaft dienstzeitunabhängig der Gehaltsentwicklung folgen, so sei die auf den bereits erworbenen Teilbetrag entfallende Dynamik ebenfalls erdient.[379] Der Zweck einer dienstzeitunabhängigen Dynamik besteht darin, dem wandelnden Versorgungsbedarf gerecht zu werden und den Fortbestand des Lebensstandards zu gewährleisten.[380] Dienstzeitabhängige Steigerungsraten seien hingegen noch nicht erdient, da der Arbeitnehmer die hierfür erforderliche Gegenleistung in Form der Betriebstreue noch nicht erbracht habe.[381]

Endgehaltsabhängige Versorgungszusagen, also eine Zusage mit einer dienstzeitunabhängigen Gehaltsentwicklung, sind nicht mit gehaltsabhängigen beitragsorientierten Leistungszusagen oder Beitragszusagen mit Mindestleistung gleichzustellen. Bei Endgehaltsabhängigen Versorgungszusagen werden durch die Dynamik auch die Gehälter der Vergangenheit mit dem Endgehalt vor dem Eintritt des Versorgungsfalls aufgewertet. Dies ist auch von dem Versorgungsversprechen des Arbeitgebers umfasst. Bei den beitragsorientierten Leistungszusagen und den Beitragszusagen mit Mindestleistung erstreckt sich eine Lohndynamik hingegen grundsätzlich nur auf den jeweiligen gehaltsabhängigen Beitrag und nicht auch noch auf die vergangenen Gehälter. Aus diesem Grund ist in diesen Fällen auf die Lohndynamik nicht die zweite Besitzstandstufe anzuwenden. Dann ist nur zwischen erdienten und nicht erdienten Anwartschaften zu differenzieren.[382]

Wann ein Eingriff in dienstzeitunabhängige Steigerungsbeträge auf der zweiten Stufe vorliegt, ist nach der Rechtsprechung des BAG nicht immer bereits am Ablösestichtag erkennbar. In seiner Entscheidung vom 11.12.2001[383] nimmt das

---

378 BAG v. 17.4.1985 – 3 AZR 72/83, BAGE 49, 5, 66.

379 BAG v. 17.4.1985 – 3 AZR 72/83, BAGE 49, 57, 66.

380 BAG v. 17.4.1985 – 3 AZR 72/83, BAGE 49, 57, 66; vgl. auch Blomeyer/Rolfs/Otto/*Rolfs*, BetrAVG, 8. Aufl. 2022, Anhang zu § 1 Rn. 624.

381 BAG v. 17.4.1985 – 3 AZR 72/83, BAGE 49, 57, 66.

382 Vgl. auch Höfer/de Groot/Küpper/Reich/*Höfer/Küpper*, Betriebsrentenrecht Band I, 28. Ergänzliefg. Mai 2022, Kapitel 5 Rn. 332 ff.

383 BAG v. 11.12.2001 – 3 AZR 128/01, BAGE 100, 105.

BAG eine ergebnisorientierte Betrachtungsweise zum Zeitpunkt der Beendigung des Arbeitsverhältnisses zur Beurteilung eines Eingriffs in die zweite Stufe vor. Das Gericht legt in dem ihm vorgelegten Fall nicht den Inhalt der Abänderung zugrunde, sondern das wirtschaftliche Ergebnis im Versorgungsfall.[384]

Wenn zum Ablösestichtag zwar in eine endgehaltsbezogene Dynamik verschlechternd eingegriffen werde, aber zeitgleich andere Möglichkeiten eröffnete werden würden, Zuwächse zu erwerben, wie zum Beispiel durch beitragsorientiere Zusagen, könne erst beim Ausscheiden bestimmt werden, ob ein Eingriff vorgelegen habe.[385] Besitzstandwahrung bedeute nicht, dass der versorgungsberechtigte Arbeitnehmer sowohl einen Anspruch auf den dynamisch bis zum Ausscheiden fortgeschriebenen Besitzstand im Ablösungszeitpunkt als auch auf die Zuwächse nach der neuen Versorgungsordnung habe. Entscheidend sei vielmehr, dass der Arbeitnehmer im Versorgungsfall den Betrag oder Rentenwert erhält, den er bei Aufrechterhaltung der Dynamik erhalten hätte.[386] Am Ablösestichtag sei ein Eingriff bereits nur dann erkennbar, wenn eine endgehaltsbezogene Versorgungszusage durch Widerruf oder Richtlinienänderung für die Zukunft gänzlich aufgehoben sei und nur der sich aus § 2 BetrAVG ergebende Teil aufrechterhalten worden sei.[387]

Möglichen Bedenken insbesondere im Hinblick auf einen möglichen Verstoß gegen den arbeitsrechtlichen Gleichbehandlungsgrundsatz und auf Praktikabilitätsproblemen, die auch tatsächlich nach diesem Urteil in der Literatur kritisch diskutiert wurden,[388] griff das BAG in seinem Urteil überzeugend vor.[389]

(b) Gerechtfertigter Eingriff aufgrund von triftigen Gründen

Ein zulässiger Eingriff in die zweite Stufe setzt einen triftigen Grund voraus. Der Eingriff ist beispielsweise dann gerechtfertigt, wenn eine drohende, langfristige Substanzgefährdung des Unternehmens abzusehen ist, ohne dass bereits eine Insolvenz zu befürchten ist.[390] Dies ist nach dem BAG dann der Fall, wenn die

384 BAG v. 11.12.2001 – 3 AZR 128/01, BAGE 100, 105, Leitsatz.

385 BAG v. 11.12.2001 – 3 AZR 128/01, BAGE 100, 105, 114, vgl. auch zu endgehaltabhängigen Zusagen BAG v. 9.5.2023 – 3 AZR 174/22, NZA 2023, 1183.

386 BAG v. 11.12.2001 – 3 AZR 128/01, BAGE 100, 105, 114.

387 BAG v. 11.12.2001 – 3 AZR 128/01, BAGE 100, 105, 114.

388 Vgl. *Schumann*, DB 2003, 1527 f.; ErfK/*Steinmeyer*, 22. Aufl. 2022, § 1 BetrAVG, Rn. 41.

389 BAG v. 11.12.2001 – 3 AZR 128/01, BAGE 100, 105, 115, 39; vgl. auch ausführlich hierzu *Rößler*, Der triftige Grund in der Besitzstandrechtsprechung des Ruhegeldsenats des Bundesarbeitsgerichts, S. 176 ff.

390 BAG v. 17.4.1984 – 3 AZR 72/83, NZA 1986, 57.

Kosten für die Versorgungsverbindlichkeiten nicht mehr durch Unternehmenserträge finanziert werden können.[391] Zur Konkretisierung, wann solche triftigen Gründe tatsächlich vorliegen, zieht die Rechtsprechung regelmäßig die Gründe heran, die ein Aussetzen der Rentenanpassung nach § 16 BetrAVG rechtfertigen würden.[392]

Als triftige Gründe kommen nicht nur wirtschaftliche Ursachen in Betracht. Auch betriebliche Gründe nicht-wirtschaftlicher Art können den Eingriff in die zweite Stufe rechtfertigen, wenn der Arbeitgeber mit der Kürzung der erdienten Steigerungsbeträge aber ohne Kürzung des Gesamtaufwands eine gerechte Verteilung im Unternehmen insgesamt anstrebt.[393]

Den Grund für den niedrigeren Schutz des Steigerungsbetrags im Vergleich zum Schutz des erdienten Teilbetrags auf der ersten Stufe sieht das BAG richtigerweise darin, dass der Gesetzgeber für die Steigerungsbeträge gerade im Unterschied zu den Anwartschaften im Sinne von § 2 BetrAVG weder einen Anwartschaftsschutz nach § 2 BetrAVG noch einen Insolvenzschutz in § 7 BetrAVG normiert hat.[394] Dennoch würde die erdiente Dynamik einen höheren Besitzstandschutz genießen müssen als noch nicht erdiente Anwartschaften, da der Arbeitnehmer auch für die dienstzeitunabhängigen Steigerungsbeträge bereits seine Gegenleistung erbracht habe.[395]

(3) 3. Stufe: Schutz des noch zu erdienenden Teilbetrags

Schließlich erkennt das BAG sogar auch einen gewissen Besitzstandsschutz für noch nicht erdiente Anwartschaften auf Basis einer bestehenden Versorgungszusage an. Hier gelten allerdings angesichts des geringfügigen Eingriffs entsprechend die geringsten Anforderungen auf Grundlage der Grundsätze des Vertrauensschutzes und der Verhältnismäßigkeit.

---

391 BAG v. 11.12.2001 – 3 AZR 512/00, BAGE 100, 76; BAG v. 17.11.1992 – 3 AZR 76/92, NZA 1993, 938, 941.

392 BAG v. 11.12.2001 – 3 AZR 512/00, BAGE 100, 76; Höfer/de Groot/Küpper/Reich/*Höfer/Küpper*, Betriebsrentenrecht Band I, 28. Ergänzliefg. Mai 2022, Kapitel 5 Rn. 317; Kritisch hierzu: *Diller/Günther*, DB 2017, 908, 909; *Reinecke*, DB 2007, 2836, 2842.

393 BAG v. 11.9.1990 – 3 AZR 380/89, NZA 1991, 176, 177; vgl. auch Blomeyer/Rolfs/Otto/*Rolfs*, BetrAVG, 8. Aufl. 2022, Anhang zu § 1 Rn. 628.

394 BAG v. 17.4.1985 – 3 AZR 72/83, BAGE 49, 57, 67; vgl. hierzu auch *Schnitker* in: Festschrift für Heinz Josef Willemsen, 2018, S. 449, 454.

395 BAG v. 17.4.1985 – 3 AZR 72/83, BAGE 49, 57, 67.

(a) Schutzbereich der 3. Stufe

Der im Vergleich zu den ersten beiden Stufen geringere Schutz der dritten Stufe wird damit begründet, dass der Schutzbereich nur künftige und damit noch nicht erdiente dienstzeitabhängige Zuwächse (sog. *Future Service*) umfasst.[396]

(b) Gerechtfertigter Eingriff aufgrund von sachlich-proportionalen Gründen

Eingriffe in künftige Zuwächse lassen sich durch sachlich-proportionale Gründe rechtfertigen. Das BAG definiert diese Gründe näher als *„nachvollziehbare, anerkennenswerte und willkürfreie Gründe"*.[397]

Auf den ersten Blick scheint nach dieser Definition jeder sachliche, willkürfreie Grund eine Anpassung auf der dritten Stufe zu rechtfertigen. Doch beleuchtet man die Fälle näher, die dem BAG in der Vergangenheit zu Eingriffen in noch nicht erdiente Zuwächse vorlagen, so ist zu erkennen, dass das BAG nicht wahllos auf „sachlich-proportionale" und eben nicht nur auf „sachliche" Gründe bei einem Eingriff in die dritte Stufe abstellt. Grundsätzlich verlangt das Gericht neben sachlichen Gründen eine Verhältnismäßigkeitsprüfung. Dies stellte das BAG auch noch einmal besonders deutlich in einer Entscheidung aus dem Jahr 2010 heraus.[398]

Solch ein Grund ist beispielsweise eine Vereinbarung zur Neuverteilung gleichbleibender Versorgungsmittel im Betrieb, um bisher unversorgte Arbeitnehmer auch in dieser Hinsicht zu begünstigen.[399] Eine wirtschaftlich ungünstige Entwicklung des Unternehmens – unerheblich aus welchen Gründen – lässt das BAG ebenso als sachlich-proportionalen Grund genügen.[400] Das BAG nimmt als Maßstab für die Beurteilung eines solchen Grundes für einen Eingriff auf der dritten Stufe, *„ob wirtschaftliche Schwierigkeiten vorliegen, auf die ein vernünftiger Unternehmer reagieren darf"*.[401] Dabei komme es nicht auf eine

---

396 BAG v. 17.4.1985 – 3 AZR 72/83, BAGE 49, 57, 67.

397 BAG v. 10.11.2015 – 3 AZR 390/14, AP Nr. 72 BetrAVG § 1 Ablösung, Rn. 25; BAG v. 12.2.2013 – 3 AZR 636/10, AP Nr. 62 BetrAVG § 1 Ablösung, Rn. 68; BAG v. 18.9.2001 – 3 AZR 728/00, NZA 2002, 1164, 1168.

398 Vgl. hierzu: BAG v. 16.2.2010 – 3 AZR 181/08, NZA 2011, 42, 48, Rn. 62; vgl. auch: *Schnitker* in: Festschrift für Heinz Josef Willemsen, 2018, S. 449, 454; *Thüsing/Rawe*, NZA 2016, 1169, 1171.

399 BAG v. 18.12.1981 – 3 ABR 53/80, BB 1982, 186.

400 BAG v. 18.9.2001 – 3 AZR 728/00, BB 2002, 1376.

401 BAG v. 10.11.2015 – 3 AZR 390/14, AP Nr. 72 BetrAVG § 1 Ablösung, Rn. 35.

„vernünftige kaufmännische Beurteilung" im Sinne von § 253 Abs. 1 HGB an.[402] Ein vernünftiger Unternehmer sei vielmehr ein nach wirtschaftlichen Gesichtspunkten zum Wohle des Unternehmens Handelnder.[403] Das BAG grenzt den Maßstab ausdrücklich von Fällen eines triftigen Grundes ab.[404] Nach der Rechtsprechung des BAG ist für einen sachlichen Grund nicht erforderlich:

- Langfristig unzureichende Eigenkapitalverzinsung
- Langfristige Substanzgefährdung des Unternehmens
- Gefährdung der Wettbewerbsfähigkeit des Unternehmens
- Feststellung einer insolvenznahen Lage.[405]

In einer Entscheidung aus 2022 hat der Dritte Senat ausgeführt, dass es im Ergebnis auf die Willkürfreiheit des Eingriffs ankomme.[406] Zudem gab der Dritte Senat auch in dieser Entscheidung weitere für Arbeitgeber hilfreiche, konkretere Anhaltspunkte für die Anforderungen an die sachlichen Gründe mit:

> *„Zur Rechtfertigung des Eingriffs bedarf es auch nicht eines ausgewogenen, die Sanierungslasten angemessen verteilenden Sanierungsplans. Ebenso wenig ist es notwendig, dass Maßnahmen zur Kosteneinsparung ausgeschöpft sind, bevor Eingriffe in künftige Zuwächse vorgenommen werden. Es geht nur darum, die Willkürfreiheit des Eingriffs in noch nicht erdiente Zuwächse zu belegen (BAG v. 15.2.2011 – 3 AZR 35/09 – Rn. 73, AP BetrAVG § 1 Auslegung Nr. 13).*
> *Allerdings reicht regelmäßig der allgemeine Hinweis auf wirtschaftliche Schwierigkeiten nicht aus. Vielmehr sind die wirtschaftlichen Schwierigkeiten im Einzelnen substanziiert darzutun. Anderweitige Sanierungsmöglichkeiten müssen zumindest erwogen worden sein und ihre Unterlassung muss plausibel erläutert werden. Maßnahmen, die auf den ersten Blick dem Sanierungszweck offen zuwiderlaufen, müssen erklärt werden und einleuchtend sein (BAG v. 15.2.2011 – 3 AZR 35/09 – Rn. 74, AP BetrAVG § 1 Auslegung Nr. 13)".*

Damit wird deutlich, dass auch das BAG grundsätzlich die Maßstäbe für einen zulässigen, sachlichen Grund auf der dritten Stufe nicht als unüberwindbare Hürden gestalten möchte. Dennoch müssen gewisse Voraussetzungen erfüllt

---

402 BAG v. 10.11.2015 – 3 AZR 390/14, AP Nr. 72 BetrAVG § 1 Ablösung, Rn. 35.

403 BAG v. 10.11.2015 – 3 AZR 390/14, AP Nr. 72 BetrAVG § 1 Ablösung, Rn. 35.

404 BAG v. 10.11.2015 – 3 AZR 390/14, AP Nr. 72 BetrAVG § 1 Ablösung, Rn. 35; Höfer/de Groot/Küpper/Reich/*Höfer/Küpper*, Betriebsrentenrecht Band I, 28. Ergänzliefg. Mai 2022, Kapitel 5 Rn. 339.2; Thüsing/Granetzny, 2019, S. 147.

405 BAG v. 10.11.2015 – 3 AZR 390/14, AP Nr. 72 BetrAVG § 1 Abösung, Rn. 35; Höfer/de Groot/Küpper/Reich/*Höfer/Küpper*, Betriebsrentenrecht Band I, 28. Ergänzliefg. Mai 2022, Kapitel 5 Rn. 339.2; Thüsing/Granetzny, 2019, S. 147.

406 BAG v. 3.5.2022 – 3 AZR 472/21, AP BetrAVG § 1 Ablösung Nr. 85, Rn. 52.

sein. Für das Erfordernis der Proportionalität des Eingriffs verlangt das BAG die Darlegung sämtlicher Maßnahmen, die neben dem Eingriff in die betriebliche Altersversorgung zur Kosteneinsparung dienen sollen.[407] Der Eingriff müsse „*in ein nachvollziehbar auf eine Verbesserung der wirtschaftlichen Lag ausgerichtetes Gesamtkonzept einpassen*".[408] Alternative Kosteneinsparungen müssen wiederum nicht ausgeschöpft sein, bevor Eingriffe auf der dritten Stufe vorgenommen werden dürfen. Zudem betont das BAG, dass den Betriebsparteien auch eine Einschätzungsprärogative im Hinblick auf Kosteneinsparungen zukommt.[409]

Weiterhin sind im Rahmen der Verhältnismäßigkeitsprüfung insbesondere auch Härtefälle zu berücksichtigen. Mitarbeiter, die von einer bestehenden Regelung besonders begünstigt werden, dürfen nicht durch die ablösende Regelung unbillig hart getroffen werden.[410] Dies kann regelmäßig bei rentennahen Arbeitnehmern angenommen werden.

Eine angestrebte Vereinheitlichung der betrieblichen Altersversorgung im Konzern allein wiederum reicht noch nicht aus, um einen Eingriff in die dritte Stufe zu begründen.[411] Das Vereinheitlichungsinteresse des Arbeitgebers muss insbesondere konkret dargelegt werden und weitere sachliche Gründe müssen vorliegen.[412]

(aa) Fehlentwicklungen der betrieblichen Altersversorgung als sachlich-proportionaler Grund

Die Rechtsprechung hat mehrfach eine Fehlentwicklung der betrieblichen Altersversorgung als sachlich-proportionalen Grund anerkannt.[413] Von einer Fehlentwicklung könne ausgegangen werden, wenn eine erhebliche, zum Zeitpunkt der Schaffung des Versorgungswerks unvorhersehbare Mehrbelastung eingetreten sei, die auf Änderungen im Recht der gesetzlichen Rentenversicherung oder im Steuerrecht beruhe.[414] Eine Fehlentwicklung bedeutet aber nicht,

---

407 BAG v. 3.5.2022 – 3 AZR 472/21, AP BetrAVG § 1 Ablösung Nr. 85, Rn. 54 f.

408 BAG v. 3.5.2022 – 3 AZR 472/21, AP BetrAVG § 1 Ablösung Nr. 85, Rn. 55.

409 BAG v. 3.5.2022 – 3 AZR 472/21, AP BetrAVG § 1 Ablösung Nr. 85, Rn. 55.

410 BAG v. 17.3.1987 – 3 AZR 64/84, AP Nr. 9 BetrAVG § 1 Ablösung; Höfer/de Groot/Küpper/Reich/*Höfer/Küpper*, Betriebsrentenrecht Band I, 28. Ergänzliefg. Mai 2022, Kapitel 5 Rn. 352.

411 BAG v. 24.1.2006 – 3 AZR 483/04, NZA-RR 2007, 595, 600, Rn. 52 f.

412 Vgl. Abschn. C. II. 2. b) dd).

413 BAG v. 10.11.2015 – 3 AZR 390/14, BetrAV 2016, 154; BAG v. 17.3.1987 – 3 AZR 64/84, BAGE 54, 261; LAG Baden-Württemberg v. 16.1.2008 – 12 Sa 97/06, n.v.

414 BAG v. 10.11.2015 – 3 AZR 390/14, AP Nr. 72 AP BetrAVG § 1 Ablösung, Rn. 39.

dass der Arbeitgeber sich in einer wirtschaftlichen Notlage befinden muss. Er muss nicht erst den Eintritt einer Schieflage abwarten, um in noch nicht erdiente Steigerungsbeträge eingreifen zu können.[415] Dies steht auch im Einklang mit der seit der Gesetzesreform zum Insolvenzschutz und der wirtschaftlichen Notlage ergangenen Rechtsprechung: Auch als Widerrufsgrund erkennt die Rechtsprechung die wirtschaftliche Notlage nicht mehr an.[416]

Diese Konkretisierung zu Fehlentwicklungen der betrieblichen Altersversorgung lehnt sich an die gesetzlichen Voraussetzungen der Störung einer Geschäftsgrundlage an.[417] Dies darf allerdings nicht dazu führen, dass damit die Hürden für einen Eingriff mit denen für die erste Stufe vermengt werden. Ausreichend müssen weiterhin willkürfreie Erwägungen sein, die einer Verhältnismäßigkeitsprüfung standhalten. Ebenso wenig bedeutet die Konkretisierung, dass die Voraussetzungen gem. § 313 BGB im Einzelnen geprüft werden sollen.[418] Die Störung der Geschäftsgrundlage bleibt ein eigenständiges Rechtsinstitut, das eine Anpassung begründen kann.[419]

Daher sollte zur Beurteilung, ob ein Eingriff in die dritte Stufe gerechtfertigt ist, insbesondere auch bei dem Kriterium der erheblichen Mehrbelastung nicht zwingend die sogenannte Opfergrenze der Rechtsprechung zum Vorliegen einer Störung der Geschäftsgrundlage 1:1 übernommen werden.[420] Eine konkrete Bemessungsgrenze nennt das BAG in seiner Entscheidung zur Fehlentwicklung der betrieblichen Altersvorsorge nicht. Es führt lediglich aus, wie die Mehrbelastung festzustellen ist. Diese sei anhand eines Barwertvergleichs zwischen dem Ablösestichtag und dem der Schaffung des Versorgungswerks zu ermitteln.[421] Der Zusatz „erheblich“ legt allerdings nahe, dass es sich zumindest um eine Belastung handeln muss, die für den Arbeitgeber ins Gewicht fällt. Die

---

415 Vgl. BAG v. 17.3.1987 – 3 AZR 64/84, BAGE 54, 261, 274 f.; Höfer/de Groot/Küpper/Reich/*Höfer/Küpper*, Betriebsrentenrecht Band I, 28. Ergänzliefg. Mai 2022, Kapitel 5 Rn. 336.

416 Vgl. Abschn. C. I. 1. c) aa) (b).

417 *Bader/Hartloff*, DB 2016, 1437 ff.; *Thüsing/Rawe*, NZA 2016, 1169, 1172.

418 So auch *Bader/Hartloff*, DB 2016, 1437, 1439; *Thüsing/Rawe*, NZA 2016, 1169, 1172.

419 Vgl. hierzu Abschn. C. II. 2. b) aa).

420 Vgl. hierzu auch: LAG Hamburg v. 29.3.2007 – 2 Sa 35/05, *juris*, Rn. 142; Blomeyer/Rolfs/Otto/*Rolfs*, BetrAVG, 8. Aufl. 2022, Anhang zu § 1 Rn. 636; Boecken/Düwell/Diller/Hanau/*Vienken*, 2016, § 1 BetrAVG Rn. 133; *Thüsing/Rawe*, NZA 2016, 1169, 1172, 1174; kritisch zum Kriterium der Mehrbelastung: *Bader/Hartloff*, DB 2016, 1437, 1441; *Schnitker* in: Festschrift für Heinz Josef Willemsen, 2018, S. 449, 448.

421 BAG v. 10.11.2015 – 3 AZR 390/14, AP Nr. 72 BetrAVG § 1 Ablösung, Rn. 39.

Opfergrenze von 50 % dürfte hierzu allemal genügen. Doch diese Opfergrenze würde eben auch schon einen Eingriff in die erste Stufe regelmäßig rechtfertigen, da dann die Schwelle zur Äquivalenzstörung überschritten wäre.[422] Um nicht den Maßstab an einen Eingriff in die dritte Stufe zu überstrapazieren – wenn von dem durch das BAG vorgegebenen Kriterium der erheblichen Mehrbelastung ausgegangen werden soll[423] – sollte im Einzelfall betrachtet werden, inwieweit die finanziellen Mehrausgaben eine tatsächliche Belastung für das Unternehmen darstellen. Dies kann nicht zwingend an einem konkreten Prozentsatz festgemacht werden.

(bb) Niedrigzinsphasen als weiteres Regelbeispiel der Fehlentwicklungen der betrieblichen Altersversorgung?

Die Entscheidung des BAG bezog sich nur auf Fehlentwicklungen, die auf Änderungen der Rechtslage beruhten. Die Fallgruppe der Fehlentwicklungen der betrieblichen Altersversorgung hat das BAG auch entsprechend definiert. Aufgrund der aktuellen wirtschaftlichen Entwicklungen und der damit seit 2016 verbundenen Niedrigzinsphase drängt sich jedoch immer mehr die Frage auf, ob auch andere Veränderungen, nicht nur rechtlicher Natur, einen sachlich-proportionalen Grund im Sinne des Drei-Stufen-Modells darstellen können.

Gerade durch die Niedrigzinsphase könnte der Bedarf an Anpassungen in der betrieblichen Altersvorsorge aufgrund von unvorhergesehenen Mehrbelastungen seitens des Arbeitgebers erheblich steigen. Insbesondere zinsabhängige Versorgungszusagen, sei es durch Direktzusagen oder durch externe Versorgungsträger, führen in Unternehmen zu einem erheblichen finanziellen Mehraufwand, da die ursprünglich garantierten Zinssätze tatsächlich nicht mehr gewährleistet werden können.

Ausgehend vom Urteil des BAG lässt sich zwar aus dem Wortlaut[424] der Ausführungen zu Fehlentwicklungen nicht eindeutig entnehmen, dass die Konkretisierung in der Entscheidung nicht abschließend ist. Betrachtet man jedoch die

---

422 Vgl. Abschn. C. I. 1. d).

423 Hierzu kritisch: *Bader/Hartloff*, DB 2016, 1437, 1441; *Schnitker* in: Festschrift für Heinz Josef Willemsen, 2018, S. 449, 458.

424 BAG v. 10.11.2015 – 3 AZR 390/14, AP Nr. 72 BetrAVG § 1 Ablösung, Rn. 39: „… *wird das LAG zu beachten haben, dass von einer solchen Fehlentwicklung ausgegangen werden kann, wenn eine erhebliche, zum Zeitpunkt der Schaffung des Versorgungswerks unvorhersehbare Mehrbelastung eingetreten ist, die auf Änderungen im Recht der gesetzlichen Rentenversicherung oder im Steuerrecht beruht.*“

Ausführungen im Kontext des zu entscheidenden Falls, ist davon auszugehen, dass die Änderung der Rechtslage nur ein Regelbeispiel der Fallgruppe der Fehlentwicklungen sein soll.[425] Besinnt man sich auf die eigentlichen Grundsätze des Drei-Stufen-Modells, so sprechen daher gute Gründe für eine Anerkennung der Niedrigzinsphase dem Grunde nach als weiteres Regelbeispiel der Fehlentwicklungen der betrieblichen Altersversorgung und somit auch als sachlich-proportionalen Grund, sofern diese der Anlass für eine Mehrbelastung des Arbeitgebers im Bereich der betrieblichen Altersversorgung ist.

Der im ersten Schritt notwendige sachliche Grund kann nicht an bestimmten Fallgruppen festgemacht werden. Die Herabsenkung des Leitzins auf Null ist ebenso wie eine Rechtsänderung ein Risiko, das äußeren Umständen geschuldet ist. Der für die dritte Besitzstandstufe ebenso geltende Vertrauensschutz führt grundsätzlich nicht dazu, dass im Rahmen der üblicherweise vorgesehenen Risikoverteilung, das Risiko einer negativen Zinsentwicklung stets auf den Arbeitgeber zurückfällt. Haben sich die Vertragsparteien bzw. der Arbeitgeber im Rahmen einer Versorgungsordnung für eine zinssatzabhängige Versorgungszusage entschieden, müssen für die Vertragsparteien unbekannte Risiken auch im Falle einer Fehlentwicklung einen sachlichen Grund darstellen können.[426]

Die Niedrigzinsphase des vergangenen Jahrzehnts war in dieser Ausprägung zum Zeitpunkt der Vereinbarung von zinsabhängigen Versorgungszusagen bzw. der Einrichtung der Versorgungswerke nicht vorhersehbar. Noch zwischen 1999 und 2008 bewegte sich der Leitzins zwischen 4 und 3 %.[427] Die Entwicklung des Kapitalmarktzinses war entsprechend hoch für die weiteren Jahre prognostiziert worden. Auch war nicht abzusehen, wie lange diese Niedrigzinsphase andauern wird. Angesichts der zumindest in den Vereinigten Staaten von der Federal Reserve mitgeteilten „Zinswende“ könnte diese Phase akut beendet werden.[428] Relevant bleibt die Fallgruppe angesichts eines sich stets verändernden Zinsumfelds aber in jedem Fall. Mangels Erwirtschaftung der erforderlichen Renditen

---

425 Vgl. auch *Schnitker* in: Festschrift für Heinz Josef Willemsen, 2018, S. 449, 458; *Thüsing/Rawe*, NZA 2016, 1169, 1173.

426 *Thüsing/Rawe*, NZA 2016, 1169, 1174 f.

427 Statistik der Europäischen Zentralbank, abrufbar unter: https://www.ecb.europa.eu/stats/policy_and_exchange_rates/key_ecb_interest_rates/html/index.en.html (Stand: 21.5.2022).

428 S. hierzu FAZ: „Deshalb ist der 21. Juli für die deutschen Sparer spannend“ – Zinswende in Europa, Artikel vom 10.5.2022 (abrufbar unter: https://www.faz.net/aktuell/finanzen/zinswende-am-21-juli-koennte-die-ezb-die-zinsen-erhoehen-18017581.html).

sind in den vergangenen Jahren Deckungslücken entstanden, für die die Arbeitgeber im Zweifel aufkommen müssen. Dies führt als logische Schlussfolgerung zu einer finanziellen Mehrbelastung der Unternehmen, beispielsweise bei den bilanziellen Pensionsrückstellungen. Diese kann auch erheblich sein.[429] Bleiben die Versorgungszusagen zu den ursprünglich vereinbarten Konditionen weiter erhalten, ohne dass eine Anpassung erfolgt, vergrößert sich die Deckungslücke und damit erhöht sich auch die finanzielle Mehrbelastung.

Auch die Proportionalitätsprüfung als zweiter Schritt spricht nicht gegen die Niedrigzinsphase als Beispiel für Fehlentwicklungen in der betrieblichen Altersvorsorge. Hier verlangt das BAG insbesondere, dass nach der Neuregelung der Gesamtbarwert für die betriebliche Altersversorgung bezogen auf den einzubeziehenden Personenkreis nicht geringer sein darf als bei Schaffung des Versorgungswerks bzw. bei der Vereinbarung der Versorgungszusage.[430]

dd) Anwendung des Drei-Stufen-Modells im Rahmen eines Betriebsübergangs

In der Praxis besonders relevant ist die Ablösung von Betriebsvereinbarungen über Versorgungszusagen im Rahmen von Betriebsübergängen gem. § 613a BGB.

§ 613a Abs. 1 S. 3 BGB regelt unter anderem, dass Rechte und Pflichten, die durch Rechtsnormen einer Betriebsvereinbarung geregelt sind, nicht Inhalt eines übergehenden Arbeitsverhältnisses werden, wenn diese Rechten und Pflichten durch eine andere Betriebsvereinbarung beim Erwerber geregelt werden. Demnach werden die Betriebsvereinbarungen des Veräußerers zu einem bestimmten Regelungsgegenstand mit dem Tag des Betriebsübergangs durch Betriebsvereinbarungen des Erwerbers zu den entsprechenden Regelungsgegenständen ersetzt.

Grundsätzlich können mit einer solchen Ablösung auch für den Arbeitnehmer ungünstigere Arbeitsbedingungen einhergehen.[431] Für Betriebsvereinbarungen über betriebliche Altersversorgung wurde allerdings dennoch aufgrund des Vertrauensschutzes die Anwendbarkeit der Drei-Stufen Theorie angenommen, wobei bis zur Entscheidung des BAG vom 22.10.2019 – 3 AZR 390/14 die Rechtsprechung und herrschende Literatur das Harmonisierungsinteresse des Betriebserwerbers als sachlich-proportionalen Grund für Eingriffe auf der

429 Vgl. auch *Thüsing/Rawe*, NZA 2016, 1169, 1173; *Bader/Hartloff*, DB 2016, 1437, 1439; *Schnitker* in: Festschrift für Heinz Josef Willemsen, 2018, S. 449, 458 ff.

430 BAG v. 10.11.2015 – 3 AZR 390/14, AP Nr. 72 BetrAVG § 1 Ablösung, Rn. 39.

431 Vgl. nur: BAG v. 11.5.2005 – 4 AZR 315/04, NZA 2005, 1362 (zu Tarifverträgen).

dritten Stufe – somit für die zukünftigen Steigerungszuwächse – ausreichen ließen.[432]

(1) Entscheidung des BAG vom 22.10.2019 – 3 AZR 429/18[433]

Nunmehr hat der Dritte Senat des BAG in einer Entscheidung aus dem Jahr 2019 – im Lichte seiner bis dato ergangenen Rechtsprechung konsequenterweise – nicht nur noch einmal herausgearbeitet, dass auch im Rahmen eines Betriebsübergangs gem. § 613a BGB die Drei-Stufen Theorie zu beachten ist, sondern dass auch weitergehende Gründe erforderlich sind als nur das Harmonisierungsinteresse des Betriebserwerbers.[434]

(a) Hintergrund der Entscheidung

Der Entscheidung des BAG vom 22.10.2019 lag kurz zusammengefasst folgender Sachverhalt zugrunde:

Hintergrund des Betriebsübergangs war eine Verschmelzung des Unternehmens des Veräußerers auf den Erwerber. Zum Zeitpunkt des Betriebsübergangs fanden im Betrieb des Erwerbers für Neueintritte die Gesamtbetriebsvereinbarung BV VO Anwendung. Daneben gab es noch zwei weitere Gesamtbetriebsvereinbarungen zur betrieblichen Altersversorgung, die für Neueintritte geschlossen waren (RGO I und II).

Der Veräußerer, der Erwerber, die zuständige Arbeitgebervereinigung sowie die zuständigen Gewerkschaften schlossen einen Überleitungstarifvertrag. Nach diesem Überleitungstarifvertrag sollten die Betriebsvereinbarungen des Veräußerers für einen befristeten Zeitraum fortgelten. Bis zum Ablauf dieser Frist sollten unternehmenseinheitliche Tarifverträge und Betriebsvereinbarungen verhandelt werden. Sofern bis zum Ablauf der festgelegten Frist kein Ergebnis oder nur ein Teilergebnis erzielt werden konnte, sollte insoweit die Rechtsfolge des § 613a Abs. 1 S. 3 BGB eintreten. Das heißt, dass in dem Fall die Gesamtbetriebsvereinbarungen des Erwerbers auf die übergegangenen Arbeitnehmer erstreckt werden sollten.

Da keine Einigung erzielte wurde, wurden die Gesamtbetriebsvereinbarungen des Erwerbers nach Ablauf der Frist auf die betroffenen Arbeitnehmer erstreckt. Insoweit wurden auch die Gesamtbetriebsvereinbarungen zur betrieblichen

---

432 Staudinger/*Annuß*, BGB, 2019, § 613a Rn. 241; *Henssler*, NZA 1994, 913, 920; *Lindemann/Simon*, BB 2003, 2510, 2516.

433 BAG v. 22.10.2019 – 3 AZR 429/18, AP BetrAVG § 1 Ablösung Nr. 81

434 BAG v. 22.10.2019 – 3 AZR 429/18, AP BetrAVG § 1 Ablösung Nr. 81, Rn. 61 ff.

Altersversorgung, die bereits für Neueintritte geschlossen waren, nochmals für die übergegangenen Arbeitnehmer geöffnet, damit die jeweilige Gesamtbetriebsvereinbarung entsprechend der Betriebszugehörigkeit der betroffenen Arbeitnehmer Anwendung finden konnten. Hierzu schlossen die Betriebsparteien eine Gesamtbetriebsvereinbarung „Altersversorgung – Überleitung" ab. Neben der Öffnung der älteren Gesamtbetriebsvereinbarungen vereinbarten die Betriebsparteien auch Modifikationen, unter anderem eine für die Arbeitnehmer verschlechternde Regelung zur Anrechnung der gesetzlichen Rente.

Ein Arbeitnehmer klagte daraufhin und forderte eine Betriebsrentenleistung in der Höhe, wie sie in der zum Zeitpunkt des Betriebsübergangs beim Veräußerer anwendbaren Betriebsvereinbarung festgelegt war.

(b) Kernaussagen des Dritten Senats

In seiner umfangreichen Entscheidung befasst sich der Dritte Senat ausführlich mit der Ablösbarkeit von Betriebsvereinbarungen der betrieblichen Altersversorgung im Rahmen eines Betriebsübergangs. Bereits die Orientierungssätze der Richterinnen und Richter machen dies deutlich und stellen die relevanten Aussagen des Senats in den Fokus:

„1. Für Tarifverträge und Betriebsvereinbarungen gilt das Gebot der Rechtsquellenklarheit. Dieses schließt es aus, eine Betriebsvereinbarung auf Betriebsratsseite sowohl von einem örtlichen Betriebsrat als auch von dem Gesamtbetriebsrat abzuschließen (Rn. 55 ff.).
2. Bei der Ablösung einer Regelung zur betrieblichen Altersversorgung sind die Betriebsparteien bei Eingriffen in Versorgungsrechte an die Grundsätze des Vertrauensschutzes und der Verhältnismäßigkeit, präzisiert durch das so genannte dreistufige Prüfungsschema, gebunden. Abhängig davon, auf welcher Stufe in Besitzstände der Arbeitnehmer eingegriffen wird, sind zur Rechtfertigung des Eingriffs unterschiedlich gewichtete Gründe auf Arbeitgeberseite erforderlich. ***Dieses Schema findet auch im Fall eines Betriebsübergangs Anwendung, wenn eine Versorgungsordnung, die bislang im Veräußererbetrieb galt, durch eine beim Erwerber bereits vorhandene Gesamtbetriebsvereinbarung abgelöst wird, sowie im Fall des § 613a I 3 BGB. § 613a I 3 BGB ist teleologisch zu reduzieren****, was dazu führt, dass eine Betriebsvereinbarung über betriebliche Altersversorgung, die beim Erwerber gilt, eine solche beim Veräußerer geltende nur bei Wahrung des dreistufigen Prüfungsschemas ablöst (Rn. 61 ff.).*
3. Zwingende und abschließend geregelte tarifvertragliche Regelungen zur betrieblichen Altersversorgung, an die der Arbeitgeber gebunden ist, lösen grundsätzlich die Tarifsperre nach § 77 III 1 BetrVG aus und verdrängen Betriebsvereinbarungen mit gleichem Regelungsgegenstand. Bei einer verschlechternden Ablösung von Regelungen zur betrieblichen Altersversorgung durch einen Tarifvertrag gilt nicht das vom Senat entwickelte dreistufige Prüfungsschema, sondern es gelten vor dem Hintergrund der Tarifautonomie (Art. 9 III GG) die allgemeinen Grundsätze der Verhältnismäßigkeit und des Vertrauensschutzes, verbunden mit einem Gestaltungsspielraum der Tarifvertragsparteien. ***Dieser gegenüber***

> ***sonstigen Ablösungen von Regelungen zur betrieblichen Altersversorgung eingeschränkte Prüfungsmaßstab gilt allerdings nur dann, sofern in dem Tarifvertrag selbst eine Gesamtregelung zur betrieblichen Altersversorgung (Inhalt, Voraussetzungen und Umfang) erfolgt** (Rn. 92 ff.).*
> *4. Lässt ein Tarifvertrag den Abschluss ergänzender Regelungen durch eine Betriebsvereinbarung zu, sind die Betriebsparteien zum Abschluss einer solchen Betriebsvereinbarung nach § 77 III 2 BetrVG berechtigt. **Die Betriebsparteien sind allerdings an die Vorgaben des Tarifvertrags gebunden.** Ein Verstoß hiergegen führt zur (Teil-)Unwirksamkeit der entsprechenden betrieblichen Regelung (§ 77 III 1 BetrVG Rn. 117).*"[435] [Hervorhebungen durch die Verfasserin]

Zusammengefasst lassen sich aus diesem Urteil folgende Rechtsansichten des Dritten Senats zum Verhältnis von § 613a Abs. 1 S. 3 BGB und des vom BAG entwickelten Drei-Stufen-Modells (*2. Orientierungssatz*) herausarbeiten:

- Dass das Drei-Stufen-Modell auch im Rahmen des Ablöseprinzips von Betriebsvereinbarungen gem. § 613a Abs. 1 S. 3 BGB nach der Ansicht des Senats zu beachten ist, sieht dieser nicht als Wertungswiderspruch an. Das BAG nimmt – wie es auch in seinen Orientierungssätzen zum Urteil hervorhebt – eine teleologische Reduktion vor und argumentiert insbesondere mit dem Sinn und Zweck der Norm des § 613a Abs. 1 S. 3 BGB. Nach den Ausführungen des Dritten Senats verfolge die Norm *„das Ziel, die Rechtsstellung der Arbeitnehmer vor Verschlechterungen aus Anlass eines Betriebsübergangs weitgehend zu schützen […], insbesondere auch gegen den Verlust von Rechtspositionen, die sie bei ihrem bisherigen Arbeitgeber gehabt haben*".[436]
- Der Dritte Senat schlussfolgert, dass eine beim Erwerber geltende Betriebsvereinbarung über eine betriebliche Altersversorgung gegenüber einer beim Veräußerer geltenden Betriebsvereinbarung nur insoweit nach § 613a Abs. 1 S. 3 BGB ablösende Wirkung habe, als diese Wirkung einer Überprüfung nach dem Drei-Stufen-Modell standhalte. Dies nimmt der Dritte Senat auch im Falle der Ablösungsmöglichkeit von Betriebsvereinbarungen des Veräußerers durch Gesamtbetriebsvereinbarungen des Erwerbers an. Auch wenn die Regelungsmacht der Betriebsparteien auf Unternehmensebene eine solche rechtliche Ablösungsmöglichkeit ermöglicht, so findet nach dem Dritten Senat die Regelungsmacht der Betriebsparteien auf Unternehmensebene hinsichtlich der betrieblichen Altersversorgung seine Schranke in dem

---

435 BAG v. 22.10.2019 – 3 AZR 429/18, AP BetrAVG § 1 Ablösung Nr. 81, *Orientierungssätze der Richterinnen und Richter des BAG.*

436 BAG v. 22.10.2019 – 3 AZR 429/18, AP BetrAVG § 1 Ablösung Nr. 81, Rn. 70.

dreistufigen Prüfungsschema.[437] Die gesetzliche Wirkung einer Gesamtbetriebsvereinbarung nach § 613a Abs. 1 S. 3 BGB könne nicht weitergehen, als die Wirkung bei ablösenden Betriebsvereinbarungen bei demselben Arbeitgeber ohne ein Betriebsübergang.

- Schließlich versucht der Dritte Senat seine Begründung mit einem Seitenblick zur sogenannten „Überkreuz-Ablösungen" von Tarifverträgen und Betriebsvereinbarungen zu untermauern.[438]

Vor diesem Hintergrund betont der Dritte Senat auch an späterer Stelle im Urteil nochmals ausdrücklich, dass das Vereinheitlichungsinteresse des Erwerbers alleine nicht für eine ablösende Betriebsvereinbarung zur betrieblichen Altersversorgung ausreiche.[439]

(2) Einordnung und Bewertung des Urteils im Lichte der bisherigen Rechtsprechung des BAG und der Instanzgerichte

Dieses Urteil ist im Lichte der bisherigen Rechtsprechung des Dritten Senats zur betrieblichen Altersversorgung nicht überraschend. Allerdings wirft es mit Blick auf den Sinn und Zweck des § 613a Abs. 1 S. 3 BGB einige Fragen auf.

(a) Einordnung des Urteils in die bisherige Rechtsprechung des BAG und der instanzlichen Rechtsprechung

Diese Entscheidung des Dritten Senats aus Oktober 2019 ist die erste Entscheidung, in der das BAG die strikte Anwendung des Drei-Stufen-Modells auch im Rahmen von § 613a Abs. 1 S. 3 BGB herausgearbeitet hat und das Harmonisierungsinteresse des Erwerbers alleine nicht als sachlich-proportionalen Grund ausreichen ließ.

Dass dies bis dato kein zwingender Maßstab war, zeigt ein noch wenige Monate vor der Entscheidung des Dritten Senats ergangenes Urteil des Ersten Senats. Der Erste Senat befasste sich in seinem Urteil mit der wirksamen Ablösung von Betriebsvereinbarungen im Rahmen von Betriebsübergängen.[440] Hierbei prüfte der Erste Senat zwar neben den grundsätzlichen Anforderungen an eine Ablösung nach § 613a Abs. 1 S. 3 BGB auch die besonderen betriebsrentenrechtlichen Anforderungen des Drei-Stufen-Modells.[441] Aber bereits

---

437 BAG v. 22.10.2019 – 3 AZR 429/18, AP BetrAVG § 1 Ablösung Nr. 81, Rn. 63.

438 BAG v. 22.10.2019 – 3 AZR 429/18, AP BetrAVG § 1 Ablösung Nr. 81, Rn. 70.

439 BAG v. 22.10.2019 – 3 AZR 429/18, AP BetrAVG § 1 Ablösung Nr. 81, Rn. 80.

440 BAG v. 12.6.2019 – 1 AZR 154/17, NZA 2019, 1203.

441 BAG v. 12.6.2019 – 1 AZR 154/17, NZA 2019, 1203, 1209 f., Rn. 75 ff.

das Vereinheitlichungsinteresse des Erwerbers für sich genommen ließ der Erste Senat als sachlich-proportionalen Grund gemäß dem Drei-Stufen-Modell genügen:

> *„Soweit das LAG angenommen hat, der durch die GBV 2008 erfolgte Eingriff in die weiteren noch nicht erfolgten Zuwächse des Kl. nach der BV 1992 sei aufgrund des – in § 613a I 3 BGB angelegten – Interesses eines Betriebserwerbers an einer Vereinheitlichung der Versorgungsbedingungen gerechtfertigt, ist diese vom Senat nur eingeschränkt überprüfbare Anwendung des unbestimmten Rechtsbegriffs der sachlich proportionalen Gründe (vgl. dazu etwa BAG, Urt. v. 10.11.2015 –3 AZR 393/14, BeckRS 2016, 66256 Rn. 33 m.w.N.) revisionsrechtlich ebenfalls nicht zu beanstanden. Mit der Regelung des §§ 613a I BGB hat der Gesetzgeber das Interesse des Erwerbers an betriebseinheitlichen Arbeitsbedingungen ausdrücklich anerkannt (vgl. auch BAG, Urt. v. 10.11.2015 – 3 AZR 393/14, BeckRS 2004, 40586 = AP BetrAVG § 1 Ablösung Nr. 45 [zu B I 2 b bb]).“*[442]

Der Dritte Senat selbst hatte in der Vergangenheit ebenfalls die Harmonisierung alleine als Rechtfertigungsgrund auf der dritten Eingriffsstufe im Rahmen von § 613a Abs. 1 S. 3 BGB für ausreichend erachtet.[443] Auch die instanzgerichtliche Rechtsprechung hat bisher den gleichen Maßstab an die Ablösung von Betriebsvereinbarungen über betriebliche Altersversorgung angelegt und hat ein Vereinheitlichungsinteresse genügen lassen.[444]

Im Lichte der bisherigen Rechtsprechung des Dritten Senats zur Wahrung des Grundsatzes des Vertrauensschutzes im Hinblick auf Zusagen zur betrieblichen Altersversorgung sowie zum Drei-Stufen-Modell im Besonderen überrascht das Urteil des Dritten Senats allerdings nicht, sondern ist die konsequente Fortsetzung seiner bisherigen Linie zum besonderen Schutz der betrieblichen Altersversorgung.

So hat der Dritte Senat im März 2019 die Anwendung des Drei-Stufen-Modells für die Ablösung von Betriebsvereinbarungen zur betrieblichen Altersversorgung noch einmal verteidigt und Einwände gegen das Drei-Stufen-Modell zurückgewiesen.[445] Dies spiegelt sich auch im 1. Orientierungssatz der Richterinnen und Richter des BAG zu diesem Urteil wider:

---

442 BAG v. 12.6.2019 – 1 AZR 154/17, NZA 2019, 1203, 1210, Rn. 78; vgl. auch hierzu *Grau/Fischer*, NZA 2019, 1473 ff.

443 BAG v. 29.7.2003 – 3 AZR 630/02, AP BetrAVG § 1 Nr. 45 Ablösung Orientierungssatz der Richterinnen und Richter Nr. 2.

444 LAG Köln v. 10.5.2016 – 12 Sa 864/15, NZA-RR 2016, 543,546, Rn. 35; LAG Baden-Württemberg v. 23.3.2011 – 13 Sa 155/10, n.v., *juris*, Rn. 47.

445 BAG v. 19.3.2019 – 3 AZR 201/17, NZA 2020, 1031.

„1. An der Rechtsprechung des Senats, wonach die Wirksamkeit einer Betriebsvereinbarung, die in die Höhe von erworbenen Versorgungsanwartschaften eingreift, anhand des so genannten dreistufigen Prüfungsschemas – auch bezüglich einer gegebenenfalls vorhandenen Dynamik – zu überprüfen ist, ist festzuhalten. Diese erhöhten Anforderungen an die Ablösung einer Betriebsvereinbarung, die Regelungen zur betrieblichen Altersversorgung beinhaltet, zu stellen, gebietet das schutzwürdige Vertrauen der Arbeitnehmer in den Fortbestand ihrer betriebsrentenrechtlichen Rechte (Rn. 29 ff.). Bei der Anwendung des Prüfungsschemas kann berücksichtigt werden, dass die Ablösung von den Betriebsparteien und nicht vom Arbeitgeber allein vorgenommen wurde (Rn. 35).“[446]

Der Dritte Senat geht in dieser Entscheidung zur Rechtfertigung der Anwendbarkeit des Drei-Stufen-Modells nicht nur noch einmal auf die gesetzgeberische Intention zum Betriebsrentengesetz ein, sondern hebt darüber hinaus noch einmal hervor, dass auch die im Betriebsverfassungsgesetz vorgesehene grundsätzlich voraussetzungslose ordentliche Kündigungsmöglichkeit von Betriebsvereinbarungen nach § 77 Abs. 5 BetrVG nicht gegen das Erfordernis spricht, *„an die Ablösung von Regelungen der betrieblichen Altersversorgung in einer Betriebsvereinbarung durch eine neue Betriebsvereinbarung gesteigerte Anforderungen zu stellen“*.[447]

So ist nach dem Gesetzgeber Zweck des Betriebsrentengesetzes, dass *„Anwartschaften auf betriebliche Altersversorgung bis zum Rentenbeginn und laufende Betriebsrenten bis zum Lebensende erhalten bleiben“*.[448] Zur Begründung des besonderen Schutzes der betrieblichen Altersversorgung greift der Dritte Senat auch die sozialpolitische Funktion auf, die der Gesetzgeber zu den Regelungen des Betriebsrentengesetzes anbringt: Die betriebliche Altersversorgung soll demnach eine notwendige Ergänzung zur durch die Sozialversicherung gewährten Altersversorgung sein und den Lebensstandard des Betroffenen zumindest teilweise sichern.[449]

Dass der Dritte Senat im Rahmen von Betriebsübergängen eine Ablösung von Betriebsvereinbarungen zur betrieblichen Altersversorgung nicht einfach mit dem Argument des Vereinheitlichungsinteresses durchwinken möchte, erklärt sich zudem auch mit seiner Haltung zur Ablösbarkeit von Betriebsvereinbarungen zur betrieblichen Altersversorgung durch Ausübung des Kündigungsrechts nach § 77 Abs. 5 BetrVG.[450] Obwohl grundsätzlich das BAG die

---

446 BAG v. 19.3.2019 – 3 AZR 201/17, NZA 2020, 1031, Orientierungssatz Nr. 1.

447 BAG v. 19.3.2019 – 3 AZR 201/17, NZA 2020, 1031, 1036, Rn. 33.

448 BT-Drucks. 15/2150, S. 52; vgl. auch BT-Drucks. 7/1281, S. 26.

449 BAG v. 19.3.2019 – 3 AZR 201/17, NZA 2020, 1031, 1036, Rn. 34; BT-Drucks. 7/1281, S. 19.

450 Vgl. Abschn. C. I. 2. d).

vollständige Ablösung von freiwilligen Sozialleistungen durch die Ausübung des Kündigungsrechts nach § 77 Abs. 5 BetrVG für zulässig erachtet,[451] legt der Dritte Senat für Leistungen der betrieblichen Altersversorgung – die ebenfalls freiwillige Sozialleistungen darstellen – einen besonderen Maßstab an.[452] Soweit keine Nachwirkung greift, bewirkt die Kündigung einer Betriebsvereinbarung über betriebliche Altersversorgung die Schließung eines Versorgungswerks für die Zukunft. Dies betrifft somit nur Neueintritte in ein Unternehmen. Anders wirkt die Kündigung gegenüber Arbeitnehmern, die bereits zum Zeitpunkt des Ausspruchs der Kündigung durch eine solche Betriebsvereinbarung begünstigt wurden. Für diese Arbeitnehmergruppe ist die Wirkung der Kündigung nach der Auffassung des Dritten Senats durch die Grundsätze der Verhältnismäßigkeit und des Vertrauensschutzes zu begrenzen.[453]

(b) Pflicht des Dritten Senats zur Vorlage an den EuGH – die richtigen Vorlagefragen

Diese vorgenannten Entscheidungen des Dritten Senats sind nur einige Beispiele, die aber zugleich die Haltung des Senats zur Ablösung von Betriebsvereinbarungen über betriebliche Altersversorgung im Rahmen von Betriebsübergängen verständlich machen.

Vor diesem Hintergrund vermag das Urteil aus Oktober 2019 im Lichte der bisherigen *nationalen* Rechtsprechung konsistent sein – allerdings hätte es zumindest nahegelegen, im Rahmen des Vorabentscheidungsverfahrens nach Art. 267 AEUV dem EuGH entsprechende Vorlagefragen an den EuGH zu stellen.[454] Gem. Art. 267 Abs. 3 AEUV ist „ein Gericht, dessen Entscheidungen selbst nicht mehr mit Rechtsmitteln des innerstaatlichen Rechts angefochten werden können",[455] verpflichtet, den EuGH anzurufen, „wenn sich in einem bei ihm anhängigen Verfahren eine Frage nach der Auslegung des Unionsrechts stellt".[456]

So hätte das BAG dem EuGH die folgenden Vorlagefragen stellen müssen:

---

451 BAG v. 17.1.1995, NZA 1995, 1010, 1012 f.

452 BAG v. 11.5.1999 – 3 AZR 21/98, RdA 2000, 365.

453 BAG v. 11.5.1999 – 3 AZR 21/98, RdA 2000, 365, 367.

454 So auch *Witschen*, RdA 2020, 370.

455 EuGH v. 9.9.2015 – C-160/14, EuZW 2016, 111, Tenor.

456 EuGH v. 9.9.2015 – C-160/14, EuZW 2016, 111, 113, Rn. 37; EuGH v. 6.10.1982 – Rs 283/81, NJW 1983, 1257.

(*i*) Ist Art. 3 der RL 2001/23 dahin auszulegen, dass die Rechte des Arbeitnehmers, die auf den Erwerber übergehen, auch vom Arbeitnehmer bei dem Veräußerer erworbene günstige Rechtspositionen umfassen, wenn diese Rechte beim Erwerber durch eine verschlechternde, ablösende Betriebsvereinbarung geregelt sind;
(*ii*) Ist Art. 3 der RL 77/187/EWG dahin auszulegen, dass Regelungen zur Ablösbarkeit von kollektivrechtlichen Regelungen beim Erwerber im Rahmen eines Betriebsübergangs gegenüber der Anwendbarkeit von nationalen Regelungen zur grundsätzlichen Ablösbarkeit von kollektivrechtlichen Regelungen vorgehen.

Die erste Frage handelt der Dritte Senat eher beiläufig in einem kurzen Absatz mit Verweis auf die Entscheidungen des EuGH in den Sachen „*Scattolon*" sowie „*Unionen*" ab und verneint ein unionsrechtliches Verschlechterungsverbot nach der Betriebsübergangsrichtlinie (RL 77/187/EWG). Das Gericht rechtfertigt die eigene Entscheidung mit Art. 8 der RL 2001/23/EG, wonach der Erlass günstigerer Regelungen für die Arbeitnehmer auf nationaler Ebene zulässig sei.[457] Ein Blick in die Entscheidungen „*Scattolon*" sowie „*Unionen*" zeigt jedoch, dass der EuGH die vorgenannte Frage bisher noch nicht eindeutig beantwortet hat. Die Entscheidungen werfen gerade die Frage auf, ob kollektivrechtliche Regelungen des Veräußerers durch geltende Vereinbarungen beim Erwerber mit der Betriebsübergangsrichtlinie verschlechternd geändert werden können:

> *„Die Inanspruchnahme dieser Möglichkeit, die für die übergegangenen Arbeitnehmer nach dem beim Veräußerer geltenden Tarifvertrag vorgesehenen Arbeitsbedingungen mit sofortiger Wirkung durch die zu ersetzen, die nach dem beim Erwerber geltenden Tarifvertrag vorgesehen sind, darf also nicht zum Ziel oder zur Folge haben, dass diesen Arbeitnehmern insgesamt schlechtere Arbeitsbedingungen als die vor dem Übergang geltenden auferlegt werden. Andernfalls könnte die Verwirklichung des mit der Richtlinie 77/187/EWG verfolgten Ziels in jedem durch Kollektivverträge geregelten Bereich leicht in Frage gestellt werden, was die praktische Wirksamkeit der Richtlinie beeinträchtigen würde.*"[458]

Diese Ausführungen lassen ungeklärt, inwieweit Verschlechterungen der Arbeitsbedingungen verboten sind und ob dies insbesondere auch für ablösende Betriebsvereinbarungen gilt.[459] Auch das Urteil in Sachen „*Union*"[460] sorgt diesbezüglich nicht für Aufklärung, sondern betont noch einmal mit Verweis auf „*Scattolon*" das Ziel des Art. 3 RL 2001/23/EG, das Verschlechterungsverbot.

457 BAG v. 22.10.2019 – 3 AZR 429/18, AP BetrAVG § 1 Ablösung Nr. 81, Rn. 59.
458 EuGH v. 6.9.2011 – NZA 2011, 1077, 1083 Rn. 76, RS. *Scattolon*.
459 Vgl. auch *Sittard/Flockenhaus*, NZA 2013, 652, 653 f.
460 EuGH v. 6.4.2017 – C-336/15, Rs. Union, EuZW 2017, 477, 478, Rn. 18.

Insoweit hätte der Dritte Senat schon hinsichtlich der Unionskonformität keine eigene Auslegung der Richtlinie bzw. der Entscheidung vornehmen dürfen, sondern seiner Pflicht – da seine Entscheidung auf nationaler Ebene durch keine Rechtsmittel mehr angefochten werden kann – nachkommen müssen, die entsprechenden Fragen im Wege des Vorabentscheidungsverfahrens nach Art. 267 AEUV vorzulegen.

Der Verweis auf die EuGH-Rechtssache „*Asklepios*"[461] überzeugt ebenfalls nicht. Im Gegenteil: Vielmehr legt die Entscheidung nahe, dass die Rechtsfrage erst recht dem EuGH vorzulegen gewesen wäre. In der *Asklepios*-Entscheidung hebt der EuGH nämlich noch einmal hervor, dass die RL 2001/23/EG auch in Zusammenschau mit der unternehmerischen Freiheit gem. Art. 16 der EU Grundrechte-Charta (GRC) zu betrachten ist. Die Richtlinie dient daher nicht allein dem Schutz des Arbeitnehmers, sondern soll auch einen gerechten Ausgleich zwischen den Interessen des Arbeitnehmers und des Erwerbers gewährleisten.[462]

(c) Keine Vergleichbarkeit mit sog. „Über-Kreuz-Ablösung" von Tarifverträgen durch Betriebsvereinbarungen

Der Pendelblick des Dritten Senats in die Rechtsprechung des BAG bzw. des Dritten Senats selbst zur sog. „Über-Kreuz-Ablösung" überzeugt nicht.

In dem Urteil aus Oktober 2019 ging es um eine Änderung einer Betriebsvereinbarung durch einen verschlechternden Eingriff nach Betriebsübergang. In den Fällen, auf die der Dritte Senat hingegen zur Begründung weitergehender Erfordernisse im Rahmen des Drei-Stufen-Modells neben dem Harmonisierungsinteresse Bezug nimmt, geht es um eine „Überkreuz-Lösung" zur Ablösung tarifvertraglicher Reglungen durch betriebliche Regelungen. Aus der Rechtsprechung des BAG zur sogenannten „Überkreuz-Lösung" leitet der Dritte Senat den Grundsatz ab, dass die Grenzen zur Ablösung kollektiver Regelungen beim Veräußerer auch beim Erwerber gelten müssten.[463] § 613a Abs. 1 S. 3 BGB räume dem Ordnungsprinzip nur insoweit Vorrang vor dem Vertrauensschutz ein, wie dies nicht dazu führe, dass die Befugnisse des Erwerbers bzw. Betriebsparteien größer seien als die des Veräußerers.[464]

---

461 EuGH v. 27.4.2017 – C-680/15, NZA 2017, 571, Rs. *Asklepios*

462 EuGH v. 27.4.2017 – C-680/15, NZA 2017, 571, 572, Rn. 22, Rs. *Asklepios*.

463 BAG v. 22.10.2019 – 3 AZR 429/18, AP BetrAVG § 1 Ablösung Nr. 81, Rn. 70.

464 BAG v. 22.10.2019 – 3 AZR 429/18, AP BetrAVG § 1 Ablösung Nr. 81, Rn. 70.

Die Ablösung von beim Veräußerer tarifvertraglich geregelten Rechten bzw. Rechtspositionen durch beim Erbwerber geltenden Betriebsvereinbarungen lehnt das BAG ab, da mit Blick auf § 4 Abs. 3 TVG eine gesetzliche Regelung im Tarifrecht vor Verschlechterungen durch Betriebsvereinbarungen schützt.[465] Im Zusammenhang mit „Über-Kreuz-Ablösungen" vertritt das BAG die Ansicht, dass im Rahmen von § 613a Abs. 1 S. 3 BGB Regelungen einer beim nicht tarifgebundenen Betriebserwerber geltenden Betriebsvereinbarung nicht geeignet sei, Rechtsnormen eines zwischen Veräußerer und Arbeitnehmer auf Grund beidseitiger Tarifbindung geltenden Tarifvertrags verschlechternd abzulösen.[466] Hierbei betont der Dritte Senat selbst, dass jedenfalls außerhalb des Bereichs der erzwingbaren Mitbestimmung des Betriebsrats für eine Über-Kreuz-Ablösung kein Raum sei. Es bestünde keine Kongruenz des Umfangs der erzwingbaren Regelungsmacht der Tarifpartner auf der einen und der Betriebspartner auf der anderen Seite.[467] Weiter verweist in diesem Zusammenhang der Erste Senat darauf, dass die Möglichkeit einer Über-Kreuz-Ablösung gegen den Schutzzweck der Richtlinie 2001/23/EG verstoße. Das Gericht führt aus: „*Nach Art. 3 III Richtlinie 2001/23/EG ‚erhält der Erwerber (nach dem Übergang) die in einem Kollektivvertrag vereinbarten Arbeitsbedingungen bis zur Kündigung oder zum Ablauf des Kollektivvertrags bzw. bis zum Inkrafttreten oder bis zur Anwendung eines anderen Kollektivvertrags in dem gleichen Maße aufrecht, wie sie in dem Kollektivvertrag für den Veräußerer vorgesehen waren'. Art. 3 der Richtlinie und § 613a I BGB verfolgen ersichtlich das Ziel, die Rechtsstellung der Arbeitnehmer vor Verschlechterungen aus Anlass eines Betriebsübergangs weitgehend zu schützen.*"[468]

Soweit daher der Dritte Senat in seinem Urteil aus Oktober 2019 auf den Schutzzweck von § 613a Abs. 1 BGB hinweist, ist dies für sich genommen erst einmal zutreffend. Der Senat verkennt aber im Rahmen der Subsumtion den Kontext des Schutzzwecks. Zudem hatte in dem streitgegenständlichen Fall der Erwerber auch nicht im Ergebnis mehr Befugnisse zur Ablösung von Betriebsvereinbarungen als der Veräußerer. Die gesetzlichen Grenzen gelten für beide gleichermaßen und diese wurden im Ergebnis eingehalten. Art. 3 der Richtlinie 2001/23/EG soll sicherstellen, dass die vereinbarten Rechte in Kollektivverträgen nicht einfach entfallen. Einer Ablösung soll diese Regelung hingegen nicht

465 BAG v. 6.11.2007 – 1 AZR 862/06, AP BGB § 613a Nr. 337; BAG v. 13.11.2007 – 3 AZR 191/06, NZA 2008, 600.
466 BAG v. 13.11.2007 – 3 AZR 191/06, NZA 2008, 600, 603, Rn. 30.
467 BAG v. 13.11.2007 – 3 AZR 191/06, NZA 2008, 600, 603, Rn. 30.
468 BAG v. 6.11.2007 – 1 AZR 862/06, AP BGB § 613a Nr. 337.

entgegenstehen.[469] Selbst ein Verschlechterungsverbot ist der Norm nicht zu entnehmen. Der Erste Senat hat dies noch jüngst in einer Entscheidung aus dem Jahr 2019 bestätigt und wies zutreffend darauf hin, dass der EuGH-Entscheidung in der Rechtssache *Scattolon* kein generelles Verschlechterungsverbot kollektivvertraglicher Regelungen im Fall eines Betriebsübergangs entnommen werden könne.[470]

Im Fall der Über-Kreuz-Ablösung ist der Sachverhalt anders gelagert als bei einer Ablösung einer Betriebsvereinbarung durch eine andere Betriebsvereinbarung. Tarifvertragsparteien haben eine weitergehende Regelungsmacht als Betriebsparteien und die Tarifautonomie ist zudem verfassungsrechtlich in Art. 9 Abs. 3 GG geschützt.[471] Im Falle der Änderung einer Betriebsvereinbarung durch eine andere Betriebsvereinbarung greift das Argument allerdings nicht, zumal auch § 613a Abs. 1 S. 3 BGB gerade bei der Ablösung mehr Flexibilität im Rahmen eines Betriebsübergangs einräumt und eine Ablösung durch die gleiche Art einer kollektivrechtlichen Vereinbarung des Erwerbers grundsätzlich zulässt. Der Dritte Senat selbst hatte auch in älteren Entscheidungen die Bedeutung des § 613a Abs. 1 S. 3 BGB für die Ablösung von Versorgungszusagen aus Betriebsvereinbarungen näher konkretisiert. So hat dieser selbst stets betont, dass das Ordnungsprinzip nach § 613a Abs. 1 S. 3 BGB nur mit der Maßgabe gelte, dass der erdiente Besitzstand gewahrt bleibe.[472] Dass die zukünftig zu erdienenden Anwartschaften auch zwingend erhalten bleiben müssen, hat der Dritte Senat nicht verlangt.

In dem streitgegenständlichen Fall ging es nicht darum, dass die Kündigungskonditionen der Betriebsvereinbarung infolge des Betriebsübergangs umgangen werden. Vielmehr vereinbarten die Betriebsparteien in dem streitgegenständlichen Fall aus 2019 eine Übergangsregelung für die übergehenden Mitarbeiter. Diese sollte auch nach dem Übergang erst in Kraft treten. Ein solches Ablösungsinstrument hätte den Betriebsparteien auch ohne einen Betriebsübergang zur Verfügung gestanden. Eine einvernehmliche Änderung von Betriebsvereinbarungen ist grundsätzlich jederzeit möglich.

---

469 EuGH v. 6.9.2011 – NZA 2011, 1077, 1082 f. Rn. 74, RS. *Scattolon; Winter* in: Franzen/Gallner/Oetker, Kommentar zum europäischen Arbeitsrecht, 4. Aufl. 2022, Art. 3 RL 2001/23/EG, Rn. 59.

470 BAG v. 12.6.2019 – 1 AZR 154/17, NZA 2019, 1203 Orientierungssatz der Richterinnen und Richter Nr. 5, 1211, Rn. 91.

471 Vgl. ausführlich Abschn. B. I. 6. sowie C. II. 3. c).

472 BAG v. 27.1.2001 – 3 AZR 660/00, NZA 2002, 520, Orientierungssatz Nr. 3, 522.

Auch das Erfordernis des Drei-Stufen-Modells zur Ablösung von Betriebsvereinbarungen ändert hieran nichts – ob dieses Erfordernis vom Schutzzweck des Art. 3 Richtlinie 2001/23/EG erfasst ist, sei an dieser Stelle offen gelassen. Das Harmonisierungsinteresse nach einem Betriebsübergang kann durchaus als valider Grund zur Ablösung einer bisher bestehenden Versorgungszusage auf der dritten Stufe angesehen werden. Nicht immer müssen es wirtschaftliche Gründe oder Gesetzesänderungen sein, die ein Interesse des Arbeitgebers zur Anpassung der Versorgungszusage begründen.

Dies führt daher zu der weitergehenden Frage, ob das Drei-Stufen-Modell insgesamt – wie es bereits manche in der Literatur fordern[473] – einer Modernisierung bedarf und die Anforderungen insbesondere an die dritte Eingriffsstufe nicht angepasst werden müssten.

ee) *Gerichtliche Überprüfbarkeit der zulässigen Ablösung – die wegwesende Dornier-Entscheidung des BAG*

Nicht nur der Fall eines Betriebsübergangs hinterlässt Unsicherheiten bei Betriebsparteien in Bezug auf ausreichende Gründen für einen Eingriff, sondern auch „einfache" Konstellationen ohne einen Betriebsübergang. Die Betriebsparteien laufen stets Gefahr, dass im Falle von Individualklagen die Gerichte insbesondere auf der dritten Stufe nicht nur eine reine Willkürkontrolle vornehmen. In der jüngeren Rechtsprechung geht die Rechtsprechung nicht nur auf das Merkmal der *sachlichen Gründe* ein, sondern auch auf das Merkmal der *Proportionalität*.[474] Das BAG hat in seinen Entscheidungen neben dem sachlichen Grund auch geprüft, ob der Eingriff verhältnismäßig ist.[475] So erfolgt eine Abwägung zwischen den sachlichen Gründen und dem Vertrauensschutz der Arbeitnehmer in die ursprünglich zugesagte Versorgungsleistung unter Beachtung von Recht und Billigkeit.[476]

Um das Risiko späterer Individualklagen und die Rechtsunsicherheit zu vermeiden, ist es ohne eine Reformierung des Drei-Stufen-Modells im Interesse beider Betriebsparteien bei ablösenden Regelungen, die mit einer Kürzung

---

473 *Thüsing* in: Festschrift Uebelhack 2019, S. 467 ff.; *Frank*, BB 2020, 628.

474 BAG v. 12.2.2013 – 3 AZR 414/12, AP BetrAVG § 1 Ablösung Nr. 61; BAG v. 16.2.2010 – 3 AZR 181/08, AP BetrAVG § 1b Nr. 10.

475 BAG v. 12.2.2013 – 3 AZR 414/12, AP BetrAVG § 1 Ablösung Nr. 61; BAG v. 16.2.2010 – 3 AZR 181/08, AP BetrAVG § 1b Nr. 10; BAG v. 18.9.2001 – 3 AZR 728/00, NZA 2002, 1164, 1168.

476 *Thüsing* in: Festschrift Uebelhack, 2019, S. 467 f.

verbunden sind, eine „Klageklausel" in die Betriebsvereinbarung einzubauen. Eine solche Klageklausel würde vorsehen, dass eine Betriebsvereinbarung unter dem Vorbehalt einer gerichtlichen Prüfung der Rechtswirksamkeit der ablösenden Regelung abgeschlossen wird. Eine der Betriebsparteien würde im Rahmen eines Feststellungsverfahrens vor den Arbeitsgerichten die Wirksamkeit prüfen lassen.

Vorteil für den Arbeitgeber ist die Vermeidung des Risikos von „Masseklagen" von Arbeitnehmern gegen die ablösenden Regelungen. Ferner kann eine solche Klageklausel auch ein Mittel sein, um den Betriebsrat zum Abschluss einer Betriebsvereinbarung zu bewegen. Vorteil für den Betriebsrat ist wiederum, dass mit einer solchen Klageklausel gegenüber den Arbeitnehmern eine rechtssichere Ablösung gewährleistet werden kann und dies entsprechend leichter zu kommunizieren ist.

Eine solche Klageklausel lässt sich aus einem Beschluss des BAG herleiten, die sogenannte *Dornier-Entscheidung.*[477]

(1) Grundlegender Sachverhalt

In der Dornier-Entscheidung stritten der Betriebsrat und der Arbeitgeber, ob betriebliche Versorgungsrechte, die auf Grundlage einer Gesamtzusage entstanden waren, durch Betriebsvereinbarungen wirksam abgelöst wurden.

Die Parteien hatten unter anderem eine Betriebsvereinbarung (BV-Sonderweg) mit folgendem Inhalt abgeschlossen:

> *„1. Diese Betriebsvereinbarung gilt für die Mitarbeiter der D GmbH/D S GmbH/D S GmbH/E GmbH und wird vor dem Hintergrund der vom Da-Konzern angestrebten konzerneinheitlichen Regelung der betrieblichen Altersversorgung geschlossen. Damit soll der Situation Rechnung getragen werden, dass die beiden Vertragsparteien unterschiedliche Rechtsauffassungen hinsichtlich der Ablösbarkeit der D-Versorgungszusage durch eine Betriebsvereinbarung haben.*
> *2. Die Vertragsparteien befürworten deshalb eine Klärung dieser Rechtsfrage in einem von Arbeitgeberseite eingeleiteten Verfahren vor den Arbeitsgerichten.*
> *3. Die in der Anlage beigefügte Neuregelung der betrieblichen Altersversorgung (dies sind die ‚VO 1997 und die BV-Besitzstand') tritt für Arbeitnehmer mit einer in dieser Ziffer in Abs. 2 definierten D-Versorgungszusage mit Wirkung zum 1. Januar 1998 in Kraft, vorbehaltlich einer rechtskräftigen Entscheidung der Arbeitsgerichte dahingehend, dass die bisherigen D-Versorgungszusagen durch die Neuregelung wirksam abgelöst worden sind. Zur Herbeiführung einer solchen arbeitsgerichtlichen Entscheidung werden, stellvertretend für alle anderen Zusagen, die Zusagen nach der D-Versorgungsordnung der gerichtlichen*

477 BAG v. 17.6.2003 – 3 ABR 43/02, NZA 2004, 1110.

Überprüfung unterworfen, die gegenüber Arbeitnehmern der D GmbH bestehen, und zwar nach der D-Versorgungsordnung in der letzten Fassung mit der allgemeinen Zusage von 0,5 % pro Dienstjahr, maximal 25 %. Auch darüber hinausgehende Zusagen, die diese Prozentsätze überschreiten, sind Gegenstand der gerichtlichen Überprüfung.
[...]
4. Wird rechtskräftig festgestellt, dass die D-Versorgungszusage durch die Neuregelung nicht wirksam abgelöst wird, wird die D-Versorgungsordnung in ihrer letzten Fassung (1. Januar 1992) für die davon begünstigten Arbeitnehmer weiter angewendet. [...]"

Der Arbeitgeber hatte daraufhin einen gerichtlichen Antrag gestellt, „festzustellen, daß die VO 1997 und die BV-Besitzstand in Verbindung mit der Konzernbetriebsvereinbarung vom 9. Dezember 1998 die für die Mitarbeiter der Antragstellerin bis zum 31. Dezember 1998 geltende Versorgungsordnung 1992 abgelöst haben".[478]

Das BAG erachte diesen Antrag als zulässig.

(a) Richtige Verfahrensart, § 2a Abs. 1 Nr. 1 ArbGG

Das arbeitsgerichtliche Beschlussverfahren nach § 2a Abs. 1 Nr. 1 ArbGG sei die richtige Verfahrensart.[479] Zu den betriebsverfassungsrechtlichen Streitigkeiten gehörten auch die Auseinandersetzung über Inhalt, Reichweite oder Wirkung der die betriebliche Ordnung prägenden Betriebsvereinbarungen. Dies betreffe immer (auch) das Verhältnis der Betriebsparteien zueinander, dessen Klärung im arbeitsgerichtlichen Beschlussverfahren erfolge.

(b) Feststellungsinteresse, § 256 ZPO

Das erforderliche Feststellungsinteresse sei auf Grundlage der Betriebsvereinbarung gegeben.[480] Eine gerichtliche Entscheidung sei für das Inkrafttreten der betrieblichen Neuregelung erforderlich. Dies alleine begründe das erforderliche schützenswerte Interesse, den gestellten Feststellungsantrag zu verfolgen.

Zudem betonte das BAG, dass das Gericht keine rechtlichen Bedenken gegen ein solches Vorgehen der Betriebsparteien sehe, das Wirksamwerden der betrieblichen Neuregelung des Versorgungswerks von einer gerichtlichen Entscheidung zur Wirksamkeit der Ablösung der bisherigen Versorgungsordnung abhängig zu machen.[481]

---

478 BAG v. 17.6.2003 – 3 ABR 43/02, NZA 2004, 1110, 1112.
479 BAG v. 17.6.2003 – 3 ABR 43/02, NZA 2004, 1110, 1113.
480 BAG v. 17.6.2003 – 3 ABR 43/02, NZA 2004, 1110, 1113.
481 BAG v. 17.6.2003 – 3 ABR 43/02, NZA 2004, 1110, 1113.

(2) Die Dornier-Entscheidung als Instrument der Betriebspartner zur Schaffung von Rechtssicherheit

Aus den Erwägungen des BAG aus der Dornier-Entscheidung lässt sich die grundsätzliche Zulässigkeit eines solchen Mechanismus der „Klageklausel" für ablösende Betriebsvereinbarungen zur betrieblichen Altersversorgung herleiten. Es handelt sich um allgemeine prozessuale Grundsätze des Beschlussverfahrens gem. § 2a Abs. 1 Nr. 1 ArbGG.

(a) Rechtswegzuständigkeit – Beschlussverfahren gem. § 2a Abs. 1 Nr. 1 ArbGG

Die Arbeitsgerichte sind im Beschlussverfahren gem. § 2a Abs. 1 Nr. 1 ArbGG zur Entscheidung berufen, sofern Angelegenheiten aus dem Betriebsverfassungsgesetz, mit Ausnahme der §§ 119 bis 121 BetrVG, Streitgegenstand sind. Damit deckt sich die Zuständigkeit der Gerichte für Arbeitssachen mit dem Geltungsbereich des BetrVG.[482] Mit anderen Worten: Immer dann, wenn die durch das Betriebsverfassungsgesetz geregelte Ordnung des Betriebs und die gegenseitigen Rechte und Pflichten der Betriebspartner als Träger dieser Ordnung in Streit stehen, sollen darüber die Arbeitsgerichte entscheiden und zwar im Beschlussverfahren, als dafür geschaffene und besonders geeignete Verfahrensart.[483]

Zu den betriebsverfassungsrechtlichen Streitigkeiten zählt hierbei auch die Auseinandersetzung über Inhalt, Reichweite oder Wirkung der die betriebliche Ordnung prägenden Betriebsvereinbarungen. Dis gilt auch, obwohl regelmäßig individualvertragliche Rechtspositionen der der normativen Ordnung einer Betriebsvereinbarung unterworfenen Arbeitnehmer betroffen sind.[484] Zudem hat das BAG bereits mehrfach ausdrücklich festgestellt, dass die Betriebsparteien die Wirksamkeit oder (Fort-)Geltung einer Betriebsvereinbarung im Beschlussverfahren klären lassen können.[485] *Däubler*[486] beschreibt den wesentlichen Unterschied zum allgemein abgelehnten gerichtlichen Rechtsgutachten: Es geht eben um ein – nur von vornherein – streitiges Rechtsverhältnis. Damit ist die betriebsverfassungsrechtliche Angelegenheit – Änderung des

---

482 BeckOKArbR/*Poesche*, 63. Ed. 2022, § 2a ArbGG Rn. 1.

483 BAG v. 17.6.2003 – 3 ABR 43/02, NZA 2004, 1110, 1113.

484 BAG v. 13.3.2001 – 1 AZB 19/00, NZA 2001, 1037, 1039.

485 Vgl. etwa BAG v. 18.1.2005 – 3 ABR 21/04, NZA 2006, 167; BAG v. 19.1.2010 – 3 ABR 19/08, NZA-RR 2010, 356; BAG v. 10.11.1987 – 1 ABR 55/86, NZA 1988, 255.

486 *Däubler*, RdA 2004, 304, 305.

Betriebsrentensystems – selbst unmittelbar Gegenstand des Verfahrens und nicht lediglich eine Vorfrage einer bürgerlichen Rechtsstreitigkeit.[487]

An diesem Maßstab gemessen sind die Arbeitsgerichte auf Grundlage einer „Klageklausel" im Beschlussverfahren zuständig. Eine betriebliche Regelung zu einem neuen Betriebsrentensystem sollte unter dem Vorbehalt abgeschlossen werden, dass eine gerichtliche Entscheidung die Rechtswirksamkeit der Ablösung des bisherigen Betriebsrentensystems durch die neue betriebliche Regelung bestätigt. Dies würde den unterschiedlichen Rechtsaufassungen der Betriebsparteien Rechnung tragen und somit einen Lösungsweg für eine einvernehmliche Einigung darstellen.

(b) Feststellungsinteresse, § 256 ZPO

Regelmäßig haben die Betriebsparteien auch das erforderliche besondere Feststellungsinteresse gem. § 256 ZPO, das im arbeitsgerichtlichen Beschlussverfahren ebenfalls erforderlich ist.[488] Mit einer Vorbehaltsregelung, wonach das neue Betriebsrentensystem in Kraft treten würde, sofern eine rechtskräftige Entscheidung über dessen Wirksamkeit vorliegt, bestünde ein solches Feststellungsinteresse. Das BAG bringt dies in der Dornier-Entscheidung auf dem Punkt:

> *„Es macht keinen verfahrensrechtlich erheblichen Unterschied, ob eine betriebliche Neuregelung von den Beteiligten unbedingt abgeschlossen wird, einer der Betriebspartner sich aber schon bei Abschluß der Betriebsvereinbarung vorbehält, deren Rechtswirksamkeit gerichtlich überprüfen zu lassen, oder ob der Weg zur Klärung einer solchen Meinungsverschiedenheit im einzelnen vorgezeichnet wird, wie dies in der BV-Sonderweg geschehen ist. Beide Wege sind gangbar."*[489]

Mit anderen Worten: Die Betriebspartner sind nicht gezwungen, eine Regelung in Kraft zu setzen, um sodann eine gerichtliche Auseinandersetzung über ihre Wirksamkeit zu führen. Vielmehr können sie das Verfahren auch umkehren.

Genau dieser Mechanismus ermöglicht es daher im Ergebnis, Unsicherheiten in der Anwendbarkeit des Drei-Stufen-Modells als Betriebsparteien auszugleichen und Individualklagen durch Arbeitnehmer zu vermeiden.

---

487 Vgl. hierzu auch Germelmann/Matthes/Prütting/*Matthes/Schlewing/Dickerhof-Borello*, ArbGG, 10. Aufl. 2022, § 2a Rn. 9 ff.

488 BAG v. 19.12.2017 – 1 ABR 33/16, NZA 2018, 678, 679 f.

489 BAG v. 17.6.2003 – 3 ABR 43/02, NZA 2004, 1110.

ff) Ein Ausblick: Anpassungsbedarf des Drei-Stufen-Modells?

Gerichtliche Verfahren vermögen zwar Rechtssicherheit zu schaffen, doch dienen die Gerichte auch nicht dazu, als zusätzliche Instanz regulär in den Prozess zur Änderung von Versorgungszusagen gleichsam „dazwischengeschaltet" zu werden – oder wie die Gerichte selbst gerne formulieren: Die Betriebspartner haben keinen Anspruch gegenüber staatlichen Gerichten auf Rechtsgutachten zu abstrakten Rechtsfragen.

Es steht fest, dass das vom BAG entwickelte Drei-Stufen-Modell ein grundsätzlich durchdachter Mechanismus zur Sicherstellung einer verhältnismäßigen Ablösung von Versorgungszusagen ist. Das Drei-Stufen-Modell bemisst zurecht dem Vertrauensschutz der Arbeitnehmer bezogen auf ihre Besitzstände in der betrieblichen Altersvorsorge einen hohen Stellenwert bei. Eine Unterscheidung der drei verschiedenen Stufen berücksichtigt zudem, inwieweit Gegenleistungen der Arbeitnehmer für die Anwartschaften schon erbracht wurden und inwieweit der Gesetzgeber die jeweiligen Beträge unter einen Anwartschaftsschutz stellt.

Trotz des hohen Schutzbedarfs der betrieblichen Altersvorsorge darf die Rechtsprechung die Maßstäbe allerdings nicht überziehen, insbesondere im Hinblick auf die zukünftig noch zu erdienenden Anwartschaften. Den Betriebsparteien muss zum einen eine realistische Ablösbarkeit möglich sein und zum anderen müssen auch klare und transparente Regelbeispiele oder abschließende Fälle an die Hand gegeben werden, um eine rechtssichere Ablösung auch ohne gerichtliche Feststellungsverfahren herbeiführen zu können.

(1) 1. Stufe: Schutz des erdienten Teilbetrags

Auf der ersten Stufe sind allerdings die von der Rechtsprechung angesetzten Maßstäbe im Hinblick auf allgemeine rechtliche Grenzen des Grundgesetzes und der zivilrechtlichen Grundsätze richtig und nachvollziehbar. Die Maßstäbe setzen im Ergebnis das um, was ohnehin auch ohne das Drei-Stufen-Modell schon galt.

Der Arbeitnehmer hat auf dieser Ebene bereits seine Gegenleistung für den Erhalt der Anwartschaften erbracht. Der Arbeitgeber kann, wie bei synallagmatischen Verträgen (*Do-ut-des-Prinzip*),[490] nicht einfach seine Leistungspflicht einseitig aufheben. Auch aus diesem Grund führte das BAG in seinem Urteil

490 Jauernig/*Stadler*, BGB, 17. Aufl. 2018, § 311 Rn. 13.

vom 17.4.1985 hierzu aus, dass ein Eingriff auf der ersten Stufe einer „entschädigungslosen Enteignung“[491] gleich käme.

Da somit die Herangehensweise der Rechtsprechung im Einklang mit den allgemeinen rechtlichen Grundsätzen steht, gibt es auch seitens der Literatur keine nennenswerte Kritik an diese hohen Hürden für einen Eingriff in erdiente Anwartschaften.[492]

(2) 2. Stufe: Schutz einer erdienten Dynamik

Zurecht hat das BAG im Laufe seiner Rechtsprechung auch eine Differenzierung im Hinblick auf die Dynamik der erdienten Anwartschaften vorgenommen und vor dem Hintergrund der gesetzgeberischen Wertung weniger strenge Anforderungen an einen Eingriff in diese dienstzeitunabhängige Dynamik gestellt.

Die für die Annahme von triftigen Gründen herangezogenen Voraussetzungen für ein Aussetzen der Anpassungspflicht nach § 16 BetrAVG stieß in der Literatur jedoch zum Teil auf Kritik. So beanstanden *Diller/Günther*, dass eine einmalige Momentaufnahme der wirtschaftlichen Lage eines Unternehmens nicht dazu führen könne, dass eine dauerhafte Anpassung auf der zweiten Stufe gerechtfertigt sei.[493] Beim Aussetzen der Anpassungspflicht bestünde diese Problematik gerade nicht, da bereits von Gesetzes wegen alle drei Jahre eine erneute Prüfung zur Anpassung vorgenommen werden müsse.[494]

Auf den ersten Blick mag diese Kritik überzeugen. Jedoch gibt es einige Argumente, die diese Kritik deutlich abschwächen. Zum einen bedeutet die in Abständen von drei Jahren durchzuführende Prüfung einer Anpassung nach § 16 BetrAVG nicht, dass rückwirkend die ausgesetzten Anpassungen nunmehr vorgenommen werden müssen. Es muss jeweils nur die aktuelle Anpassung vorgenommen werden, um inflationsbedingte Wertverluste ausgleichen zu können.[495] Zum anderen entgegnet *Schnitker* der Vorhaltung der Momentaufnahme richtigerweise, dass der 3-Jahres-Turnus hinsichtlich der Anpassungspflicht bereits im Gesetz niedergelegt sei, während ein solches Verlangen in Bezug auf

491 BAG v. 17.4.1985 – 3 AZR 72/83, BAGE 49, 57, 68; sowie zuvor bereits BAG v. 17.1.1980 – 3 AZR 456/78, BAGE 32, 293, 294 f.

492 Vgl. *Diller/Günther*, DB 2017, 908, 909; *Schnitker* in: Festschrift für Heinz Josef Willemsen, 2018, S. 449, 455.

493 *Diller/Günther*, DB 2017, 908, 909; ähnlich bereits *Reinecke*, DB 2007, 2836, 2842.

494 *Diller/Günther*, DB 2017, 908, 909.

495 Vgl. nur. Blomeyer/Rolfs/Otto/*Rolfs*, BetrAVG, 8. Aufl. 2022, § 16 Rn. 171 ff.; Höfer/de Groot/Küpper/Reich/*Höfer*, Betriebsrentenrecht Band I, 28. Ergänzliefg. Mai 2022, § 16 BetrAVG, Rn. 123 ff.

eine Anpassung der erdienten Dynamik erst durch Richterrecht fortgebildet werden müsste.[496] Eine solche Einschränkung der Vertragsfreiheit und der unternehmerischen Freiheit durch Richterrecht müsste aber erst einmal gerechtfertigt werden.[497] Auch erscheint eine Prognose der wirtschaftlichen Entwicklung des Unternehmens über Jahrzehnte als Ausgangspunkt für eine Rechtfertigung der Anpassung nicht verlässlich durchführbar.[498]

Hinzu kommt, dass die Momentaufnahme allein zu einer Rechtfertigung des Eingriffs in erdiente Dynamiken führen wird. Das Drei-Stufen-Modell fußt stets auf dem Grundsatz der Verhältnismäßigkeit. Liegen daher Gründe vor, die den Voraussetzungen des Aussetzens einer Anpassung nach § 16 BetrAVG entsprechen, dient der Maßstab des § 16 BetrAVG lediglich als Richtschnur bzw. Orientierung. Auch das BAG selbst hat dies in seinen Entscheidungen immer wieder betont.[499] Insbesondere das Urteil aus dem Jahr 1989 arbeitet dies deutlich heraus:

> „*Es geht um die Heranziehung der Wertungen zu § 16 BetrAVG, nicht um deren schematische Übertragung.*“[500]

In der Tat kann daher eine Verhältnismäßigkeitsprüfung stets zum Ergebnis führen, dass die Momentaufnahme und das Vorliegen entsprechender Voraussetzungen nach § 16 BetrAVG im Einzelfall nicht ausreichen, um einen Eingriff zu rechtfertigen.

Auch wurde die Rechtsprechung des BAG zu Eingriffen auf der zweiten Stufe nicht durch die Einführung des § 2a BetrAVG (Berechnung und Wahrung des Teilanspruchs) obsolet.[501] Mit § 2a BetrAVG wollte der Gesetzgeber lediglich Bemessungsregelungen aufstellen und nicht die Wertung des § 2 BetrAVG ändern bzw. erweitern.[502]

---

496 *Schnitker* in: Festschrift für Heinz Josef Willemsen, 2018, S. 449, 455 f.

497 *Schnitker* in: Festschrift für Heinz Josef Willemsen, 2018, S. 449, 455 f.

498 So auch *Schnitker* in: Festschrift für Heinz Josef Willemsen, 2018, S. 449, 455 f.

499 Vgl. BAG v. 11.12.2001 – 3 AZR 512/00, BAGE 100, 76, 89, Rn. 57; BAG v. 17.11.1992 – 3 AZR 76/92, BAGE 71, 372, 381, Rn. 39; BAG v. 18.4.1989 – 3 AZR 299/97, BAGE 61, 273, 280, Rn. 30.

500 BAG v. 18.4.1989 – 3 AZR 299/97, BAGE 61, 273, 280, Rn. 30.

501 Von einem Änderungsbedarf hier ausgehend: *Diller/Günther*, DB 2017, 908, 909.

502 Vgl. Höfer/de Groot/Küpper/Reich/*Höfer*, Betriebsrentenrecht Band I, 28. Ergänzliefg. Mai 2022, § 2a BetrAVG, Rn. 8 ff.; vgl. für eine Aufrechterhaltung auch *Schnitker* in: Festschrift für Heinz Josef Willemsen, 2018, S. 449, 454.

(3) 3. Stufe: Schutz des noch zu erdienenden Teilbetrags

Anders als bei den ersten beiden Stufen ist ein Reformationsbedarf bei der Bewertung von Eingriffen auf der dritten Stufe nicht von der Hand zu weisen.[503]

(a) Wertungswiderspruch zu § 77 Abs. 5 BetrVG?

In der Literatur wird oftmals ein Wertungswiderspruch zwischen dem Vertrauensschutz auf der dritten Stufe und § 77 Abs. 5 BetrVG, wonach eine Betriebsvereinbarung grundsätzlich mit einer Kündigungsfrist von drei Monaten kündbar ist, festgestellt.[504]

So führt *Schnitker* aus, dass auf der dritten Stufe ein schutzwürdiges Vertrauen schon nicht gegeben sei, da nach dem Gesetz nicht vorgesehen sei, dass eine jederzeit für die Zukunft änderbare oder voraussetzungslos kündbare Betriebsvereinbarung unverändert fortbestehe.[505] Auch könnten bei noch erdienten Anwartschaften verfassungsrechtliche Grundsätze nach Art. 14 GG nicht herangezogen werden. Daher müsse ein Arbeitnehmer wie bei anderen Betriebsvereinbarungen auch mit der jederzeitigen Ablösung der Betriebsvereinbarung rechnen.[506] Hier zieht *Schnitker* eine Parallele zur Rechtsprechung des BAG, nach der ein Arbeitnehmer bei individualrechtlichen Zusagen mit kollektivem Bezug auch mit der Ablösbarkeit durch eine verschlechternde Betriebsvereinbarung rechnen muss. Ähnlich sehen es auch *Diller/Günther*.[507]

Unabhängig von der Frage, ob die Arbeitnehmer einen Vertrauensschutz hinsichtlich noch nicht erdienter Anwartschaften genießen, ist nach der Rechtsprechung dogmatisch gesehen allerdings kein Widerspruch zwischen dem Drei-Stufen-Modell und § 77 Abs. 5 BetrVG zu sehen. Die Grundsätze des Drei-Stufen-Modells schränken nicht die Ausübung des Kündigungsrechts der Betriebsparteien ein.[508] Eine Kündigung einer Betriebsvereinbarung auch zu Versorgungszusagen ist grundsätzlich jederzeit *ex nunc* möglich. Für Neueintritte entfallen dann die vereinbarten Regelungen zu Versorgungszusagen. Das Drei-Stufen-Modell knüpft dann bei der Rechtsfolge der Kündigung für die Arbeitnehmer an, die bereits dem Anwendungsbereich der bisherigen

503 Vgl. auch *Thüsing* in: Festschrift Uebelhack, S. 467 f.

504 *Schnitker* in: Festschrift für Heinz Josef Willemsen, 2018, S. 449, 456; *Diller/Günther*, DB 2017, 908, 909 ff.; vgl. hierzu auch *Schnitker/Sittard*, NZA 2011, 331, 333.

505 *Schnitker* in: Festschrift für Heinz Josef Willemsen, 2018, S. 449, 456.

506 *Schnitker* in: Festschrift für Heinz Josef Willemsen, 2018, S. 449, 456.

507 *Diller/Günther*, DB 2017, 908, 909 ff.

508 So wohl auch *Schlewing*, NZA 2010, 529, 531 f.

Betriebsvereinbarung unterfielen.[509] Hier ist zu prüfen, inwieweit Besitzstände durch die in der bisherigen Betriebsvereinbarung begründete Rechtsbeziehung aufgrund eines Vertrauensschutzes zu schützen sind. Die Betriebsvereinbarung besteht daher gerade mit der Kündigung dem Grunde nach nicht mehr fort. Faktisch ist allerdings den Literaturstimmen zuzustimmen: Diese Vorgehensweise der Rechtsprechung führt im Ergebnis dazu, dass die Ausübung des Kündigungsrechts eingeschränkt wird und nicht zur einer vollständigen Beseitigung des Anspruchs auf die freiwillige Sozialleistung der betrieblichen Altersversorgung führt.

Ob nach dem Mechanismus der Rechtsprechung als eine der Rechtsfolgen tatsächlich auch den künftigen noch nicht erdienten Zuwächsen ein Vertrauensschutz zukommen muss, ist fraglich. Durchaus ist *Diller/Günther*[510] zuzusprechen, dass das BAG auch bei anderen freiwilligen Sozialleistungen, wie etwa bei Urlaubs- oder Weihnachtsgeld, einen Schutz künftiger Zahlungen im Falle einer Kündigung der Betriebsvereinbarung nicht vorsieht.[511]

Warum das BAG im Fall der betrieblichen Altersvorsorge eine Differenzierung vornimmt und das Vertrauen auf noch nicht erdiente Beträge schützt, erschließt sich nicht. Ein Vertrauensschutz könnte sich aber aus dem Sinn und Zweck der betrieblichen Altersversorgung – hergeleitet aus dem Betriebsrentengesetz – ergeben. Die betriebliche Altersvorsorge ist im Gegensatz zum Urlaubsentgelt etc. eine Sozialleistung, die nach ihrem Sinn und Zweck eine auf Dauer angelegte Leistung ist und erst in der Zukunft ihre Wirkung entfaltet. Diese Wertung lässt sich auch mittelbar einer Entscheidung des BVerfG entnehmen, das in einem Fall zur Überprüfung der Verfassungsmäßigkeit eines Gesetzes zur Anrechnung von Renten und der dadurch bewirkten Kürzungen von Versorgungsbezügen ausführte:

> „*... In solchen Fällen haben Versorgungsempfänger und Rentner in der Regel schon deshalb ein hohes Interesse an der Beständigkeit der Rechtslage, weil gerade ältere Menschen dabei leicht in eine Lage geraten können, die sie nur schwer oder überhaupt nicht aus eigener Kraft zu bewältigen vermögen.*“[512]

---

509 Vgl. auch Höfer/de Groot/Küpper/Reich/*Höfer/Küpper*, Betriebsrentenrecht Band I, 28. Ergänzliefg. Mai 2022, Kapitel 5 Rn. 105 ff.

510 *Diller/Günther*, DB 2017, 908, 910.

511 Vgl. BAG v. 26.4.1990 – 6 AZR 278/88, AP BetrVG 1972 § 77 Nachwirkung Nr. 4, Rn. 26 f.; Höfer/de Groot/Küpper/Reich/*Höfer/Küpper*, Betriebsrentenrecht Band I, 28. Ergänzliefg. Mai 2022, Kapitel 5 Rn. 322 m.w.N.

512 BVerfG v. 30.9.1987 – 2 BvR 933/82, NVwZ 1988, 329, 341.

Die Realisierung der späteren Versorgungsleistungen im Alter kann nur dann wie in der Betriebsvereinbarung zugesagt erfolgen, soweit die Beträge auch in Zukunft entsprechend abgeführt werden. Ansonsten würde der Arbeitgeber seine Zusage nicht realisieren können bzw. wäre die betriebliche Altersvorsorge ohne jegliches Vertrauen in zukünftige Leistungen auch kein attraktiver Anreiz mehr für Arbeitnehmer.

Es bleibt aber dennoch dabei, dass die Gegenleistung für die Erbringung zukünftiger Leistungen des Arbeitgebers zur betrieblichen Altersvorsorge durch den Arbeitnehmer noch nicht erbracht ist. Daher ist im Ergebnis festzuhalten, dass ein Vertrauensschutz hinsichtlich noch zu erdienender dienstzeitabhängiger Zuwächse nicht so eindeutig auf der Hand liegt, wie die Rechtsprechung vermuten lässt.[513]

(b) Zu hohe Anforderungen an das Vorliegen sachlich-proportionaler Gründe – Wertungswiderspruch zum Kündigungsschutzgesetz

Da es jedenfalls keine Selbstverständlichkeit ist, dass ein Vertrauensschutz auf noch zu erdienende Zuwachsbeiträge besteht, dürfen auf der dritten Stufe die Anforderungen an einen Eingriff nicht allzu hoch sein bzw. überstrapaziert werden.

So sollte auch der Grundsatz der Verhältnismäßigkeit im Rahmen der Prüfung der Proportionalität nicht nur mit einer beschränkten Anzahl von Fallgruppen gleichgesetzt werden.[514] Nun mag der Anschein dieser Beschränkung daran liegen, dass sich die Fallgruppen aus den zu entscheidenden Fällen der Gerichte herausgebildet haben und die Gerichte im Grunde nicht die Intention hatten mit den Entscheidungen, die zulässigen Gründe für einen Eingriff in die dritte Stufe zu beschränken. Dennoch vermitteln auch die Entscheidungen nach ihrem Wortlaut oftmals den Eindruck, dass nach Fallgruppen zu unterscheiden sei.[515]

Ohnehin wird in der Literatur auch der Anspruch laut, dass sich die Rechtsprechung auf der dritten Stufe auf eine reine Willkürkontrolle ähnlich wie hinsichtlich der Überprüfbarkeit der unternehmerischen Entscheidung bei betriebsbedingten Kündigungen im Rahmen des Kündigungsschutzrechts

---

513 Vgl. auch Höfer/de Groot/Küpper/Reich/*Höfer/Küpper*, Betriebsrentenrecht Band I, 28. Ergänzliefg. Mai 2022, Kapitel 5 Rn. 322.

514 So auch *Schnitker* in: Festschrift für Heinz Josef Willemsen, 2018, S. 449, 458.

515 Vgl. nur BAG v. 10.11.2015 – 3 AZR 390/14, AP Nr. 72 BetrAVG § 1 Ablösung, Rn. 25 ff.

beschränken sollte.[516] Die Arbeitsgerichte prüfen etwa nicht, ob die Entscheidungen eines Arbeitgebers, einen Betrieb zu schließen oder ein Geschäft ins Ausland zu verlagern, tatsächlich sinnvoll ist bzw. ob die dadurch entstehenden Kostenvorteile hoch genug sind.[517] So bringt der Zweite Senat es zu der Überprüfbarkeit der unternehmerischen Entscheidung im Rahmen von betriebsbedingten Kündigungen auf den Punkt:

> *„Entschließt sich der Arbeitgeber im Unternehmensbereich zu einer organisatorischen Maßnahme, bei deren innerbetrieblicher Umsetzung das Bedürfnis für die Weiterbeschäftigung eines oder mehrerer Arbeitnehmer entfällt, so ist die Notwendigkeit und Zweckmäßigkeit dieser Unternehmerentscheidung von den Arbeitsgerichten inhaltlich nicht zu überprüfen. Es ist nicht Sache der Arbeitsgerichte, dem Arbeitgeber eine ‚bessere' oder ‚richtigere' Unternehmenspolitik vorzuschreiben und damit in die Kostenkalkulation des Arbeitgebers einzugreifen. Die Gestaltung eines Betriebes, die Frage, ob und in welcher Weise sich jemand wirtschaftlich betätigen will, ist Bestandteil der grundrechtlich geschützten unternehmerischen Freiheit, wie sie sich aus Art. 2 GG, Art. 12 GG und Art. 14 GG ableiten lässt […]"*[518]

Dieser Gedanke lässt sich auch auf die Rechtfertigung von Eingriffen auf der dritten Stufe vor dem Hintergrund der unternehmerischen Freiheit übertragen und ist daher ein vorzugswürdiger Vorstoß. Auf diese Weise käme sowohl dem Arbeitnehmer noch immer ein gewisser Schutz hinsichtlich der noch nicht erdienten Zuwächse zu, aber zugleich erhielte auch die unternehmerische Handlungsfreiheit des Arbeitgebers eine angemessene Gewichtung in der Abwägung.[519] Dies würde in einem Wertungseinklang mit dem Kündigungsschutzrecht stehen, wonach lediglich eine Missbrauchskontrolle bei betriebsbedingten Kündigungen im Hinblick darauf durchgeführt, ob die unternehmerische Entscheidung offensichtlich unsachlich, unvernünftig oder willkürlich ist.[520]

In einer jüngeren Entscheidung des BAG deutet auch der Dritte Senat an, dass die Anforderungen an Rechtfertigungsgründe für Eingriffe in die dritte Stufe nicht zu hoch sein dürfen und es im Ergebnis vor allem auf die Willkürfreiheit ankommt.[521] So führt das Gericht an mehreren Stellen aus, dass sachlich-proportionale Gründe zwar erforderlich seien, *„aber auch ausreichend. Sie liegen*

---

516 *Schnitker* in: Festschrift für Heinz Josef Willemsen, 2018, S. 449, 458; *Diller/Günther*, DB 2017, 908, 910.

517 Vgl. statt vieler: BAG v. 26.9.2002 – 2 AZR 636/01, NZA 2003, 549, 550.

518 BAG v. 26.9.2002 – 2 AZR 636/01, NZA 2003, 549, 550.

519 *Schnitker* in: Festschrift für Heinz Josef Willemsen, 2018, S. 449, 458.

520 BAG v. 26.9.2002 – 2 AZR 636/01, NZA 2003, 549, 551, Rn. 20.

521 BAG v. 3.5.2022 – 3 AZR 472/21, AP BetrAVG § 1 Ablösung Nr. 85, Rn. 52.

nicht erst dann vor, wenn die Wettbewerbsfähigkeit des Arbeitgebers konkret gefährdet ist. [...] Es geht um nachvollziehbare, anerkennenswerte und damit willkürfreie Gründe.“[522] Weiter führt der Dritte Senat aus: „*Zur Rechtfertigung des Eingriffs bedarf es auch nicht eines ausgewogenen, die Sanierungslasten angemessen verteilenden Sanierungsplans. Ebenso wenig ist es notwendig, dass Maßnahmen zur Kosteneinsparung ausgeschöpft sind, bevor Eingriffe in künftige Zuwächse vorgenommen werden. Es geht nur darum, die Willkürfreiheit des Eingriffs in noch nicht erdiente Zuwächse zu belegen.*“[523]

(c) Unsicherheiten in der Praxis

Das BAG selbst scheint sich ebenfalls in manchen Urteilen im Grunde nur auf die sachliche Überprüfung zu beschränken und der Anforderung der Proportionalität nur eine geringe Bedeutung beizumessen.[524]

Solche Entscheidungen auf der einen Seite sowie die Anforderungen an bestimmte Fallgruppen auf der anderen Seite führen in der Praxis zu Unsicherheiten. Der Arbeitgeber wird im Zweifel davor zurückschrecken, in die dritte Stufe einzugreifen und das Risiko einer späteren Einstandspflicht einzugehen. Dies kann jedoch nicht die Intention der Anforderungen auf der dritten Stufe sein.

Die Rechtsprechung muss hier eine klare und angemessene Richtung vorgeben, damit in der Praxis ohne Unsicherheiten festgestellt werden kann, ob ein Eingriff auf der dritten Stufe zulässig ist oder nicht. Ebenso wäre es wünschenswert, wenn die Anforderungen hier nicht überstrapaziert werden, um sowohl der unternehmerischen Freiheit auf der einen Seite als auch dem möglichen Vertrauen des Arbeitnehmers auf die Zusage auf der anderen Seite gerecht zu werden. Vor diesem Hintergrund ist die jüngere Entscheidung des BAG zu begrüßen, der auch entnommen werden konnte, dass die Anforderungen an die sachlich-proportionalen Gründe nicht allzu hoch sein sollten.[525] Abzuwarten bleibt, ob dies die Rechtsprechung auch tatsächlich so umsetzt.

---

522 BAG v. 3.5.2022 – 3 AZR 472/21, AP BetrAVG § 1 Ablösung Nr. 85, Rn. 52.

523 BAG v. 3.5.2022 – 3 AZR 472/21, AP BetrAVG § 1 Ablösung Nr. 85, Rn. 52.

524 BAG v. 19.4.2005 – 3 AZR 468/04, AP BetrAVG § 1 Betriebsvereinbarung Nr. 9, Rn. 41 f., 45.

525 BAG v. 3.5.2022 – 3 AZR 472/21, AP BetrAVG § 1 Ablösung Nr. 85, Rn. 52.

c. *Maßstab der Ablösung von Versorgungszusagen durch Tarifverträge*

Die aus dem Drei-Stufen-Modell resultierende strenge gerichtliche Kontrolle für Eingriffe in Versorgungsbesitzstände lockert das BAG einzig im Hinblick auf tarifvertragliche Altersversorgungssysteme. Tarifvertragliche Altersversorgungssysteme unterliegen nicht der gerichtlichen Billigkeitskontrolle. Hier ist allenfalls zu überprüfen, ob ein Verstoß gegen das Grundgesetz, die guten Sitten, oder die tragenden Grundsätze des Arbeitsrechts gegeben ist.[526] Die Unterscheidung im Prüfungsmaßstab wird neben der grundrechtlich gewährleisteten Tarifautonomie damit begründet, dass den Regelungen der Tarifvertragsparteien eine materielle Richtigkeitsgewähr innewohnt.[527] Neben der verfassungsrechtlichen Verankerung leiten die Tarifvertragsparteien ihre Legitimation aus der Mitgliedschaft der Beschäftigten und Arbeitgeber ab (sog. *kollektivierte Privatautonomie*).[528]

Für Betriebsvereinbarungen oder individualvertragliche Zusagen gilt diese Privilegierung nicht. Grenzen für die Tarifvertragsparteien bleiben aber die aus dem Rechtsstaatsprinzip entwickelten Grundsätze der Verhältnismäßigkeit und des Vertrauensschutzes.[529]

Für die verschlechternde Ablösung von Versorgungszusagen, die zu Eingriffen in Versorgungsrechte oder auch laufende Versorgungsleistungen führen, sind den Eingriff legitimierende Gründe erforderlich.[530] Die Anforderungen an die Gründe hängen von den Nachteilen ab, die für den Versorgungsberechtigten entstehen.[531] Sachliche Gründe reichen nur dann aus, wenn nicht in den erdienten Besitzstand eingegriffen wird oder die Eingriffe nur geringfügig sind.[532] Nach dem BAG sind solche Eingriffe mehr als geringfügig, *„die dem*

---

526 BAG v. 28.7.2005 – 3 AZR 14/05, NZA 2006, 335, Rn. 36.

527 Vgl. BAG v. 28.5.2002 – 3 AZR 422/01, NZA 2003, 1.198 Orientierungssatz der Richterinnen und Richter des BAG Nr. 1 d).

528 BVerfG v. 11.7.2017 – 1 BvR 1571/15, 1 BvR 1588/15, 1 BvR 2883/15, 1 BvR 1043/16, 1 BvR 1477/16, AP GG Art. 9 Nr. 151, Rn. 132; BAG v. 15.4.2015 – 4 AZR 796/13, NZA 2015, 1388, 1393, Rn. 44; vgl. auch Abschn. B. I. 6. sowie C. II. 6.

529 BAG v. 20.1.2001 – 3 AZR 515/99, NJOZ 2002, 114, 117.

530 BAG v. 20.9.2016 – 3 AZR 273/15, NZA 2017, 64, 67, Rn. 34.

531 BAG v. 20.9.2016 – 3 AZR 273/15, NZA 2017, 64, 67, Rn. 34; BAG v. 11.12.2001 – 3 AZR 327/00, *juris*, Rn. 45.

532 BAG v. 18.9.2012 – 3 AZR 382/10, n.v., *juris*, Rn. 44; BAG v. 28.7.2005 – 3 AZR 14/05, BAGE 115, 304, 314.

Versorgungsempfänger – hätte er mit ihnen gerechnet – während des bestehenden Arbeitsverhältnisses vernünftigerweise hätten Anlass geben können, sie durch eine weiter gehende private Absicherung auszugleichen...".[533] In erdiente Anwartschaften kann durch Ablösung eines Tarifvertrags hingegen nur in seltenen Ausnahmefällen eingegriffen werden, soweit besonders gewichtige Gründe vorliegen.[534] Auch das BVerfG hatte bereits ausgeführt, dass bei wesentlichen und grundlegenden Änderungen von Versorgungsordnungen im Falle von erheblichen Verschlechterungen für den Versorgungsberechtigten gewichtige und bedeutende Gründe vorliegen müssten.[535]

Unter Anwendung dieser Grundsätze hat das BAG einen Eingriff in eine laufende Rentenzahlung beispielsweise für gerechtfertigt erachtet, da der Zweck in dem Abbau einer planwidrig eingetretenen Überversorgung lag.[536] Der Eingriff bestand darin, dass eine Anpassung einer dynamisierten Rente solange ausgesetzt werden sollte, bis der Betrag die nettolohnbezogene Obergrenze erreichte.[537]

Dies zeigt: Beispiele für Änderungen durch tarifvertragliche Regelungen gibt es durchaus. Woran es allerdings fehlt, ist eine Konkretisierung des Maßstabs der Verhältnismäßigkeit und des Vertrauensschutzes durch die Rechtsprechung. Dies ist aber vor dem Hintergrund der Autonomie der Tarifverträge und ihrer Herausnahme aus der Inhaltskontrolle der Gerichte auch richtig, um den Tarifparteien einen größeren Regelungsspielraum zur Gestaltung der betrieblichen Altersvorsorge im Vergleich zu Betriebsparteien zu belassen.[538]

Trotz des Regelungsspielraums ist bei näherer Betrachtung der Rechtsprechung des Dritten Senats zu Vereinbarungen der betrieblichen Altersversorgung in Tarifverträgen festzustellen, dass der Ruhegeldsenat in seinen früheren Entscheidungen von tariflich unentziehbaren Besitzständen und eigentumsgleichen Rechten ausging.[539] Dies stellt scheinbar zunächst einen Widerspruch zur Rechtsprechung des Vierten Senats dar, der gerade davon ausgeht, dass

---

533 BAG v. 20.9.2016 – 3 AZR 273/15, NZA 2017, 64, 67, Rn. 38; BAG v. 28.6.2011 – 3 AZR 282/09, NZA 2012, 1229, 1233, Rn. 39.

534 BGH v. 14.11.2007 – IV ZR 74/06, BGHZ 174, 127, Rn. 55 ff.

535 BVerfG v. 30.9.1987 – 2 BvR 933/82, NVwZ 1988, 329, 341.

536 BAG v. 24.8.1993 – 3 AZR 313/93, NZA 1994, 807.

537 BAG v. 24.8.1993 – 3 AZR 313/93, NZA 1994, 807.

538 Vgl. auch *Steinmeyer* in: Altersgrenzen und Alterssicherung im Arbeitsrecht, 2003, S. 428.

539 BAG v. 5.12.1995 – 3 AZR 941/94, NZA 1996, 666, 667; BAG v. 24.8.1993 – 3 AZR 313/93, NZA 1994, 807, 808; BAG v. 10.10.1989 – 3 AZR 200/88, AP TVG § 1 Vorruhestand Nr. 3.

die Tarifvertragsparteien keiner besonderen Ermächtigung zur Rechtssetzung mit rückwirkender Wirkung bedürften.[540] Eine Konkretisierung, welche Besitzstände als unentziehbar gelten oder eigentumsähnliche Rechte darstellen erfolgte durch den Dritten Senat bislang nicht. Letztlich prüft dieser ebenso wie der Vierte Senat die Tarifverträge insbesondere im Hinblick auf die verfassungsrechtlichen Grenzen entsprechend der Grundsätze des Vertrauensschutzes und der Verhältnismäßigkeit. Eine Tariffestigkeit von Besitzständen wird hierdurch nicht geschaffen.[541]

Auch wenn das Drei-Stufen-Modell nicht auf Tarifverträge angewandt wird, so sind die Wertungen im Hinblick auf die erdienten Anwartschaften in beiden Fällen sehr ähnlich, da sich diese Wertungen letztlich aus dem Rechtsstaatsprinzip herleiten.[542]

d. Maßstab der Ablösung von Versorgungszusagen für Neueintritte

Im Vergleich zur Ablösung der Versorgungszusagen für Arbeitnehmer, die bereits der bestehenden Versorgungsordnung unterfallen, ist die Ablösung der Versorgungszusagen für Neueintritte ohne Weiteres möglich. Ein Vertrauensschutz besteht für Neueintritte gerade nicht.

Zu berücksichtigen ist lediglich, auf welchem Rechtsbegründungsakt die Versorgungszusagen in der Vergangenheit beruhten und wie sie gegebenenfalls entsprechend abgelöst werden können.[543] Insbesondere führt eine Kündigung von kollektivrechtlichen Vereinbarungen grundsätzlich nicht zu einer Nachwirkung und auf der Rechtsfolgenseite zu einer Einschränkung.[544]

Ein Verstoß gegen den Gleichbehandlungsgrundsatz liegt bei einer Schließung des Versorgungswerks nicht vor. Arbeitnehmer, die ab einem bestimmten Stichtag in das Unternehmen eintreten, können ausdrücklich von einer

---

540 Milus, Grenzen ablösender Versorgungstarifverträge, S. 128 ff.; *Steinmeyer* in: Altersgrenzen und Alterssicherung im Arbeitsrecht, 2003, S. 428.

541 Milus, Grenzen ablösender Versorgungstarifverträge, S. 129; *Steinmeyer* in: Altersgrenzen und Alterssicherung im Arbeitsrecht, 2003, S. 428.

542 Vgl. für die Anwendung der Wertungen des Drei-Stufen-Modells im Fall von der Dynamisierung laufender Betriebsrenten: BAG v. 11.12.2001 – 3 AZR 327/00, *juris*, Rn. 45; vgl. für eine direkte Anwendung des Drei-Stufen-Modells auf Tarifverträge: *Rolfs*, Anmerkung zu BAG v. 28.7.2005 – 3 AZR 14/05, AP BetrAVG § 1 Ablösung Nr. 47.

543 Vgl. Abschn. C. I.

544 Vgl. Abschn. C. I. 2. d).

betrieblichen Altersversorgung ausgenommen sein, obwohl die vor dem Stichtag in das Unternehmen eingetretenen, vergleichbaren Arbeitnehmer einen Anspruch auf eine Versorgungszusage haben. Eine solche Stichtags abhängige Regelung ist zulässig.[545]

e. *Maßstab der Ablösung von Versorgungszusagen für gewerkschaftliche Arbeitgeber – Änderung der Rechtsprechung*

Auch vor gewerkschaftlichen Arbeitgebern macht der besondere Schutz der betrieblichen Altersversorgung keinen Halt. Unter Aufgabe seiner bisherigen Rechtsprechung hat jüngst der Dritte Senat im Hinblick auf gewerkschaftliche Arbeitgeber deutlich gemacht, dass auch die verfassungsrechtlich geschützten Gewerkschaften im Ergebnis an die Rechtfertigungserfordernisse der jeweiligen Eingriffsstufe gebunden sind.[546]

Die bis 2022 ergangene Rechtsprechung machte noch Abstriche beim Schutz der betrieblichen Altersversorgung: Eine eingeschränkte Anwendbarkeit des Drei-Stufen-Modells galt nach der Rechtsprechung bis 2022 für gewerkschaftliche Arbeitgeber als steuerbefreiter Berufsverband in der Rechtsform eines nicht eingetragenen Vereins.[547] Beabsichtigen Gewerkschaften, in zukünftige Zuwächse von Versorgungszusagen durch ablösende Betriebsvereinbarung einzugreifen, ließ der Dritte Senat sachliche Gründe für den Eingriff ausreichen.[548] Das Erfordernis der Proportionalität, wie dies grundsätzlich auf der dritten Stufe von der Rechtsprechung verlangt wird, musste bis vor Kurzem bei Kürzungen durch gewerkschaftliche Arbeitgeber nicht vorliegen. Begründet hatte dies der Dritte Senat bis zuletzt damit, dass es den Gerichten für Arbeitssachen letztlich untersagt sei, die Verwendung der Einkünfte im Einzelnen zu überprüfen oder zu bewerten. Der Hintergrund sei, dass den gewerkschaftlichen Arbeitgebern als nicht eingetragene Vereine nur die Mitgliedsbeiträge ihrer Mitglieder als Einkünfte zur Verfügung ständen und die Gewerkschaften zudem verfassungsrechtlich gem. Art. 9 Abs. 3 GG geschützt seien.[549]

545 Höfer/de Groot/Küpper/Reich/*Höfer*, Betriebsrentenrecht Band I, 28. Ergänzliefg. Mai 2022, Kapitel 6 Rn. 34 f.

546 BAG v. 3.5.2022 – 3 AZR 472/21, AP BetrAVG § 1 Ablösung Nr. 85.

547 BAG v. 2.9.2014 – 3 AZR 951/12, AP BetrAVG § 1 Ablösung Nr. 65; BAG v. 12.2.2013 – 3 AZR 636/10, AP BetrAVG § 1 Ablösung Nr. 62.

548 BAG v. 2.9.2014 – 3 AZR 951/12, AP BetrAVG § 1 Ablösung Nr. 65, Rn. 57; BAG v. 12.2.2013 – 3 AZR 636/10, AP BetrAVG § 1 Ablösung Nr. 62, Rn. 72.

549 BAG v. 2.9.2014 – 3 AZR 951/12, AP BetrAVG § 1 Ablösung Nr. 65, Rn. 57; BAG v. 12.2.2013 – 3 AZR 636/10, AP BetrAVG § 1 Ablösung Nr. 62, Rn. 72.

Nunmehr hat der Dritte Senat seine bisherige Rechtsprechung im Mai 2022 aufgegeben und verlangt, wenn auch in modifizierter Form, auch bei gewerkschaftlichen Arbeitgebern eine Proportionalitätsprüfung bei Eingriffen in zukünftige Zuwächse von Versorgungszusagen.[550] Das BAG berücksichtigt hierbei weiterhin die verfassungsrechtlich verankerte besondere Stellung von Gewerkschaften. Im Rahmen einer Proportionalitätsprüfung müsse eine Gewerkschaft darlegen, dass die „Nichtablösung ihres Versorgungssystems ihre gewerkschaftlichen Handlungsspielräume künftig einschränken würde".[551]

Hintergrund der Rechtsprechungsänderung für den Dritten Senat ist die mit Art. 9 Abs. 3 GG kollidierende Grundrechtsposition der Arbeitnehmer nach Art. 12 GG. Der Dritte Senat führt aus, dass das Arbeiten unter angemessenen Arbeitsbedingungen in den Schutzbereich des Art. 12 Abs. 1 GG falle und einmal erteilte Versorgungszusagen nach dem Willen des Gesetzgebers auf das gesamte Arbeitsverhältnis bis zum Erreichen der festen Altersgrenze angelegt seien.[552] Zudem verweist der Dritte Senat auf die dem Betriebsrentengesetz zugrunde liegende Intention, Anwartschaften bis zum Eintritt des Versorgungsfalls möglichst lückenlos zu sichern.[553]

Im Wege der praktischen Konkordanz der verfassungsrechtlichen Grundrechtsposition der Arbeitnehmer auf der einen Seite sowie der Gewerkschaften auf der anderen Seite kommt der Dritte Senat zu dem Ergebnis einer modifizierten Form der Proportionalitätsprüfung.

Auch wenn diese jüngst ergangene Rechtsprechung wieder einmal den besonderen Schutz der betrieblichen Altersversorgung und die grundsätzlich strikte Handhabung von Eingriffen in Versorgungszusagen deutlich macht, so macht dieses Urteil, unabhängig von gewerkschaftlichen Arbeitgebern, Hoffnung auf einen praxistauglicheren Umgang mit Eingriffen in die dritte Stufe.[554] In seiner Entscheidung hat das BAG an mehreren Stellen hervorgehoben, dass es bei der Prüfung von Rechtfertigungsgründen auf der dritten Stufe letztlich um die Willkürfreiheit geht.[555]

---

550 BAG v. 3.5.2022 – 3 AZR 472/21, AP BetrAVG § 1 Ablösung Nr. 85.

551 S. etwa BAG v. 3.5.2022 – 3 AZR 472/21, AP BetrAVG § 1 Ablösung Nr. 85, Rn. 56.

552 BAG v. 3.5.2022 – 3 AZR 472/21, AP BetrAVG § 1 Ablösung Nr. 85, Rn. 58.

553 BAG v. 3.5.2022 – 3 AZR 472/21, AP BetrAVG § 1 Ablösung Nr. 85, Rn. 58.

554 So auch *Diller*, ArbRAktuell 2022, 376.

555 BAG v. 3.5.2022 – 3 AZR 472/21, AP BetrAVG § 1 Ablösung Nr. 85, Rn. 52; vgl. zudem auch Rn. 72.

Als positive Aspekte im Rahmen der Proportionalitätsprüfung hebt der Dritte Senat insbesondere in dem zu entscheidenden Fall hervor, dass der Arbeitgeber keine vollständige Kürzung der Beiträge vorgenommen hat und das Versorgungswerk auch weiterhin für Neueintritte offen lasse.[556]

3. Änderung von Durchführungswegen und Leistungsplänen sowie Umstellung von Versorgungsleistungen

Änderungen von Versorgungszusagen beschränken sich in der Praxis nicht nur auf die Höhe von Versorgungsanwartschaften oder laufenden Leistungen. Oftmals sieht der Arbeitgeber auch einen Bedarf an einem Wechsel des Durchführungsweges oder gar die Umstellung der Versorgungsleistungen von beispielsweise laufenden Leistungen in Kapitalleistungen. Gerade nach Betriebsübergängen kann zum Zwecke der Harmonisierung in den Betrieben eines Unternehmens ein solches Bedürfnis bestehen.

Auch solche Änderungen sind jedoch nicht immer einschränkungslos zulässig, da sie einen Eingriff in Versorgungsleistungen darstellen können.

a) Wahl und Änderung von Durchführungswegen

Die Wahl des Durchführungswegs ist für den Arbeitgeber bei der Einführung einer betrieblichen Altersversorgung maßgeblich, da sie für die Höhe des finanziellen Aufwands richtungsweisend ist.

aa) Wahl des Durchführungsweges

Grundsätzlich kann der Arbeitgeber den Durchführungsweg – jedenfalls bei der Einführung der betrieblichen Altersvorsorge – frei wählen.[557] Er kann die Durchführung bzw. Erbringung der Versorgungsleistungen unmittelbar selbst erbringen oder mittelbar durch einen externen Versorgungsleister erbringen lassen, vgl. § 1 Abs. 1 BetrAVG.

Die Zusage des Arbeitgebers, die Versorgungsleistung unmittelbar selbst aus dem Unternehmens- bzw. Betriebsvermögen zu erbringen, ist auch mit der Risikoübernahme des Arbeitgebers verbunden, unmittelbar für den Eintritt des Versorgungsfalls aufzukommen und für etwaige unvorhergesehene Mehrkosten einzustehen.

---

556 BAG v. 3.5.2022 – 3 AZR 472/21, AP BetrAVG § 1 Ablösung Nr. 85, Rn. 72.

557 Höfer/de Groot/Küpper/Reich/*Höfer/de Groot*, Betriebsrentenrecht Band I, 28. Ergänzliefg. Mai 2022, Kapitel 9 Rn. 148; vgl. auch Abschn. C. I. 2. b) zur Mitbestimmung.

Aber auch bei mittelbaren Durchführungswegen ist der Arbeitgeber nicht von der Haftung befreit, vgl. § 1 Abs. 1 S. 3 BetrAVG. Als mittelbare Durchführungswege kommen die Direktversicherung, die Pensionskasse, der Pensionsfonds und die Unterstützungskasse in Betracht. Sie sind alle durch das Dreiecksverhältnis zwischen dem Arbeitgeber, dem Versicherungsträger sowie dem Arbeitnehmer gekennzeichnet.[558]

Wie die im Gesetz geregelte Haftung des Arbeitgebers zu bewerten ist – ob gleich- oder nachrangig –, ist in Rechtsprechung[559] und Literatur[560] umstritten. Für eine gesamtschuldnerische Haftung spricht die Historie. Vor der gesetzlichen Normierung der Haftung des Arbeitgebers auch für mittelbare Durchführungswege nahm die Rechtsprechung bereits eine solche Haftung an und ging hierbei stets von einer gesamtschuldnerischen Haftung aus.[561] Die Haftungsübernahme nahm der Gesetzgeber lediglich ab dem 1.1.2001 zur Klarstellung mit als Vorschrift in das BetrAVG auf.[562]

Wie die Haftung durch den Arbeitgeber auszufüllen ist, ist ebenso umstritten[563] – ob durch unmittelbare Leistungen aus dem eigenen Unternehmens- bzw. Betriebsvermögen oder durch eine Nachdotierung. Für eine Versorgung im öffentlichen Dienst nahm das BAG einen Vorrang der Nachdotierung an.[564] Auch *Rolfs*[565] geht von einem Vorrang der Nachdotierung aus, da grundsätzlich eine Pflicht des Arbeitgebers bestehe den Versorgungsträger so auszustatten, dass die geschuldete Leistung durch ihn erbracht werden könne.

bb) Änderung des Durchführungsweges

Ein Durchführungsweg ist insbesondere dann nicht frei wählbar, wenn der Arbeitgeber sich mit der Einführung der betrieblichen Altersvorsorge in der

558 Thüsing/Granetzny, 2019, S. 37.

559 BAG v. 16.2.2010 – 3 AZR 216/09, BAGE 133, 158, 179 f.; BAG v. 11.12.2007 – 3 AZR 249/06, BAGE 125, 133, 147.

560 *Langohr-Plato* in: Festschrift Höfer, 2011, S. 159, 166; *Rolfs*, BetrAV 2012, 469, 471.

561 BVerfG v. 3.12.1998 – 1 BvR 484/96, NZA 1999, 321, 322; BAG v. 14.10.1998, 3 AZR 385/97, NZA 1999, 874.

562 Vgl. BT-Drucks. 14/4595, S. 67.

563 Für einen Vorrang der Nachtdotierung: Blomeyer/Rolfs/Otto/*Rolfs*, BetrAVG, 8. Aufl. 2022, § 1 Rn. 329; differenzierend: Höfer/de Groot/Küpper/Reich/*Höfer*, Betriebsrentenrecht Band I, 28. Ergänzliefg. Mai 2022, § 1 BetrAVG Rn. 11 ff.

564 BAG v. 14.12.1999 – 3 AZR 713/98, NZA 2000, 1348, 1349.

565 Blomeyer/Rolfs/Otto/*Rolfs*, BetrAVG, 8. Aufl. 2022, § 1 Rn. 328 f. m.w.N. zur Entwicklung der Rechtsprechung.

Versorgungszusage auf einen Durchführungsweg festgelegt hat.[566] Durch die Festlegung wird ein Anspruch des Arbeitnehmers begründet.

Ein Anspruch wird auch begründet, wenn ein mittelbarer, externer Durchführungsweg festgelegt wird. Dies leitet das BAG aus der Einstandspflicht des Arbeitgebers nach § 1 Abs. 1 S. 3 BetrAVG her.[567]

(1) Änderung des Durchführungsweges im Allgemeinen

Ein einseitiger Wechsel des Durchführungswegs ist aber dem Grunde nach dennoch möglich und zulässig. Auf formeller Ebene ist wie bei einer Änderung der Höhe der Versorgungzusage wieder die Rechtsgrundlage der Versorgungszusage maßgebend.[568] Ist der Wechsel ausdrücklich oder konkludent in der Versorgungszusage vorbehalten, so kann in den Grenzen des Vorbehalts der Arbeitgeber von dem vereinbarten Durchführungsweg abweichen.[569] Ansonsten verlangt die Literatur stets die Zustimmung der Arbeitnehmer für einen Wechsel des Durchführungsweges, soweit nicht nur Vorteile für die Arbeitnehmer entstehen.[570]

In der Literatur findet sich wenig zum Erfordernis eines Wechsels aufgrund des Vorliegens entsprechender Gründe, die eine Zustimmung trotz Nachteile für den Arbeitnehmer entbehrlich machen würden. Dies mag daran liegen, dass solche Situationen in der Praxis nur selten eintreten dürften. Allerdings kann beispielsweise dies dann relevant werden, wenn eine ganze Sparte unter Druck gerät und Insolvenzen drohen. Dies ist könnte aktuell bei Pensionskassen ein relevantes Thema werden.[571] Doch auch für solche Fälle muss es möglich sein, eine Änderung der Versorgungszusage im Hinblick auf den Durchführungsweg trotz Vereinbarung eines bestimmten Weges und damit einen Eingriff rechtfertigen

566 BAG v. 12.6.2007 – 3 AZR 186/06, NZA-RR 2008, 537, 538, Rn. 22.

567 BAG v. 12.6.2007 – 3 AZR 186/06, NZA-RR 2008, 537, 538, Rn. 22.

568 Vgl. Abschn. C. I.

569 Höfer/de Groot/Küpper/Reich/*Höfer/de Groot*, Betriebsrentenrecht Band I, 28. Ergänzliefg. Mai 2022, Kapitel 9, Rn. 150; Thüsing/Granetzny, 2019, S. 157.

570 WHSS/*Schnitker/Granetzny/Döring*, 6. Aufl. 2021, Teil J Rn. 745; Thüsing/Granetzny, 2019, 157.

571 Vgl. aktuelle Berichterstattung, etwa: Artikel aus der Frankfurter Allgemeinen Zeitung in der Onlineausgabe vom 10.1.2022: https://www.faz.net/aktuell/finanzen/meine-finanzen/versichern-und-schuetzen/zinstief-setzt-pensionskassen-weiter-unter-druck-17724324.html (abgerufen am: 14.5.2022).

zu können. Ein solcher Eingriff muss dann ebenso an den Grundsätzen der Verhältnismäßigkeit und des Vertrauensschutzes gemessen werden.[572]

Von den vorstehenden arbeitsrechtlichen Aspekten abgesehen, bleiben auch steuerrechtliche Erwägungsgründe und etwaige Zustimmungserfordernisse der BaFin für einen Wechsel des Durchführungsweges zu berücksichtigen.[573]

(2) Änderung des Durchführungsweges im Falle der Unternehmensliquidation

Eine gewisse Erleichterung des Wechsels von Durchführungswegen ermöglicht § 4 Abs. 4 BetrAVG im Falle der Unternehmensliquidation. Eine Versorgungszusage kann nach dieser Regelung ohne Zustimmung des Versorgungsberechtigten von einer Pensionskasse oder einem Unternehmen der Lebensversicherung übernommen werden.[574] Diese Regelung gilt unabhängig davon, auf welchen Durchführungsweg sich die Vertragsparteien ursprünglich geeinigt hatten. Sinn und Zweck dieser Vorschrift ist die Vermeidung von sog. Rentnergesellschaften, deren Zweck ausschließlich die Verwaltung der Versorgungszusagen ist und die aufgrund der Verbindlichkeiten aus den Versorgungszusagen eine endgültige Liquidation verhindern.[575] In der alten Fassung der Regelung, die bis Ende 2004 Gültigkeit hatte, war eine Übertragbarkeit nur für unmittelbare Versorgungzusagen sowie für mittelbare Durchführungswege aus Unterstützungskassen und Pensionsfonds möglich. Die Änderung durch den Gesetzgeber ist sinnvoll, da es beispielsweise auch Pensionskassen gibt, die durch ein Unternehmen selbst betrieben werden.[576]

Die leichtere Übertragung im Fall der Unternehmensliquidation bedeutet aber nicht, dass der Versorgungsberechtigte vollkommen schutzlos gestellt ist. In Abs. 4 ist zwar nicht ausdrücklich geregelt, welcher Wert zu übertragen ist, aber

---

572 Vgl. wohl auch Blomeyer/Rolfs/Otto/*Rolfs*, BetrAVG, 8. Aufl. 2022, Anhang zu § 1 Rn. 642 sowie § 1 Rn. 317; Höfer/de Groot/Küpper/Reich/*Höfer/de Groot*, Betriebsrentenrecht Band I, 28. Ergänzliefg. Mai 2022, Kapitel 9 Rn. 152.

573 Vgl. hierzu Höfer/de Groot/Küpper/Reich/*Höfer/de Groot*, Betriebsrentenrecht Band I, 28. Ergänzliefg. Mai 2022, Kapitel 9 Rn. 143 ff.

574 Höfer/de Groot/Küpper/Reich/*Höfer*, Betriebsrentenrecht Band I, 28. Ergänzliefg. Mai 2022, § 4 BetrAVG Rn. 103.

575 Höfer/de Groot/Küpper/Reich/*Höfer*, Betriebsrentenrecht Band I, 28. Ergänzliefg. Mai 2022, § 4 BetrAVG Rn. 101.

576 Vgl. auch Blomeyer/Rolfs/Otto/*Rolfs*, BetrAVG, 8. Aufl. 2022, § 4 Rn. 143; Höfer/de Groot/Küpper/Reich/*Höfer*, Betriebsrentenrecht Band I, 28. Ergänzliefg. Mai 2022, § 4 BetrAVG Rn. 103.

auch hier wird der Wert der Übertragung aus § 4 Abs. 5 anzuwenden sein – eine Beschränkung der Anwendbarkeit auf die Absätze 1 bis 3 ist nicht ersichtlich.[577] Das bedeutet, dass Voraussetzung einer Übertragung die Wertgleichheit ist. Eine Wertgleichheit ist anzunehmen, soweit der Barwert für alle Anwartschaftsrechte vor und nach der Änderung gleich hoch ist.[578]

Ob über die Änderung des Durchführungsweges hinaus im Rahmen von § 4 Abs. 4 BetrAVG auch Inhaltsänderungen ohne Zustimmung des Versorgungsberechtigten möglich sind, ist bislang höchstrichterlich nicht geklärt. In der Literatur wird teilweise vertreten, dass Inhaltsänderungen zulässig seien.[579] Begründet wird dies unter anderem damit, dass es in der Praxis nahezu keine Fälle gebe, in denen beispielsweise eine Pensionskasse die Zusagen exakt inhaltsgleich übernehme.[580] Sofern die Inhaltsänderungen zu keinen Nachteilen für die Versorgungsberechtigten führen und insbesondre sämtliche Versorgungsleistungen berücksichtigt werden, kann dies aufgrund der angebrachten Argumente in der Literatur gut vertreten werden. Bei Nachteilen wird der besondere Schutz der betrieblichen Altersversorgung auch im Falle des Wechsels von Durchführungswegen eine Änderung im Einklang mit den Grundsätzen des Vertrauensschutzes und der Verhältnismäßigkeit erfordern.

b) Umstellung von Leistungsplänen auf eine reine Beitragszusage

Mit der Normierung der reinen Beitragszusage als eine weitere Möglichkeit der Plangestaltung für Sozialpartner seit dem 1.1.2018 gewinnen auch Überlegungen an Relevanz, inwieweit bisherige Plangestaltungen, die beispielsweise auch Beitragszusagen mit Mindestleistung etc. beruhen, durch die reine Beitragszusage als für den Arbeitgeber attraktiveres Modell abgelöst werden können.

Für eine zulässige Umstellung von Leistungsplänen ist im ersten Schritt wie bei einer Änderung der Höhe einer Anwartschaft auf formeller Ebene

577 Blomeyer/Rolfs/Otto/*Rolfs*, BetrAVG, 8. Aufl. 2022, § 4 Rn. 145; a.A. *Kemper* in: Festschrift Höfer, 2011, S. 97, 100.

578 Höfer/de Groot/Küpper/Reich/*Höfer*, Betriebsrentenrecht Band I, 28. Ergänzliefg. Mai 2022, § 4 BetrAVG Rn. 109.

579 Blomeyer/Rolfs/Otto/*Rolfs*, BetrAVG, 8. Aufl. 2022, § 4 Rn. 145; Höfer/de Groot/Küpper/Reich/*Höfer*, Betriebsrentenrecht Band I, 28. Ergänzliefg. Mai 2022, § 4 BetrAVG Rn. 106 ff.; *Schnitker/Granetzny* in: Schlewing/Henssler/Schipp/Schnitker, Arbeitsrecht der betrieblichen Altersversorgung, 2/2022, Teil 17 D, Rn. 105.

580 Höfer/de Groot/Küpper/Reich/*Höfer*, Betriebsrentenrecht Band I, 28. Ergänzliefg. Mai 2022, § 4 BetrAVG Rn. 107 f.

der Rechtsbegründungsakt der ursprünglichen Versorgungszusage zu berücksichtigen.

aa) Bisheriger Leistungsplan auf individualvertraglicher Ebene

Auf Individualverträgen basierte Zusagen können nicht ohne Weiteres durch einen Kollektivvertrag, den es für die Regelung einer reinen Beitragszusage bedarf, ablösen.[581] Eine Verbesserung der Rechtspositionen des Arbeitnehmers durch eine Änderung der Versorgungszusage im Tarifvertrag würde zwar aufgrund des Günstigkeitsprinzips gem. § 4 Abs. 3 TVG möglich sein, hiervon kann aber bei einer Umstellung auf eine reine Beitragszusage nicht ausgegangen werden. Selbst wenn die Beiträge des Arbeitgebers im Rahmen der Umstellung erhöht werden sollen, so führt der Wechsel doch im Ergebnis zu wesentlichen Nachteilen. Da das *„pay and forget"*-Konzept[582] für die Beitragszusage maßgeblich ist, verliert der Arbeitnehmer bei einem Wechsel die zuvor garantieren (Mindest-)Leistungen, die Insolvenzsicherung nach den §§ 7–15 BetrAVG sowie die Möglichkeit der Inanspruchnahme des Arbeitgebers neben dem Versorgungswerk nach § 1 Abs. 1 S. 3 BetrAVG.[583]

Eine Ablösbarkeit auf individualvertraglicher Ebene ist einvernehmlich auch nur innerhalb der üblichen Grenzen möglich.[584] Sollte ein Wechsel sowie ein damit einhergehender teilweiser Verzicht des Arbeitnehmers ausnahmsweise zulässig sein, so kann der Tarifvertrag bzw. die tarifvertragliche Versorgungszusage, wenn sie ohnehin schon keine Anwendung auf den Arbeitnehmer findet, im Wege einer dynamische Bezugnahmeklausel im Arbeitsvertrag seine Wirkung für den Arbeitnehmer entfalten. Hierfür spricht auch die Regelung des § 21 Abs. 3 BetrAVG, nach der die Tarifvertragsparteien auch nichttarifgebundenen Arbeitgebern und Arbeitnehmern den Zugang zur durchführenden Versorgungseinrichtung nicht verwehren sollen.

bb) Bisheriger Leistungsplan auf kollektivvertraglicher Ebene

Beruht der Leistungsplan auf einem Kollektivvertrag bzw. auf einem kollektivvertragsoffenen Individualvertrag, kann formell gesehen ein Wechsel der Plangestaltung durch Tarifvertrag erfolgen. Aber auch hier müssen die materiell-rechtlichen Grenzen berücksichtig werden, da die Nachteile der Umstellung

---

581 Vgl. Abschn. C. I. sowie C. II. 2. a).

582 Vgl. Abschn. C. II. 2. b) cc).

583 Blomeyer/Rolfs/Otto/*Rolfs*, BetrAVG, 8. Aufl. 2022, § 21 Rn. 23.

584 Vgl. Abschn. C. I.

auf eine reine Beitragszusage für den Arbeitnehmer nicht andere sind als bei einem Wechsel des Leistungsplans, der bisher auf individualvertraglicher Ebene vereinbart war.

Für eine Ablösung durch Tarifverträge bleiben die Grenzen aus den Grundsätzen der Verhältnismäßigkeit und des Vertrauensschutzes zu berücksichtigen. Aber auch hier wird man wohl regelmäßig nicht eine Ablösung des Leistungsplans durch einen neuen basierend auf einer reinen Beitragszusage für bereits erdiente Anwartschaften rechtfertigen können.[585]

Insbesondere ist im Rahmen der Verhältnismäßigkeit § 21 Abs. 2 S. 1 BetrAVG zu beachten. Nach dieser Regelung sollen die Tarifvertragsparteien bereits bestehende Betriebsrentensysteme angemessen berücksichtigen. In der Gesetzesbegründung heißt es hierzu, dass *„gut funktionierende Betriebsrentensysteme möglichst nicht (zu) gefährdet"* werden sollen.[586]

Auch hier bleibt es wohl den Tarifvertragsparteien und gegebenenfalls den Gerichten überlassen, zu beurteilen, wann genau ein Betriebsrentensystem als gut funktionierend gilt und wann die Schwelle zur Gefährdung überschritten ist.[587]

cc) Umstellung von Versorgungsleistungen auf Kapitalleistungen

Auch ein Wechsel von Versorgungsleistungen ist für Arbeitgeber in der Praxis ein Weg, um Einsparungen vorzunehmen. Insbesondere Versorgungszusagen mit laufenden Rentenleistungen sind eine erhebliche finanzielle Belastung für Arbeitgeber, die sich gerade bei Direktzusagen in den Bilanzen negativ niederschlägt.

Aber auch in diesem Fall hat sich der Arbeitgeber grundsätzlich an die Versorgungszusage zu halten. Das BAG hat für den Fall der Umstellung von einem Versprechen laufender Rentenleistungen auf ein Versprechen einer Kapitalleistung entschieden, dass dies auch einen Eingriff in die vereinbarte Versorgungszusage darstellt.[588] Das Gericht begründete die Annahme eines Eingriffs damit, dass laufende Rentenleistungen für den Arbeitnehmer eine besondere Wertigkeit hätten. Er müsse darauf vertrauen können, als Gegenleistung für seine

---

585 So auch: Blomeyer/Rolfs/Otto/*Rolfs*, BetrAVG, 8. Aufl. 2022, § 21 Rn. 28.

586 BT-Drucks. 18/12612, S. 31.

587 Vgl. ausführlich Abschn. E. II.

588 BAG v. 15.5.2012 – 3 AZR 11/10, BAGE 141, 259, Rn. 71; vgl. auch Höfer/de Groot/Küpper/Reich/*Höfer/Küpper*, Betriebsrentenrecht Band I, 28. Ergänzliefg. Mai 2022, Kapitel 5, 8.2.4.7., Rn. 340 f.

Dienste und seine Betriebstreue im Alter laufende Rentenzahlungen zu erhalten.[589] Der Nachteil der Umstellung läge darin, dass durch den Wechsel für den Arbeitnehmer ein Entzug der Deckung des Langlebigkeitsrisikos bewirkt werde sowie dass gegebenenfalls höhere Steuerlasten auf ihn zukämen.[590] Daher sei die Umstellung der Zusage auf eine Kapitalleistung durch den Arbeitgeber besonders zu rechtfertigen.[591]

Vor dem Hintergrund dieser Entscheidung bedeutet dies auch, dass auch eine wertadäquate Umstellung an den Maßstäben des Vertrauensschutzes und Verhältnismäßigkeit zu messen ist. Dies gilt unabhängig davon, ob die Ablösung mittels einer Betriebsvereinbarung, eines Individualvertrags mit kollektivem Bezug oder eines Tarifvertrags erfolgen soll. Das Drei-Stufen-Modell greift hier grundsätzlich nicht, soweit nicht auch die Höhe der Versorgungsanwartschaften berührt ist.[592] Das BAG konkretisiert die vorzunehmende Interessenabwägung wie folgt:

> „*[…] Nicht zu beanstanden ist der Wechsel allerdings nur dann, wenn das die Umstellung begründende Interesse des Arbeitgebers das Interesse des Arbeitnehmers am Erhalt der Rentenleistung erheblich überwiegt. Die Umstellung von laufenden Rentenleistungen auf eine Kapitalleistung ist nicht nur mit geringfügigen Veränderungen bzw. Nachteilen für die betroffenen Arbeitnehmer verbunden. Deshalb reicht es nicht aus, dass sich die Entscheidung des Arbeitgebers lediglich als nicht willkürlich erweist, weil Sachgründe eine Umwandlung des Rentenversprechens in ein Versprechen einer Kapitalleistung nur nahelegen.*
> *Danach können sich im Rahmen der Abwägung wirtschaftliche Gründe zu Gunsten des Arbeitgebers auswirken, beispielsweise dann, wenn der Arbeitgeber jedenfalls auf Dauer nicht mehr in der Lage ist, die Kosten des bisherigen Versorgungswerks einschließlich der daran anknüpfenden Anpassungsprüfungen aufzubringen. Berücksichtigungsfähig ist auch der Umstand, dass der Wechsel Vorteile im Hinblick auf die Bilanzierung und die Finanzierung der Versorgungsverpflichtungen mit sich bringt.*“[593]

Übersetzt dürften hier Gründe regelmäßig einen Wechsel rechtfertigen, die nach ihrer Wertung den Rechtfertigungsgründen auf der zweiten Eingriffsstufe im Rahmen des Drei-Stufen-Modells entsprechen. Das BAG selbst betont, dass sachliche Gründe alleine nicht ausreichen. Es bedarf einer besonderen

589 BAG v. 15.5.2012 – 3 AZR 11/10, BAGE 141, 259, Rn. 71.
590 BAG v. 15.5.2012 – 3 AZR 11/10, BAGE 141, 259, Rn. 79 ff.
591 BAG v. 15.5.2012 – 3 AZR 11/10, BAGE 141, 259, Orientierungssatz der Richterinnen und Richter Nr. 5 und Rn. 71.
592 BAG v. 15.5.2012 – 3 AZR 11/10, BAGE 141, 259, Rn. 75.
593 BAG v. 15.5.2012 – 3 AZR 11/10, BAGE 141, 259, Rn. 83 f.

Rechtfertigung. Auch wenn eine Ablösung im Ergebnis vom Einzelfall abhängt, so ist davon auszugehen, dass bei Vorliegen triftiger Gründe auch der Wechsel in Kapitalleistungen zulässig ist.

Dass das BAG eine besonderen Schutz auch in der Zusage bzw. der Möglichkeit der Gewährung einer Rentenleistung sieht, hat es zuletzt in seiner Entscheidung aus dem Jahr 2019 noch einmal bestätigt.[594] In dieser Entscheidung ging es um eine tarifvertragliche Regelung, nach der der Arbeitgeber ein Wahlrecht hatte, ob er das Versorgungsguthaben als Einmalkapital oder in Raten oder als Rentenleistungen auszahlt. Bei der Wahl waren auch die Interessen des Arbeitnehmers zu berücksichtigen, so sah es die tarifvertragliche Regelung vor. Das BAG hat den Fall mangels tatrichterlicher Feststellungen zwar an die Berufungsinstanz zurückverwiesen, aber darauf verwiesen, dass im Rahmen von § 315 BGB auch für ein überwiegendes Interesse des Arbeitnehmers die Vermutung sprechen könnte, dass andernfalls die Möglichkeit bestünde, dass der Arbeitnehmer erneut depressive Schübe erleide.[595]

Neben den aus dem Verfassungsrecht hergeleiteten Grundsätzen sind auch die Grenzen des BetrAVG zu berücksichtigen, insbesondere § 3 BetrAVG (Abfindung). § 3 Abs. 1 BetrAVG verbietet die Abfindung laufender Rentenleistungen, und ferner die Abfindung im Zusammenhang mit der Beendigung des Arbeitsverhältnisses. Nur in engen Ausnahmefällen wie bei Bagatellanwartschaften bzw. laufende Leistungen, die diese Bagatellgrenze nicht überschreiten, ist eine Abfindung nach § 3 Abs. 2 bis 6 BetrAVG zulässig. Ansonsten bleibt die Umwandlung eines etwaigen Anspruches auf spätere Rentenleistungen in eine einmalige Abfindung nur im laufenden Arbeitsverhältnis möglich.[596] Von einer Umwandlung in eine Abfindung zu unterscheiden ist ein von Anfang an dem Arbeitnehmer in der Versorgungszusage eingeräumtes Wahlrecht zwischen laufenden Leistungen und einer Kapitalzahlung.[597]

Der Begriff der laufenden Leistungen nach § 3 BetrAVG entspricht dem im Sinne des § 16 BetrAVG. Laufende Leistungen sind regelmäßig widerkehrende Ansprüche auf Zahlungen wie eben eine lebenslängliche oder temporäre

594 BAG v. 13.5.2019 – 3 AZR 150/17, NZA 2019, 1367; vgl. auch LAG Düsseldorf v. 11.2.2022 – 6 Sa 760/21, n.v., *juris* (Revision beim BAG anhängig).

595 BAG v. 13.5.2019 – 3 AZR 150/17, NZA 2019, 1367, 1372, Rn. 53.

596 Blomeyer/Rolfs/Otto/*Rolfs*, BetrAVG, 8. Aufl. 2022, § 3 Rn. 22 ff.; *Neufeld/Flockenhaus*, RdA 2016, 274, 281 ff.

597 Blomeyer/Rolfs/Otto/*Rolfs*, BetrAVG, 8. Aufl. 2022, § 3 Rn. 35; *Neufeld/Flockenhaus*, RdA 2016, 274, 275; *Powietzka/de Groot*, DB 2013, 400, 403.

Leibrente.[598] Leistungen in Kapitalform, die auch in Raten auf Grundlage eines Auszahlungsplanes ausgezahlt werden können, sind dem nicht gleichzusetzen.[599] Zu unterscheiden von der Umstellung einer laufenden Leistung auf eine Kapitalzahlung ist daher die Umstellung von Ratenzahlungen einer Kapitalleistung auf eine Einmalzahlung. Weder greift bei einer solchen Umstellung das Abfindungsverbot nach § 3 BetrAVG, das auf laufende Leistungen Anwendung findet, noch stellt sie eine Änderung der Zahlungsweise dar. Dies lässt sich schon aus der Entscheidung des BAG herleiten: Das BAG sieht gerade nur bei laufenden Leistungen einen besonderen Vertrauensschutz des Arbeitnehmers.[600] Ob eine Verrentung oder eine Ratenzahlung einer Kapitalleistung vorliegt, ist durch Auslegung der jeweiligen Versorgungszusage zu ermitteln.

Um zumindest nicht den Grenzen des Abfindungsverbots zu unterliegen, ist es von entscheidendem Vorteil, Versorgungszusagen in Tarifverträgen zu regeln. Für Tarifverträge gilt nach der Tariföffnungsklausel in § 19 BetrAVG, dass in Tarifverträgen von § 3 BetrAVG (mit Ausnahme von Abs. 2 S. 3 – Zustimmung des Arbeitnehmers bei einem neuen Arbeitsverhältnis in einem anderen Mitgliedstaat der Europäischen Union) auch zuungunsten des Arbeitnehmers abgewichen werden kann. Für Tarifverträge gelten folglich nur die verfassungsrechtlichen Grenzen.

Für reine Beitragszusagen im Sinne des § 1 Abs. 2 Nr. 2a BetrAVG gilt das in § 3 BetrAVG geregelte Abfindungsverbot gem. § 22 Abs. 4 BetrAVG entsprechend. Versorgungseinrichtungen können Anwartschaften und laufende Leistungen bis zur Wertgrenze in § 3 Abs. 2 S. 1 BetrAVG abfinden. Auch unterliegt § 22 Abs. 4 BetrAVG im Unterschied zu § 3 BetrAVG nicht der Disposition der Tarifparteien.[601] Eine analoge Anwendung des § 19 Abs. 1 BetrAVG wird man hier auch nicht vermuten können, da eine Planwidrigkeit ausscheidet. Der Gesetzgeber hat offenbar bewusst eine Differenzierung vorgenommen.

---

598 Höfer/de Groot/Küpper/Reich/*Höfer*, Betriebsrentenrecht Band I, 28. Ergänzliefg. Mai 2022, § 16 BetrAVG Rn. 19.

599 Höfer/de Groot/Küpper/Reich/*Höfer*, Betriebsrentenrecht Band I, 28. Ergänzliefg. Mai 2022, § 16 BetrAVG Rn. 20; vgl. auch Höfer/de Groot/Küpper/Reich/*Höfer*, Betriebsrentenrecht Band I, 28. Ergänzliefg. Mai 2022, Kapitel 2 Rn. 26 ff.

600 BAG v. 15.5.2012 – 3 AZR 11/10, BAGE 141, 259, Rn. 71.

601 Blomeyer/Rolfs/Otto/*Rolfs*, BetrAVG, 8. Aufl. 2022, § 22 Rn. 53.

4. Eingriffe in laufende Versorgungsleistungen

Für Eingriffe in laufende Versorgungsleistungen gelten nach wie vor die Grundsätze des Vertrauensschutzes und der Verhältnismäßigkeit.[602] Nach der Rechtsprechung des BAG seien nach Eintritt des Versorgungsfalls regelmäßig nur geringfügige Verschlechterungen aus sachlichen Gründen zulässig.[603] Bei schwerwiegenden Eingriffen müssten Arbeitnehmer konkrete Verschlechterungen ausnahmsweise „*unter Berücksichtigung des durch die Arbeitsleistung des Arbeitnehmers erworbenen Bestandsinteresses einerseits und der Schwere des Eingriffs andererseits aufgrund ganz erheblich überwiegender Interessen des Arbeitgebers tragen*".[604]

In der Praxis wird es selten einen solchen gerechtfertigten Fall geben, da die Gegenleistung des Arbeitnehmers zum Zeitpunkt des Versorgungsfalls schon vollständig erbracht ist.[605] Und im Falle einer Insolvenz grundsätzlich ohnehin die Insolvenzsicherung nach § 7 ff. BetrAVG greift.

5. Anpassung von Versorgungszusagen – best practice Beispiele

Nachfolgend sollen anhand praxisrelevanter Beispiele die Anwendung der von der Rechtsprechung entwickelten bzw. konkretisierten Maßstäbe im Einzelfall dargestellt werden.

a) Verringerung von Garantiezinsen

In der aktuellen Niedrigzinsphase ist gerade die Verringerung der Garantiezinsen oder sogar die Umstellung auf eine kapitalmarktorientierte Zusage von besonderer Relevanz.

- Durch Tarif: Die Ablösung einer tarifvertraglichen Regelung ist aufgrund der kollektivierten Privatautonomie an den Maßstäben der Verhältnismäßigkeit und des Vertrauensschutzes zu messen. Kommen die Tarifvertragsparteien zu dem Ergebnis, dass eine Reduzierung der Garantiezinsen den Arbeitnehmern zumutbar und der Eingriff verhältnismäßig ist, so ist dies für eine zulässige Reduzierung ausreichend. Auch die Gerichte können nur die Einhaltung

602 BAG v. 11.7.2017 – 3 AZR 513/16, NZA 2017, 1471.

603 BAG v. 11.7.2017 – 3 AZR 513/16, NZA 2017, 1471, 1475, Rn. 49.

604 BAG v. 11.7.2017 – 3 AZR 513/16, NZA 2017, 1471, 1475, Rn. 49.

605 Für einen zulässigen Fall vgl. allerdings: BAG v. 24.8.1993 – 3 AZR 313/93, NZA 1994, 807.

dieser grundrechtlich verankerten Grundsätze, wie die des Vertrauensschutzes und der Verhältnismäßigkeit prüfen.

- Durch Betriebsvereinbarung: Für die Ablösung einer Regelung zur Garantieverzinsung durch eine Betriebsvereinbarung gelten strengere Grundsätze, da die Betriebsparteien nicht privatautonom legitimiert sind und das Demokratieprinzip gilt. Insoweit kommt das von der Rechtsprechung entwickelte Drei-Stufen-Modell zur Anwendung. Soll für die Zukunft die Garantieverzinsung reduziert werden, ist der Eingriff auf der dritten Stufe durch sachlich-proportionale Gründe zu rechtfertigen. Weiter zu berücksichtigen ist gegebenenfalls auch die erste Eingriffsstufe, soweit Verzinsungen bezogen auf erdiente Anwartschaften reduziert werden sollen. Hier sind dann zwingende Gründe erforderlich – die selten vorliegen dürften –, um das Herabsenken der Zinsen zu rechtfertigen.
- Durch Individualvereinbarung: Eine Ablösung auf individualvertraglicher Ebene ist grundsätzlich nur einvernehmlich mit dem jeweiligen Arbeitnehmer möglich. Sofern einseitig eingegriffen werden soll, müssen die Grundsätze der Störung der Geschäftsgrundlage vorliegen. Folglich ist eine Reduzierung auf dieser Ebene in der Regel am schwersten zu erreichen.

b) Umstellung von Verrentungsleistung auf Kapitalleistung

Wenn auch nicht zwingend ein Eingriff in die Höhe der Versorgungsleistungen bei einer Umstellung von Verrentungsleistungen auf Kapitalleistungen vorliegt, so sieht das BAG in der Zusage einer späteren Rentenleistung ebenfalls die Schaffung eines Vertrauenstatbestands.[606]

- Durch Tarif: Als Maßstab sind hier die Grenzen des Vertrauensschutzes sowie der Verhältnismäßigkeit anzulegen. Das BAG hat herausgearbeitet, dass sachliche Gründe keine Umstellung rechtfertigen. Die Interessen des Arbeitgebers müssen vielmehr deutlich überwiegen. Im Ergebnis hängt die Zulässigkeit der Umstellung im Wesentlichen von der Formulierung der Regelung ab, beispielsweise ob ein Wahlrecht des Arbeitgebers hinsichtlich der Auszahlungsform besteht, und von den persönlichen Umständen des Arbeitnehmers. Es bleibt aber dabei: Die Tarifvertragsparteien sind nicht verpflichtet, „die zweckmäßigste, vernünftigste oder gerechteste Lösung zu wählen."[607]

---

606 BAG v. 15.5.2012 – 3 AZR 11/10, BAGE 141, 259, Rn. 71; BAG v. 20.6.2023 – 3 AZR 231/22, AP BetrAVG § 1 Ablösung Nr. 88.

607 BAG v. 9.12.2020 – 10 AZR 334/20, AP ArbZG § 6 Nr. 21, Rn. 41.

- Durch Betriebsvereinbarung: Das BAG hat ausdrücklich klargestellt, dass für die Umstellung auf Kapitalleistungen das Drei-Stufen-Modell nicht zur Anwendung kommt, sondern die Grundsätze des Vertrauensschutzes und der Verhältnismäßigkeit.[608] Die Hürden, dass die Interessen des Arbeitgebers an eine Umstellung gegenüber denen des Arbeitnehmers an eine Verrentung überwiegen, dürften nach der Auswertung der bisher nur wenigen höchstrichterlichen Entscheidungen hierzu ähnlich hoch sein wie bei der zweiten Eingriffsstufe nach dem Drei-Stufen-Modell. Dennoch dürfen die Maßstäbe der Überprüfung der Verhältnismäßigkeitsprüfung der Betriebsparteien durch die Arbeitsgerichte strenger ausfallen als bei tarifvertraglichen Ablösungen. Es bleibt bei dem Grundsatz, dass Tarifvertragsparteien privatautonom legitimiert sind und den tarifvertraglichen Regelungen eine Richtigkeitsgewähr zukommt.
- Durch Individualvereinbarung: Einvernehmlich kann die Umstellung einfach vereinbart werden. Sofern die Arbeitsvertragsparteien ein Wahlrecht durch den Arbeitgeber zur Auszahlungsart vereinbart haben, ist das in § 315 BGB für einseitige Leistungsbestimmungen geregelte Ermessen zu beachten[609].

c) *Verringerung von Dynamisierungen bereits erdienter Anwartschaften*

- Durch Tarif: Auch hier gilt nichts anderes als bei der Reduzierung von Garantizinsen: Die Grundsätze der Verhältnismäßigkeit und des Vertrauensschutzes.
- Durch Betriebsvereinbarung: Eine Ablösung durch Betriebsvereinbarung ist nur unter deutlich strengeren Maßstäben möglich. So stellt die Verringerung von Dynamisierungen einen Eingriff auf der zweiten Stufe nach dem Drei-Stufen-Modell dar. Triftige Gründe sind erforderlich, das heißt ein unveränderter Fortbestand der Zusage müsste langfristig zu einer Substanzgefährdung des Arbeitgebers führen.[610] Dies ist der Fall, wenn die Kosten des bisherigen Betriebsrentensystems nicht mehr aus den künftigen Unternehmenserträgen und etwaigen Wertzuwächsen des Unternehmensvermögens erwirtschaftet werden können.[611]
- Durch Individualvereinbarung: Eine Ablösung auf individualvertraglicher Ebene ist auch hier wieder grundsätzlich nur einvernehmlich mit dem

608 BAG v. 15.5.2012 – 3 AZR 11/10, BAGE 141, 259, Rn. 75.
609 BAG v. 17.1.2023 – 3 AZR 220/22, NZA 2023, 355.
610 BAG v. 17.4.1985 – 3 AZR 72/83, AP BetrAVG § 1 Unterstützungskassen Nr. 4.
611 BAG v. 11.12.2001 – 3 AZR 512/00, NZA 2003, 1414, 1418.

jeweiligen Arbeitnehmer möglich. Sofern einseitig eingegriffen werden soll, müssen die Grundsätze der Störung der Geschäftsgrundlage vorliegen.

6. Zusammenfassender Überblick: Vertrauensschutz über allem – unabhängig von der Art des Eingriffs

Die Reichweite von Anpassungen bei Versorgungszusagen orientiert sich stets am Maßstab des Vertrauensschutzes und der Verhältnismäßigkeit – ob bei Individualzusagen im Rahmen der allgemeinen zivilrechtlichen Grenzen, bei Betriebsvereinbarungen im Rahmen des Drei-Stufen-Modells oder bei Tarifverträgen. Mit anderen Worten: Vertrauensschutz steht über allem!

Dies gilt unabhängig davon, ob es um eine Kürzung der Versorgungsleistungen, einen Wechsel des Durchführungswegs oder eine Änderung des Leistungsplans bzw. der Versorgungsleistungen geht.

Schaut man auf die Anforderungen der Ablösbarkeit der betrieblichen Altersversorgung abhängig von der Rechtsgrundlage wird deutlich, dass sich die Anforderungen je nach Rechtsgrundlage unterscheiden. Dies wird besonders anhand des relevanten Falls einer Änderung, der Kürzung von Versorgungsleistungen, deutlich:

- **Individualzusagen** können grundsätzlich nur einvernehmlich abgeändert werden, wenn nicht die Voraussetzungen für eine Änderungskündigung oder Störung der Geschäftsgrundlage vorliegen.
- Betriebsparteien haben die Möglichkeit Änderungen unter Berücksichtigung des von der Rechtsprechung entwickelten Drei-Stufen-Modells vorzunehmen. Das Drei-Stufen-Modell differenziert zu Recht bei Eingriffen durch **Betriebsvereinbarungen** nach drei verschiedenen Besitzstandstufen. Auch wenn die Anforderungen an einen Eingriff in die dritte Stufe durch die Rechtsprechung noch einmal klarer definiert werden sollten, so lässt sich dennoch nicht jeglicher Vertrauensschutz auf noch nicht erdiente dienstzeitabhängige Zuwächse abstreiten. Da bei laufenden Rentenleistungen der Arbeitnehmer seine Gegenleistung schon vollständig erbracht hat, bedarf es in diesem Fall einer von dem Drei-Stufen-Modell losgelösten Prüfung nach den Grundsätzen des Vertrauensschutzes und der Verhältnismäßigkeit. Grundsätzlich wendet die Rechtsprechung auch bei Ablösung durch **Individualzusagen mit kollektivem Bezug** das Drei-Stufen-Modell an, allerdings werden an die Eingriffsgründe strengere Anforderungen gestellt als bei Betriebsvereinbarungen, da der Eingriff nicht durch die Betriebsparteien erfolgt.
- Bei **Tarifverträgen** ist aufgrund der im Grundgesetz normierten Tarifautonomie sowie der Richtigkeitsgewähr von Tarifverträgen ein im Vergleich zu

Betriebsvereinbarungen lockerer Maßstab anzulegen. Dieser muss sich selbstverständlich auch im Rahmen der verfassungsrechtlich verankerten Grenzen des Vertrauensschutzes und der Verhältnismäßigkeit bewegen.

Diese Ergebnisse sind auf die arbeitsrechtlichen Grundprinzipien zurückzuführen und erscheinen daher konsequent: Je mehr der soziale Schutz durch die Wahl der Vertragspartei gewährleistet ist, desto weniger streng sind die Anforderungen an die Ablösbarkeit von gewährten Versorgungszusagen.

- Gerade auf individualvertraglicher Ebene bedarf es einer besonderen Sicherstellung des Vertrauensschutzes, da die Arbeitsvertragsparteien bzw. der Arbeitgeber nicht unmittelbar an verfassungsrechtliche Grundsätze gebunden ist, aus dem sich unter anderem der Grundsatz der Verhältnismäßigkeit herleitet, und das Verhältnis von Arbeitnehmer und Arbeitgeber durch ein Über- und Unterordnungsverhältnis geprägt ist.
- Die Eingriffsmöglichkeiten der Betriebsparteien in die betriebliche Altersversorgung zulasten der Arbeitnehmer lässt sich mit den Betriebsparteien betriebsverfassungsrechtlich verliehenen Betriebsautonomie[612] begründen. Aus den Orientierungssätzen der Richterinnen und Richter geht zum einen hervor, dass die Normsetzungsbefugnis der Betriebsparteien an die verfassungsrechtlichen Grundsätze gebunden ist, die auch die Achtung des Demokratie- und Rechtsstaatsprinzips aus Art. 20 Abs. 2 und 3 GG umfassen. Zum anderen wird auch der Unterschied der Reichweite der Betriebsautonomie zur Tarifautonomie, die durch Art. 9 Abs. 3 GG geschützt ist, herausgearbeitet. Neben der verfassungsrechtlichen Verankerung wird auch auf die Legitimation der Tarifvertragsparteien durch die Mitgliedschaft verwiesen.
- Dass die Ablösbarkeit von Versorgungszusagen durch Tarifvertrag lediglich an den Grundsätzen der Verhältnismäßigkeit und des Vertrauensschutzes zu messen ist, hängt mit der Garantie des sozialen Schutzes von Arbeitnehmern durch die „*kollektivierte Privatautonomie*“ über Art. 9 Abs. 3 S. 1 GG zusammen.[613] Die „*kollektivierte Privatautonomie*“ besagt, dass die Autonomie der Tarifvertragsparteien auf der mitgliedschaftlichen Legitimation des privatautonomen Verbandbeitritts beruhe und nicht durch den Staat als verliehen gelte.[614] Mit anderen Worten legitimieren die Arbeitnehmer durch ihren

612 BAG v. 12.12.2006 – 1 AZR 96/06, NZA 2007, 453.

613 BVerfG v. 11.7.2017 – 1 BvR 1571/15, 1 BvR 1588/15, 1 BvR 2883/15, 1 BvR 1043/16, 1 BvR 1477/16, AP GG Art. 9 Nr. 151, Rn. 132.

614 S. etwa: Wiedemann/*Jacobs*, TVG, 8. Aufl. 2019, Einleitung Rn. 6 f.; *Löwisch/Rieble*, TVG, 4. Aufl. 2017, Grundlagen Rn. 30 f.

Beitritt in eine Gewerkschaft die Tarifwirkung.[615] Ein Kollektiv ist eher in der Lage, keine zum Nachteil des jeweiligen Arbeitnehmers unverhältnismäßigen Änderungen auszuhandeln, als ein einzelner Arbeitnehmer. Ein fairer Ausgleich wird hierdurch sichergestellt. Den Tarifvertragsparteien steht aufgrund von Art. 9 Abs. 3 GG eine Einschätzungsprärogative zu. Nach der Rechtsprechung des BAG sind sie „*nicht verpflichtet, die zweckmäßigste, vernünftigste oder gerechteste Lösung zu wählen.*“[616] Vielmehr genüge es, „*wenn es für die jeweils getroffene Regelung einen sachlich vertretbaren Grund gibt*“.

Auch für die betriebliche Altersversorgung gilt somit – wie auch sonst im Arbeitsrecht: Die Strukturbedingungen bzw. die Verhandlungsstärke auf der jeweiligen Ebene der Rechtsgrundlagen sollen am Ende im Zusammenspiel mit dem jeweils rechtlich geforderten Maßstab für die Ablösbarkeit einen fairen Ausgleich sicherstellen.[617]

615 BAG v. 9.12.2020 – 10 AZR 334/20, AP ArbZG § 6 Nr. 21, Rn. 41.
616 BAG v. 9.12.2020 – 10 AZR 334/20, AP ArbZG § 6 Nr. 21, Rn. 41.
617 Vgl. hierzu auch BAG v. 19.3.2019 – 3 AZR 201/17, NZA 2020, 1031.

D. Seitenblick ins Nachbarland Österreich

Ein Seitenblick nach Österreich zeigt, dass auch in anderen Ländern die Problematik der Flexibilität der betrieblichen Altersversorgung kein unbekanntes Thema ist.[618] Das Rechtssystem sowie die Gesetzeslage in Österreich weist bekanntermaßen grundlegende Gemeinsamkeiten mit den in der Bundesrepublik Deutschland geltenden Systemen auf. Daher soll nachfolgend ein vergleichender Pendelblick in unser Nachbarland angestellt werden, stets auf der Suche nach Vorbildern und nachahmungswürdigen Regelungen.

I. Grundlagen der betrieblichen Altersversorgung in Österreich

Eine wichtige Erkenntnis vorab: Auch im österreichischen Recht stellt die betriebliche Altersversorgung einen Entgeltbestandteil dar.[619] So bezeichnet der OGH die betriebliche Altersversorgung als *„angespartes, ‚thesauriertes' Entgelt, das sich der einzelne Arbeitnehmer durch seine Tätigkeit und Loyalität gegenüber dem Betrieb verdient hat"*.[620] In Österreich gilt das Betriebspensionsgesetz (BPG). Ebenso wie im BetrAVG ist einer der zentralen Regelungsgegenstände im österreichischen Gesetz die Gewährung des hinreichenden Schutzes von Anwartschaften der Versorgungsleistungen.[621] Nach § 1 Abs. 1 BPG sind sog. Leistungszusagen Zusagen zur die gesetzliche Pensionssicherung ergänzenden Alters-, Invaliditäts- und Hinterbliebenenversorgung, die dem Arbeitnehmer im Rahmen eines privatrechtlichen Arbeitsverhältnisses vom Arbeitgeber gemacht werden.

Das besondere im österreichischen Recht ist, dass sie explizit in § 1 Abs. 3 Nr. 3 BPG Leistungen aus dem Geltungsbereich des Gesetzes nehmen, die vom Arbeitgeber unmittelbar zu erfüllen und jederzeit ohne Angabe von Gründen widerruflich sind sowie keinen Rechtsanspruch auf Leistungen vorsehen. Die Regelung bedeutet aber nicht, dass eine Regelung der unverbindlichen Erbringung der Leistung unzulässig ist.[622] Dies stellt einen Unterschied zum deutschen

618 Glowacka, Änderungen von Betriebspensionen, 2017, S. 1 f.

619 OGH v. 4.8.2009 - 9 ObA 38/09t, RdW 2010, 662, 642.

620 OGH v. 4.8.2009 - 9 ObA 38/09t, RdW 2010, 662, 642.

621 *Höfer/Opermann/Dikhoff*, DB 1990, 1662.

622 Glowacka, Änderungen von Betriebspensionen, 2017, S. 14.

Recht dar, für das das BAG sowie auch das BVerfG gerade aufgrund des besonderen Vertrauensschutzes eine unverbindliche Regelung von Versorgungszusagen für unbillig hielten.[623]

In § 2 BPG sind die Leistungsarten näher definiert. So hat der österreichische Gesetzgeber zunächst explizit geregelt, dass sich die Verpflichtungen des Arbeitgebers aus einseitigen Erklärungen, Einzelvereinbarungen oder aus Normen der kollektiven Rechtsgestaltung herleiten können. Die Verpflichtungen können nach dem Gesetz umfassen:

- Beiträge an eine Pensionskasse oder an eine Einrichtung im Sinne des § 5 Z 4 Pensionskassengesetz (PKG)
- Leistungen, die dem Arbeitnehmer und seinen Hinterbliebenen unmittelbar zu erbringen sind *oder*
- Prämien, die für eine zugunsten des Arbeitnehmers und seiner Hinterbliebenen abgeschlossene Lebensversicherung zu leisten sind.[624]

Unterstützungskassen sind dem BPG ebenfalls nicht unbekannt. So sind die Bestimmungen hierzu in § 15 BPG geregelt.

Die Leistungsarten entsprechen im Ergebnis den Durchführungswegen nach dem BetrAVG. Der wesentliche Unterschied im österreichischen Recht ist, dass das BPG den Durchführungsweg des Pensionsfonds nicht kennt. Während im deutschen Recht in dieser Hinsicht ein Reformierungsbedürfnis bestand und dies im Jahr 2001 seinen Niederschlag im BetrAVG gefunden hat, sah der österreichische Gesetzgeber kein Bedürfnis hierfür. Der Grund mag darin liegen, dass die Struktur der österreichischen Pensionskassen und ihre Ausgestaltung nach PKG bereits dem Pensionsfonds nach dem BetrAVG sehr nahe kommen.[625]

Gemein haben das österreichische und das deutsche System der betrieblichen Altersversorgung die Differenzierung zwischen beitrags- und leistungsorientierten Zusagen. Lediglich die Beitragszusage mit Mindestleistung findet sich nicht in § 3 BPG wieder.[626]

Hinsichtlich der Unverfallbarkeit von Anwartschaften wird im österreichischen Recht zwischen den Leistungsarten unterschieden. So werden gem. § 7 Abs. 1 BPG Anwartschaften aus direkten Leistungszusagen bei Beendigung des

623 BAG v. 17.5.1973 – 3 AZR 381/72, BAGE 25, 194; BVerfG v. 14.1.1987 – 1 BvR 1052/79, BVerfGE 74, 129; vgl. auch Abschn. B. 3.

624 Vgl. § 2 BPG.

625 *Runggaldier*, RdA 2002, 352, 353.

626 Vgl. auch *Runggaldier*, RdA 2002, 352, 353.

Arbeitsverhältnisses vor Eintritt des Leistungsfalles unverfallbar, wenn seit Erteilung der Leistungszusage drei Jahre vergangen sind, sofern nicht günstigere Vereinbarungen getroffen wurden. Dies gilt für die arbeitgeberfinanzierte Zusage. Bei Pensionskassen werden – wenn nicht eine Unverfallbarkeit nach drei Jahren in der Betriebsvereinbarung nach § 3 Abs. 1 BPG geregelt ist – die Anwartschaften grundsätzlich mit Beendigung des Arbeitsverhältnisses vor Eintritt des Leistungsfalles unverfallbar, § 5 Abs. 1 BPG. Eine Versorgungszusage im Wege der Direktversicherung führt ebenfalls dazu, dass der Anspruch des Arbeitnehmers nach Beendigung des Arbeitsverhältnisses gem. § 13 Abs. 1 BPG erhalten bleibt.

Der Schutz der Anwartschaften erfasst im österreichischen Recht auch die erdiente Dynamik. Dies ergibt sich aus § 5 Abs. 1a BPG:

> *„Der Unverfallbarkeitsbetrag entspricht der auf Grund des Risikos des Alters und des Todes geschäftsplanmäßig zu bildenden Deckungsrückstellung (die dieser Berechnung zugrunde zu legende Deckungsrückstellung hat nur Veränderungen des Entgelts bis zum Zeitpunkt der Beendigung des Arbeitsverhältnisses zu berücksichtigen)…"*.[627]

Ebenso kennt das österreichische Betriebsrentensystem Wertanpassungen (vgl. § 10 BPG). Diese stellen ein Pendant zu Anpassungspflichten nach § 16 BetrAVG dar und können ebenso wie im deutschen Recht unter bestimmten Voraussetzungen ausgesetzt werden. Eine Wertanpassung ist in Österreich bereits möglich, wenn die wirtschaftliche Lage des Unternehmens eine Wertanpassung nicht erlaubt und der Betriebsrat gem. § 10 S. 2 BPG entsprechend beteiligt wird.

Weiterhin ist zu erwähnen, dass nach der ständigen Rechtsprechung des OGH – die in der österreichischen Literatur[628] vielfach kritisierte wurde – nach der Beendigung des Arbeitsverhältnisses eine in einer Betriebsvereinbarung normierte Versorgungszusage sich in eine individualvertragliche Versorgungszusage wandelt (sog. Wandlungstheorie).[629]

II. Einseitige Änderungsmöglichkeiten durch den Arbeitgeber

Im Gegensatz zum deutschen Gesetzgeber hat der österreichische Gesetzgeber durchaus die Notwendigkeit erkannt für die jeweiligen Leistungswege zumindest

627 Vgl. § 5 Abs. 1a BPG.

628 Vgl. Glowacka, Änderungen von Betriebspensionen, 2017, S. 125.

629 S. etwa OGH v. 24.7.2013 – 9 ObA 10/13f, ZFR 2014, 23, 41; vgl. Glowacka, Änderungen von Betriebspensionen, 2017, S. 125, 154.

ein paar grundlegende Schranken für das Einstellen und Aussetzen oder Einschränken der Beitragsleistung im Gesetz zu verankern (je nach Leistungszusage vgl. §§ 6, 6d, 8, 9 sowie 14 BPG). Die normierten Schranken sind auch gem. § 19 BPG zwingend und können somit nicht abbedungen werden.

1. Widerruf von laufenden Beitragsleistungen

Im österreichischen Recht wird zwischen erdienten Anwartschaften, noch zu erdienenden Anwartschaften sowie laufenden Versorgungsleistungen differenziert.[630] Dies geht aus den Regelungen zu den Einschränkungsmöglichkeiten hervor.

So gilt für die Beiträge für Pensionskassen sowie für Prämien für eine betriebliche Kollektivversicherung nach den §§ 6 und 6d BPG und für Direktzusagen und Prämien für eine Lebensversicherung gem. §§ 8 und 14 BPG, dass ein Widerruf zulässig ist, wenn

1. ein entsprechender Widerrufsvorbehalt in der Vereinbarung zur Versorgungszusage geregelt ist,
2. eine nachhaltige wesentliche Verschlechterung der wirtschaftlichen Lage des Unternehmens eingetreten ist, sodass die Aufrechterhaltung der Versorgungszusage eine Gefährdung des Weiterbestands des Unternehmens zur Folge hätte *und*
3. mit dem Betriebsrat entsprechend beraten wurde.

Ein Widerruf betrifft hier nur die zukünftigen Zuwächse. Bereits erdiente Anwartschaften sind von dieser Regelung nicht berührt. Dies stellt der Gesetzgeber in den §§ 6, 6d, 8 jeweils in Abs. 2 sowie in § 14 Abs. 1 BPG ausdrücklich klar. Im Fall des Widerrufs besteht zudem die Möglichkeit der Abfindung der bereits erdienten Anwartschaften, sofern der Unverfallbarkeitsbetrag den sich aus § 1 Abs. 2 und 2a PKG ergebenden Betrag nicht übersteigt.

Inwieweit ein Widerruf möglich ist, ist im Rahmen einer Billigkeitskontrolle gem. § 879 ABGB zu beurteilen.

a) Anforderungen an den Widerrufsvorbehalt

Auch im österreichischen Recht haben sich Maßstäbe entwickelt, die an einen wirksamen Vorbehalt zu stellen sind. Dies sind insbesondere die Grundsätze der Klarheit und Bestimmtheit, die sich aus § 849 ABGB ergeben: Der OGH verlangt

630 Vgl. auch Glowacka, Änderungen von Betriebspensionen, 2017, S. 152.

demnach, dass der Vorbehalt ausdrücklich, erkennbar und nachvollziehbar formuliert ist.[631]

b) Anforderungen an nachhaltige, wesentliche wirtschaftliche Verschlechterung

Nach *Höfer/Oppermann/Dikhoff*[632] ist ein Widerruf der zukünftigen Beitragsleistungen faktisch nur möglich, wenn durch den Widerruf eine Bestandsgefährdung des Unternehmens abgewendet werde. In der Tat sind die gesetzlichen Anforderungen zur wirtschaftlichen Lage im Fall eines Widerrufs recht hoch. Die Kriterien „nachhaltig" und „wesentlich" deuten darauf hin, dass im Rahmen einer Bewertung der Verschlechterung der wirtschaftlichen Lage sowohl der Grad der Verschlechterung als auch die andauernde Beeinträchtigung von Relevanz sind.[633]

Um einen Vergleichswert für die Wesentlichkeit der Verschlechterung der wirtschaftlichen Lage bilden zu können, muss zwischen dem status quo und einem weiteren Bezugszeitpunkt die wirtschaftliche Lage betrachtet werden. Der weitere Bezugszeitpunkt ist im Gesetz nicht geregelt. Allerdings erscheint es sachgerecht, die wirtschaftliche Lage zum Zeitpunkt der Erteilung der Versorgungszusage sowie zum aktuellen Zeitpunkt zu betrachten.[634] Denn die vereinbarten Bedingungen der Versorgungszusage basieren in der Regel auf der Grundlage der zum Zeitpunkt der Erteilung bestehenden wirtschaftlichen Lage sowie der wahrscheinlichen Prognose für die zukünftige Entwicklung des Unternehmens.

Die Voraussetzung der Nachhaltigkeit enthält ein prognosebezogenes Element. Damit ein Widerruf für die Zukunft möglich ist, muss eine zukunftsorientierte Betrachtung der wirtschaftlichen Situation des Unternehmens vorgenommen werden. Einen Zeitraum für die Prognosebetrachtung fehlt im Gesetz. *Glowacka*[635] sieht als angemessenen Zeitraum eine 3-Jahres-Betrachtung an. Diesen Bezugszeitraum leitet sie aus der Rechtsprechung des OGH zum Aussetzen von Wertanpassungen (äquivalent zum Aussetzen der Anpassung im

---

631 OGH v. 19.12.2012 – 8 ObA 78/12x, ARD 6329/3/2013; vgl. ausführlich Glowacka, Änderungen von Betriebspensionen, 2017, S. 155.

632 *Höfer/Opermann/Dikhoff*, DB 1990, 1662, 1663.

633 Vgl. auch Glowacka, Änderungen von Betriebspensionen, 2017, S. 176 f.

634 So auch Glowacka, Änderungen von Betriebspensionen, 2017, S. 177.

635 Glowacka, Änderungen von Betriebspensionen, 2017, S. 178.

Sinne von § 16 BetrAVG) sowie aus den Gesetzesmaterialien zum BPG her.[636] Da das Prognoseprinzip nach dem Wortlaut der gesetzlichen Regelung bereits angelegt ist, erscheint es sinnvoll als Bezugszeitraum auch eines zu wählen, das dem System der Betriebsrente für Prognosen nicht fremd ist.

Eine Bestandsgefährdung wird wohl ähnlich wie beim früheren Widerrufsgrund der wirtschaftlichen Notlage im deutschen Recht dann vorliegen, wenn eine Zahlungsunfähigkeit des Unternehmens drohen würde.[637] Im Gegensatz zur Ansicht von *Höfer/Oppermann/Dikhoff* wird die Anforderung der Abwendung der Bestandsgefährdung jedoch nicht zu dem ausschließlichen praktischen Fall führen, dass nur wenn der Widerruf allein die Bestandsgefährdung abwendet, ein Widerruf zulässig ist. Betrachtet man die Praxis, so wird regelmäßig ein Widerruf alleine nicht eine Bestandsgefährdung abwenden können. Daher ist vielmehr eine Gesamtbetrachtung der Sanierungsmaßnahmen vorzunehmen. Richtig wird wohl sein, dass der Widerruf der zukünftigen Beiträge einen nicht unwesentlichen Beitrag zur Abwendung der Bestandsgefährdung leisten muss. Dies deckt sich auch mit der österreichischen Kommentierung, nach der jedenfalls die Einstellung der betrieblichen Altersversorgung nicht die einzige Sanierungsmaßnahme darstellen muss.[638]

Nach der Rechtsprechung des OGH[639] sowie der verbreiteten Auffassung in der österreichischen Literatur[640] kann eine nachhaltige Besserung der Wirtschaftslage dazu führen, dass ein Teil der Beitragsleistungen oder im besten Falle auch die ursprünglichen Beitragsleistungen wiederaufleben. So führt der OGH hierzu aus, dass

> *„… auch gewaltige wirtschaftliche Schwierigkeiten in der Gegenwart nicht den Widerruf der Pensionsleistungen für alle Zukunft – etwa für den Fall, dass eine nachhaltige Besserung der Ertragslage eine wenigstens teileweise Wiederaufnahme der Pensionsleistungen ohne Gefährdung des Fortbestandes des Unternehmens erlaubt – rechtfertigen.“*[641]

---

636 Glowacka, Änderungen von Betriebspensionen, 2017, S. 178; vgl. auch OGH v. 14.12.1988 – 9 ObA 512/88, ZAS 1989/15, 95.

637 So auch Glowacka, Änderungen von Betriebspensionen, 2017, S. 179 ff. m.w.N.; wohl auch *Höfer/Opermann/Dikhoff*, DB 1990, 1662, 1663.

638 *Schrammel/Kietaibl*, BPG 2. Aufl. 2018, § 6 Rn. 21.

639 OGH v. 21.9.2006 – 8 ObA 77/05i, zuvo 2008/35, 50.

640 Vgl. Glowacka, Änderungen von Betriebspensionen, 2017, S. 191 m.w.N.

641 OGH v. 21.9.2006 – 8 ObA 77/05i, zuvo 2008/35, 50.

Der Nachhaltigkeit der Verbesserung ist hierbei besondere Aufmerksamkeit zu schenken. So hat der OGH hierfür beispielsweise nicht ausreichen lassen, dass sich die Ertragslage eines Unternehmens auf zwei Jahre gesehen verbessert hat.[642]

2. Aussetzen und Einschränken von laufenden Beitragsleistungen

Ein Aussetzen bzw. Einschränken von laufenden Beitragsleistungen ist bereits bei Vorliegen schwächerer Gründe möglich. Nicht die nachhaltige Verschlechterung der wirtschaftlichen Lage ist neben dem Vorbehalt und der Beteiligung des Betriebsrats Voraussetzung im Fall von Pensionskassen und Prämien für eine betriebliche Kollektivversicherung, sondern zwingende wirtschaftliche Gründe (vgl. § 6 Abs. 6 und § 6d Abs. 6 BPG).

Im Gegensatz zu den Leistungsarten der Pensionskassen, der Kollektivversicherungen und Lebensversicherungen können im Falle von Direktzusagen gem. § 9 BPG auch in laufende Leistungen – also in bereits erdiente Anwartschaften – bei Vorliegen zwingender wirtschaftlicher Gründe neben einem Vorbehalt und der Beteiligung des Betriebsrats eingegriffen werden. Allerdings können sie nur in den in § 9 BPG genannten Grenzen eingeschränkt bzw. ausgesetzt werden.

Wann zwingende wirtschaftliche Gründe vorliegen, ist im Gesetz nicht näher definiert. Der unbestimmte Rechtsbegriff bedarf einer näheren Auslegung. So nehmen *Höfer/Opermann/Dikhoff*[643] jedenfalls in Abgrenzung zur wesentlichen und nachhaltigen wirtschaftlichen Verschlechterung beim Widerruf an, dass schon vor dem Vorliegen einer Existenzgefährdung eines Unternehmens eine Einschränkung bzw. ein Aussetzen zulässig sein müsse. Dies erscheint vor dem Hintergrund der geringeren Intensität des Eingriffs im Vergleich zu einem Widerruf – jedenfalls für die zukünftige Leistung von Beiträgen – sinnvoll. *Höfer/Opermann/Dikhoff*[644] lassen allerdings offen, ob auch Gewinnminderungen oder große Investitionsvorhaben die Anforderungen erfüllen. Der Wortlaut deutet aber auch daraufhin, dass nicht sachliche wirtschaftliche Gründe alleine ausreichen, wie beispielsweise das Ziel der Gewinnmaximierung, um eine Einschränkung oder ein Aussetzen vornehmen zu können. In Abstufung zu den Erfordernissen bei einem Widerruf lässt sich dem *telos* nach herleiten, dass Gründe vorliegen müssen, nach denen ohne eine Einschränkung im weiteren

642 OGH v. 21.10.1992 – 9 ObA 246/92, infas A 136/93.
643 *Höfer/Opermann/Dikhoff*, DB 1990, 1662, 1663.
644 *Höfer/Opermann/Dikhoff*, DB 1990, 1662, 1663.

Verlauf die Existenzgefährdung des Unternehmens eintreten könnte.[645] *Schrammel und Kietaibl* versuchen eine Konkretisierung der Anforderungen an zwingende wirtschaftliche Gründe. Eine Einschränkung bzw. ein Aussetzen der zukünftigen Beiträge bzw. der Leistungen bei Direktzusagen sei dann gerechtfertigt, wenn dringende Investitionsmaßnahmen ansonsten nicht durchgeführt werden könnten, der Erhalt der Kaufkraft der Löhne der Arbeitnehmer, der Erhalt der Arbeitsplätze sowie des Betriebs gesichert werden solle.[646]

Die Einschränkung bzw. das Aussetzen der Beitragsleistungen bzw. Leistungen i.S.d. § 9 BPG ist dann zu beenden, soweit die zwingenden Gründe wegfallen bzw. eine Besserung der Ertragslage eintritt.[647]

3. Wegfall der Geschäftsgrundlage

Unabhängig von den im BPG bereits angelegten Grundsätzen zur einseitigen Änderung von Versorgungszusagen kennt das österreichische Recht auch das Rechtsinstitut des Wegfalls der Geschäftsgrundlage. Auch in der österreichischen Literatur nahm man vor Inkrafttreten des BPG an, dass ein Widerruf auf der Basis des Wegfalls der Geschäftsgrundlage ohne eine ausdrückliche Vereinbarung hierzu zulässig ist.[648] Allerdings kennt das österreichische Recht kein allgemeines Rechtsinstitut des Wegfalls der Geschäftsgrundlage. Der Gesetzgeber hat den Wegfall der Geschäftsgrundlage nur für bestimmte Fälle im ABGB geregelt. Für andere Fälle werden jene Normen im ABGB analog herangezogen.[649]

Durch die Regelung der Voraussetzungen einer Änderung im BPG bedarf es allerdings keines Rückgriffs mehr auf das Rechtsinstitut des Wegfalls der Geschäftsgrundlage. Eine planwidrige Regelungslücke scheidet gerade durch die Regelung im BPG aus.

---

645 So auch Glowacka, Änderungen von Betriebspensionen, 2017, S. 175; wohl auch *Höfer/Opermann/Dikhoff*, DB 1990, 1662, 1663.

646 *Schrammel/Kietaibl*, BPG 2. Aufl. 2018, § 6 Rn. 37.

647 Bednar, Betriebspension, S. 367; Glowacka, Änderungen von Betriebspensionen, 2017, S. 190.

648 Binder, Zur Werterhaltung von Pensionszusagen des Arbeitgebers, 2008, S. 186.

649 Glowacka, Änderungen von Betriebspensionen, 2017, S. 149.

III. Vergleich zu Änderungsmöglichkeiten im deutschen Betriebsrentensystem

Vergleicht man die Änderungsmöglichkeiten im deutschen Betriebsrentensystem mit denen im österreichischen, so fallen einem viele Ähnlichkeiten aber eben auch gewisse Unterschiede ins Auge.

1. Allgemeine Unterschiede auf formeller und materieller Ebene

Positiv im österreichischen System ist zunächst, dass der Gesetzgeber durchaus seine Aufgabe wahrgenommen hat und für eine gewisse Rechtssicherheit gesorgt hat, indem er zur Vollständigkeit der Regelung des Betriebsrentensrechts ein Grundgerüst zu Änderungsmöglichkeiten für die langfristige Bindung von Versorgungszusagen dem Arbeitgeber aber auch den Gerichten an die Hand gegeben hat.

Auf formeller Ebene fallen zunächst zwei Punkte auf: Zum einen wird im österreichischen Betriebsrentensystem nicht zwischen den Rechtsbegründungsakten der Versorgungszusagen unterschieden. Aus den Normen des BPG ergibt sich auch, dass für kollektivrechtliche Regelungen – unabhängig davon ob auf Betriebs- oder Tarifebene – sowie für individualrechtliche Regelungen die gleichen Schranken und somit auch die gleichen Ablösungsmöglichkeiten von Versorgungszusagen gelten. Zum anderen wandelt sich eine Versorgungszusage aus einer Betriebsvereinbarung für Rentner nach ihrem Ausscheiden aus dem aktiven Arbeitsverhältnis in einen individualrechtlichen Anspruch gemäß der Wandlungstheorie um. Nach dem deutschen Recht wird hingegen zwischen den Rechtsbegründungsakten unterschieden und die Schranken entsprechend ihres dogmatischen Hintergrunds gebildet. Entgegen der Wandlungstheorie bleibt im deutschen Recht die kollektivrechtliche Regelung statisch erhalten, soweit keine Jeweiligkeitsklausel auch eine dynamische Anpassung zulässt.[650]

Zudem ist im BPG stets die Beteiligung des Betriebsrats für eine Anpassung vorgesehen. Im Gegensatz zum deutschen Recht bedarf es daher nicht zwingend eines kollektiven Bezugs für die Beteiligung des Betriebsrats – auch wenn Änderungen in der deutschen Praxis regelmäßig eine Beteiligung des Betriebsrats auslösen werden.

Ähnlich zum im deutschen System auf Betriebsvereinbarungen und Individualverträgen mit kollektivem Bezug anzuwendenden Drei-Stufen-Modell kristallisiert sich auch im österreichischen Recht eine Abstufung der

650 Vgl. Abschn. C. I. 2. c).

Rechtfertigungsgründe abhängig von der Intensität der Eingriffe heraus. Will man im österreichischen Recht eine Stufeneinteilung vornehmen, so ergeben sich folgende Stufen, die etwas anders als im deutschen Recht zu definieren sind:

1. Stufe: Widerruf von zukünftigen Beiträgen	→	Rechtfertigung: nachhaltige und wesentliche Verschlechterung der wirtschaftlichen Lage
2. Stufe: Einschränken und Aussetzen von zukünftigen Beiträgen bzw. Leistungen von Direktzusagen	→	Rechtfertigung: zwingende wirtschaftliche Gründe
3. Stufe: Aussetzen von Wertanpassungen	→	Rechtfertigung: schlechte wirtschaftliche Lage[651]

Im Vergleich zum vom BAG entwickelten Drei-Stufen-Modell wird bei den aus dem BPG hergeleiteten drei Stufen deutlich, dass im österreichischen Betriebsrentenrecht der Schwerpunkt der Änderungen auf zukünftige Zuwächse bzw. Beitragsleistungen liegt. Eine Differenzierung zwischen erdienten Anwartschaften und erdienter Dynamik findet im österreichischem Betriebsrentensystem nicht statt. Daraus lässt sich schließen, dass diese gleich zu behandeln sind und die Anforderungen an einen Eingriff für beide Besitzstandstufen identisch sind. Das bedeutet allerdings auch, dass ein Eingriff in beide Stufen nach dem österreichischen Recht kaum möglich ist. Im BPG sind für die verschiedenen Leistungswege – mit Ausnahme für die Direktzusage – nur Eingriffsmöglichkeiten für die noch nicht erdienten Zuwächse normiert.

Insoweit erscheint das vom BAG entwickelte Drei-Stufen-Modell klarer zu sein, da sie jedenfalls definiert, wann auch Eingriffe in erdiente Anwartschaften zulässig sind. Eine Differenzierung in erdiente Anwartschaften und erdienter Dynamik macht im deutschen Recht Sinn, da auch der Schutz der Anwartschaften nach § 2 BetrAVG im Gegensatz zum österreichischen Recht die erdiente Dynamik erfasst.[652]

Beiden Systemen ist gemein, dass sie den Eingriff in laufende Versorgungsleistungen praktisch nie zulassen und dem besonderen Vertrauensschutz im Hinblick auf die vollständig erdiente Gegenleistung gerecht werden.

---

651 Vgl. auch Bednar, Betriebspension, S. 358 f.; ausführlich Glowacka, Änderungen von Betriebspensionen, 2017, S. 164 f.

652 Vgl. Abschn. C. II. 2 a) cc) (bb).

2. Übertragbarkeit der österreichischen Regelungen zum Widerruf?

Der im BPG geregelte Widerrufsgrund der nachhaltigen und wesentlichen Verschlechterung der wirtschaftlichen Lage eines Unternehmens, welches eine Existenzgefährdung mit sich bringen muss, ähnelt dem früheren Widerrufsgrund der wirtschaftlichen Notlage im deutschen Recht. Da der Widerruf von zukünftigen Beiträgen auch dauerhaft sein kann und dies faktisch einer Aufhebung der Versorgungszusage für die Zukunft gleich kommt, ist es zwar berechtigt, hier einen hohen Maßstab anzusetzen. Allerdings unterliegt die Reichweite des Widerrufsrechts auch einer Billigkeitsprüfung, sodass fraglich ist, ob nicht auch sachlich-proportionale Gründe hier ausreichen, wie es das Drei-Stufen-Modell bei einer Änderung durch Betriebsvereinbarung vorsieht. Die hohen Anforderungen im österreichischen Recht machen dahingehend Sinn, dass der Widerruf nicht einer erneuten Vereinbarung mit dem Betriebsrat bedarf, sondern im Grunde einseitig durch den Arbeitgeber erfolgen kann. Die Beteiligung des Betriebsrats ist bereits dadurch berücksichtigt, dass mit ihm lediglich beraten werden muss.

Ein besonderer Unterschied im österreichischen System ist die Möglichkeit des Wiederauflebens von Beiträgen bei einer Verbesserung der wirtschaftlichen Lage. Dieser Grundsatz beruht auf einer Rechtsprechung des OGH. Eine solche Möglichkeit kennt das deutsche Betriebsrentensystem nicht.

Ein solcher Ansatz wurde aber auch im Zusammenhang mit dem Eingriff auf der zweiten Stufe (erdiente Dynamik) bereits in der deutschen Literatur diskutiert.[653] Genau dieses angewandte Prinzip samt dem Prognoseprinzip aus dem österreichischen Recht verlangen im Ergebnis *Reinecke*[654] sowie *Diller/Günther*[655] für die Bewertung von triftigen Gründen zur Rechtfertigung des Eingriffs auf der zweiten Stufe.

Die Übertragung ist allerdings zum einen aus dogmatischer Sicht und aus Gründen der Rechtssicherheit und zum anderen aus Praktikabilitätsgründen für das deutsche System nicht erstrebenswert. Ein Widerruf unter dem Vorbehalt der Verbesserung der wirtschaftlichen Lage würde letztlich bedeuten, dass der Widerruf unter einer auflösenden Bedingung erfolgen würde. Dies widerspricht aber den zivilrechtlichen Grundsätzen des deutschen BGB. Einseitige

---

653 *Reinecke*, DB 2007, 2836, 2852; *Diller/Günther*, DB 2017, 908, 909; vgl. auch Abschn. C. II. 2 a) cc) (bb).

654 *Reinecke*, DB 2007, 2836, 2852.

655 *Diller/Günther*, DB 2017, 908, 909.

Gestaltungsrechte wie ein Widerruf sind grundsätzlich bedingungsfeindlich.[656] Für den Erklärungsgegner eines Gestaltungsrechts müsse klar sein, worauf und auf welche Rechtslage er sich einzustellen habe.[657] Für die Praxis wäre es zudem nicht praktikabel – weder für Eingriffe auf der zweiten Stufe noch für solche auf der dritten Stufe – nach Ablauf einer bestimmten Zeit zu prüfen, ob eine Verbesserung der wirtschaftlichen Lage eingetreten ist oder nicht und im Falle der Besserung eine erneute Vereinbarung mit der entsprechenden Vertragspartei zu schließen. Dies würde auch zugleich bedeuten, dass die Versicherungskonditionen gegebenenfalls angepasst werden müssten, da sich der ursprünglich zugrunde gelegte Gesamtbetrag, der durch den Arbeitgeber eingezahlt werden soll, ändert. Abhängig von dem zugesagten Leistungsplan (ob z.B. Leistungszusage oder Beitragszusage mit Mindestleistung) können daher die finanziellen Kosten bei Wiederaufleben der ursprünglichen Leistungen erheblich divergieren.

3. Übertragbarkeit der Änderungsmöglichkeiten durch Aussetzen und Einschränken der Zusagen für einen bestimmten Zeitraum?

Ein wiederum interessantes Modell für das deutsche System könnte die Möglichkeit des Aussetzens und der Einschränkung der Versorgungszusage für noch nicht erdiente Zuwächse für einen bestimmten Zeitraum sein.

Nach dem Grundsatz der Verhältnismäßigkeit muss für Eingriffe – unabhängig davon welcher Besitzstand betroffen ist – das mildeste zur Verfügung stehende Mittel genutzt werden. Um eine dauerhafte Kürzung der noch nicht erdienten Anwartschaften zu vermeiden, ist das Aussetzen eine Möglichkeit, um Kosten im Falle einer Fehlentwicklung etc. einzusparen und gleichzeitig den Arbeitnehmern in Aussicht zu stellen, dass nach Ablauf einer festgelegten Zeit die Beiträge wieder wie vereinbart fortgesetzt werden. Das Aussetzen würde sich dann zwar auch auf die späteren Versorgungsleistungen auswirken, da weniger als ursprünglich eingeplant in die Versorgungskassen eingezahlt wird, jedoch wirkt sich ein zeitweises Aussetzen in der Regel weniger einschneidend aus als eine dauerhafte Kürzung der einzuzahlenden Beiträge.

---

656 MüKo/*Westermann*, 9. Aufl. 2022, § 158 BGB Rn. 27 f.; Palandt/*Ellenberger*, BGB, 81. Aufl. 2022, § 158 Rn. 13.

657 MüKo/*Westermann*, 9. Aufl. 2022, § 158 BGB Rn. 28.

IV. Zusammenfassendes Ergebnis

Im Ergebnis definiert insbesondere das für Betriebs- und Individualvereinbarungen mit kollektivem Bezug anzuwendende Drei-Stufen-Modell trotz seiner Schwächen im Vergleich zu den gesetzlichen Unterscheidungen im österreichischen Recht klarere Schranken bzw. weist klarere Flexibilisierungsmöglichkeiten auf.

Der Gesetzgeber in Österreich hat zwar dem deutschen Gesetzgeber voraus, dass Änderungsmöglichkeiten für das Betriebsrentensystem bereits gesetzlich normiert sind. Allerdings ergibt sich aus den gesetzlichen Regelungen im Umkehrschluss für bereits erdiente Anwartschaften, dass Eingriffe in erdiente Anwartschaften überhaupt nicht möglich sind. Auch für einen Rückgriff auf die frühere analoge Anwendung der Störung der Geschäftsgrundlage wird mangels planwidriger Regelungslücke seit der gesetzlichen Regelung der Änderungsmöglichkeiten im BPG kein Raum mehr sein.

Das deutsche Betriebsrentenrecht präsentiert sich diesbezüglich als das flexiblere System. Da die Grundsätze der Störung der Geschäftsgrundlage nicht an einzelne zivilrechtliche Bereiche wie im österreichischen Recht gekoppelt sind, kann auf diese Grundsätze auch für Eingriffe auf der ersten Stufe (erdiente Anwartschaften) zurückgegriffen werden. Auch im Rahmen des Drei-Stufen-Modells finden sich diese Grundsätze wieder.

Hingegen lohnt es sich, für Eingriffe auf der dritten Stufe im deutschen System sich etwas von den Anpassungsmöglichkeiten des Einschränkens und insbesondere des Aussetzens von Beitragsleistungen im österreichischen System abzuschauen. Das Aussetzen kann eine Alternative zu dauerhaften Kürzungen von Beitragsleistungen darstellen und lässt sich als gegebenenfalls milderes Mittel zur Kürzung auch im deutschen System gut anwenden.

Dass die Wandlungstheorie – die Umwandlung einer kollektivrechtlichen in eine individualrechtliche Versorgungszusage – ein Vorbild für das deutsche System sein soll, ist nicht erforderlich. Dafür spricht jedoch, dass die kollektivrechtlichen Regelungen dann durch individualrechtliche Änderungsvereinbarungen noch in Zukunft angepasst werden können. Dies wäre ähnlich wie bei Betriebsübergängen in Deutschland. § 613a BGB sieht ebenfalls eine Umwandlungsmöglichkeit von Rechten und Pflichten aus Betriebsvereinbarungen in das individualrechtliche Arbeitsverhältnis der übergehenden Arbeitnehmer vor. Die Interessenlage ist aber nicht vergleichbar. Während bei einem Betriebsübergang ohne eine solche Regelung die Gefahr bestünde, dass bei Verlust der Betriebsidentität insbesondere auch die Rechte aus Betriebsvereinbarungen des bisherigen Betriebes verloren gingen, besteht diese Gefahr bei Rentnern nicht, die bereits aus dem Betrieb ausgeschieden sind. Ihr Anspruch auf eine versorgungsrechtliche Zusage bleibt erhalten. Die Betriebsparteien haben jedoch nur keine Regelungsbefugnis für sie, soweit keine Jeweiligkeitsklausel im Arbeitsvertrag auf die jeweilige Betriebsvereinbarung Bezug genommen hat.[658] Das bedeutet aber auch, dass die Problematik hinsichtlich der Reglungsbefugnis mit einer einfachen Jeweiligkeitsklausel im Arbeitsvertrag gelöst werden kann.

658 Vgl. Abschn. C. I. 2. c).

E. Möglichkeiten zur flexiblen Gestaltung von Versorgungszusagen

Bereits der Gesetzgeber versucht durch die Schaffung größerer Regelungsspielräume für Tarifparteien die Attraktivität der betrieblichen Altersvorsorge für Arbeitgeber zu erhöhen – doch dies bisher mit nur mäßigem Erfolg. Diese erleichtern letztlich nicht die Handhabung von Änderungsmöglichkeiten der Versorgungsleistungen an sich. Aber gerade das ist im Hinblick auf die langfristige, über das aktive Arbeitsverhältnis hinausgehende Bindung ein maßgebliches Kriterium für ein erfolgsversprechendes Rezept. Die vorstehenden Maßstäbe zu Änderungen von Versorgungszusagen zeigen, dass es für den Arbeitgeber von entscheidendem Vorteil sein kann, von Anfang Versorgungszusagen möglichst flexibel zu gestalten.

Im Rahmen der derzeitigen Gesetzeslage sowie der Rechtsprechung gibt es Möglichkeiten, Versorgungszusagen zumindest in Ansätzen flexibel zu gestalten. Schon der Rechtsbegründungsakt sollte mit Sorgfalt ausgewählt werden. So sind (Haus-)Tarifverträge Rechtsgrundlagen, die einen gewissen Freiraum bei der Regelung von Versorgungszusagen – insbesondere auch im Hinblick auf Abweichungen zu den Regelungen den BetrAVG zum Nachteil des Arbeitnehmer – gewähren sowie im Fall von Änderungen nicht derart strengen Maßstäben unterliegen wie beispielsweise Betriebsvereinbarungen.

Aber auch die flexible Ausgestaltung der Versorgungszusagen können dem Arbeitgeber bereits von Nutzen sein, um im Falle eines Änderungsbedarfs entsprechende Maßnahmen ergreifen zu können.

Im Folgenden sollen einige Anregungen und Ideen für die Praxis dargestellt und ihre Zulässigkeit erörtert werden.

I. Befristung der Beitragszeit von arbeitgeberfinanzierten Zusagen – ein Vorbild für die Zukunft?

Als eine mögliche Gestaltungsvariante – unabhängig von der Wahl des Durchführungsweges – könnte die Beitragszeit für eine arbeitgeberfinanzierte Versorgungszusage für einen bestimmten Zeitraum befristet werden. Die Rechtsprechung hat sich bislang nur mit Befristungen der Versorgungsleistung und nicht der Beitragszeit beschäftigt.[659]

659 BAG v. 20.3.2018 – 3 AZR 519/16, NZA 2018, 1139.

Nach Ablauf einer bestimmten Zeit könnten Arbeitgeber und Arbeitnehmer sich erneut zusammensetzen und die Beiträge gegebenenfalls neu verhandeln. Ein solcher Verhandlungsmechanismus bzw. die automatische Verlängerung der Beitragszeit im Falle des Unterbleibens einer Erklärung der Beendigung der Beitragszeit könnte zum Zwecke der Attraktivitätssteigerung für den Arbeitnehmer auch bereits zu Beginn vertraglich festgelegt werden. So kann auch weiterhin einen gewisser Bindungsanreiz an das Unternehmen für den Arbeitnehmer erreicht werden. Für den Arbeitgeber ist die Befristung insbesondere aus dem Grund attraktiv, dass er mangels eines Vertrauensschutzes des Arbeitnehmers auf eine dauerhafte Zusage zu den Ausgangskonditionen im Falle der Neuregelung die Beiträge frei gestalten kann und nicht an die Grenzen der Ablösbarkeit gebunden wäre. Eine solche Gestaltung wäre zudem auch zeitgemäß, da sowohl Arbeitgeber als auch Arbeitnehmer in der heutigen Zeit sich nicht mehr lebenslang binden möchten und somit auch eine dauerhafte Zusage unter Umständen nicht das ausschlaggebende Argument für die Wahl eines bestimmten Arbeitgebers ist.

Weder der deutsche Gesetzgeber noch die Rechtsprechung haben sich bislang mit dieser Möglichkeit befasst. Bis auf wenige Ausnahmen[660] hat auch die Fachwissenschaft diesen Ansatz bisher wenig thematisiert, obwohl die Option der Befristung bei Versorgungszusagen auch in der Praxis nicht gänzlich unbekannt ist. Auf kollektivrechtlicher Ebene ist eine solche Begrenzung bereits in Vereinbarungen zwischen den Betriebspartnern anzutreffen. Hier stellt sich allerdings die Frage, inwieweit solche Regelungen ein Eingriffsrecht für den Arbeitgeber ermöglichen.

Sofern eine Befristung der Beitragszeit auf individualrechtlicher Ebene mit dem Arbeitnehmer vereinbart werden soll, ist im Hinblick auf die Anforderungen einer solchen Gestaltung insbesondere zu prüfen, ob auf eine befristete Regelung der betrieblichen Altersvorsorge die Maßstäbe zur Befristung von Arbeitsbedingungen Anwendung finden müssen oder die Befristung ohne weiteren Sachgrund beliebig lang und beliebig oft (Kettenbefristung) mit dem jeweiligen Arbeitnehmer vereinbart werden kann.

---

660 *Hanau/Arteaga*, Rechtsgutachten zu dem „Sozialpartnermodell Betriebsrente" des Bundesministeriums für Arbeit und Soziales, S. 31; *Thüsing* in: Festschrift Uebelhack, 2019, S. 467, 471.

1. Begrenzen der Beitragszeit auf kollektivrechtlicher Ebene

Wirft man zunächst einen Blick in die Praxis, wird deutlich, dass die Betriebsparteien kreativ werden und trotz der starren Grundsätze der Rechtsprechung nicht davor zurückschrecken, Versorgungszusagen möglichst flexibel zu gestalten.

a) Ein Blick in die Praxis

Bereits jetzt vereinbaren Betriebsparteien in vielen Unternehmen die Begrenzung der Beitragszeit. So ist beispielsweise häufig folgende Regelung zu lesen:

> *Die Beitragszeit beginnt am 1. Januar XX und beträgt ein Jahr (Dotierungsrahmen). Das Unternehmen kann gemäß seiner Dotierungsfreiheit in der betrieblichen Altersversorgung jederzeit durch schriftliche Erklärung gegenüber dem zuständigen Betriebsrat festlegen, ob und wie die Beitragszeit verlängert und damit der Dotierungsrahmen erhöht wird. Für die Frage der Verlängerung der Beitragszeit werden u.a. die wirtschaftliche Lage des Unternehmens sowie die für die betriebliche Altersversorgung bedeutsamen Entwicklungen berücksichtigt. Hat das Unternehmen bis zum Ende eines Kalenderjahres keine Erklärung abgegeben, gilt die Beitragszeit als um ein weiteres Jahr verlängert. Beabsichtigt das Unternehmen die Beitragszeit nicht zu verlängern, wird darüber rechtzeitig mit dem zuständigen Betriebsrat beraten; das Unternehmen informiert diesen bis spätestens zum 30. November eines Kalenderjahres. Aus einmaligen oder wiederholten, ausdrücklichen oder stillschweigenden Verlängerungen entsteht kein Anspruch auf eine zukünftige Verlängerung.*

Auf Grundlage einer solchen Regelung ist sowohl ein vorübergehendes als auch ein dauerhaftes Aussetzen der Beitragszeit möglich. Weder die Rechtsprechung noch die Fachliteratur haben sich bislang mit der Reichweite einer solchen Regelung für einen arbeitgeberseitigen Eingriff näher befasst. Die Praxis handhabt dies unterschiedlich – teilweise wird allein auf Grundlage der Regelung die Beitragszeit beendet, teilweise zur Minderung des Risikos von Individualklagen unter Berücksichtigung des Drei-Stufen-Modells.

b) Ungeklärt: Reichweite für einen Eingriff auf Grundlage einer solchen betriebsverfassungsrechtlichen Regelung

Arbeitsrechtlich ist bislang allerdings ungeklärt, ob für ein Aussetzen bzw. die dauerhafte Beendigung der Beitragszeit alleine eine solche Regelung ausreicht oder weitere Anforderungen für die Beendigung der Beitragszeit zu stellen sind.

Zur Bewertung der Zulässigkeit eines Eingriffs ist daher insoweit auf die von der Rechtsprechung entwickelten Grundsätze zu Eingriffen in Versorgungszusagen zurückzugreifen.

In diesem Zusammenhang ist insbesondere der Vertrauensschutz des Arbeitnehmers in die betriebliche Altersversorgung zu berücksichtigen.[661] So ist daher im ersten Schritt zu prüfen, ob die grundsätzliche Festlegung einer Beitragszeit – sei es wie im vorgenannten Beispiel für ein Jahr oder beispielsweise für fünf Jahre –, ggf. auch im Falle einer wiederholten Verlängerung der Beitragszeit, den Vertrauensschutz begrenzt oder dennoch ein Vertrauensschutz für eine dauerhafte Beitragszusage besteht. Im zweiten Schritt ist zu prüfen, ob das Drei-Stufen-Modell trotz einer Begrenzung der Beitragszeit zur Anwendung kommen muss.

aa) Reichweite des Vertrauensschutzes

Für eine Begrenzung des Vertrauensschutzes und somit einfachen Beendigung der Beitragszeit ohne weitere Voraussetzungen spricht die klare Festlegung der Beitragszeit. Allerdings kann eine über Jahre hinweg erfolgte Leistung der Beitragszusagen auch ein Vertrauenstatbestand darstellen und insoweit trotz der ursprünglichen, festen Laufzeit nicht einfach ohne Weiteres einseitig entziehbar sein.

(1) Grundsätzliche Befristung

Ob ein ausdrücklich geregelter Freiwilligkeitsvorbehalt wiederum an diesem Vertrauensschutz etwas ändern kann, ist fraglich. Allgemein für freiwillige Sozialleistungen erkennt die Rechtsprechung die Regelung eines Freiwilligkeitsvorbehalts im Rahmen einer Betriebsvereinbarung an.[662] So hat das BAG für eine Betriebsvereinbarung, die jährlich zur Gewährung von Weihnachtsgratifikationen zwischen den Betriebsparteien in Verbindung mit einem ausdrücklichen Freiwilligkeitsvorbehalt vereinbart wurde, Folgendes entschieden: Für den Betriebsrat sei klar zu erkennen gewesen, dass die Arbeitgeberin sich jeweils nur für ein Jahr festlegen wollte. Zudem würde der vereinbarte Freiwilligkeitsvorbehalt klarstellen, dass keine Nachwirkung gewollt gewesen sei.[663] In dem vom BAG zu entscheidenden Fall war die Betriebsvereinbarung nur für ein Jahr abgeschlossen und der dort geregelte Freiwilligkeitsvorbehalt nur als Auslegungshilfe herangezogen worden. Allerdings lässt sich hieraus schließen, dass freiwillige Sozialleistungen grundsätzlich für einen befristeten Zeitraum vereinbart werden

---

661 Vgl. hierzu Abschn. C. II. 2.

662 BAG v. 17.1.1995 – 1 ABR 29/94, NZA 1995, 1010, 1013; s. auch *von Honyningen-Huene*, BB 1997, 1998 f.

663 BAG v. 17.1.1995 – 1 ABR 29/94, NZA 1995, 1010, 1013.

können und auch ein Freiwilligkeitsvorbehalt in einer Betriebsvereinbarung seine Wirkung entfalten kann.

Nicht klar ist jedoch das Zusammenspiel mit der Zusage einer betrieblichen Altersversorgung. Das BAG sagt der betrieblichen Altersversorgung als Entgeltbestandteil an sich einen Schutz zu und lässt daher beispielsweise auch im Falle der Kündigung einer Betriebsvereinbarung zur betrieblichen Altersversorgung – im Gegensatz zu anderen freiwilligen Sozialleistungen – für Arbeitnehmer, die bereits dem Geltungsbereich der Betriebsvereinbarung unterfallen, nicht ohne Weiteres zukünftige Versorgungsbeiträge und -leistungen entfallen.[664] Das zeigt, dass selbst im Falle des ausdrücklichen Kundtuns, eine Vereinbarung zu einer freiwilligen Leistung beenden zu wollen, das BAG die Rechtsfolgen dieses Kundtuns für Versorgungszusagen anders handhabt als für sonstige freiwillige Sozialleistungen.

Weiter hat die Rechtsprechung hinsichtlich der Kündigung von Versorgungszusagen entschieden, dass die Befugnisse von Betriebsparteien zur einseitigen Ablösung nicht weiter reichen als die Befugnisse von Arbeitsvertragsparteien.[665] Dies kann auf die Regelung eines Freiwilligkeitsvorbehalts für Versorgungszusagen und Beitragszeiten übertragbar sein. Es widerspricht sowohl dem besonderen Schutz der betrieblichen Altersversorgung als Entgeltbestandteil als auch dem Sinn und Zweck, dass die Betriebsparteien unter Berufung auf einen Freiwilligkeitsvorbehalt durch eine verkürzte Beitragszeit den Sinn und Zweck der betrieblichen Altersversorgung und den darin bestehenden Vertrauensschutz unterlaufen.

Der Sinn und Zweck der betrieblichen Altersversorgung ergibt sich aus der Legaldefinition und der Konkretisierung der Rechtsprechung. Auf Grundlage der Legaldefinition der betrieblichen Altersversorgung im Sinne des BetrAVG nimmt das BAG in ständiger Rechtsprechung[666] eine betriebliche Altersversorgung bei Vorliegen der folgenden drei Tatbestandsmerkmale an:

- Zusage einer Leistung zum Zwecke der Versorgung
- Anspruch muss durch mindestens eines der biologischen Ereignisse Alter, Invalidität oder Tod ausgelöst werden und
- Zusage erfolgt aus Anlass eines Arbeitsverhältnisses.

---

664 Vgl. Abschn. C. I. 2. d).

665 BAG v. 11.5.1999 – 3 AZR 21/98, RdA 2000, 365, 368.

666 S. nur BAG v. 25.6.2013 – 3 AZR 219/11, NZA 2013, 1421, 1422 Rn. 13; BAG v. 28.10.2008 – 3 AZR 317/07, NZA 2009, 844, 846 Rn. 21 ff.; BAG v. 8.5.1990 – 3 AZR 121/89, NZA 1990, 931 f.

Nach dem BAG sind als Versorgung „*alle Leistungen, die den Lebensstandard des Arbeitnehmers oder seiner Hinterbliebenen im Versorgungsfall verbessern sollen*“[667] zu verstehen. Ob dieser Zweck mit einer einjährigen Beitragszeit ohne weitere Verlängerung realisiert werden kann, ist fraglich. Viel spricht daher dafür, dass das Vertrauen nicht auf die einjährige Beitragszeit beschränkt ist, sondern zumindest auf einen Zeitraum, der den Lebensstandard des Arbeitnehmers tatsächlich verbessert – auch wenn die Definition der Rechtsprechung sicherlich weit zu verstehen sein dürfte.

Neben dem Sinn und Zweck ist insbesondere auch die Ausgestaltung der Zusage für die Reichweite des Vertrauensschutzes maßgeblich. Sofern die Betriebsparteien die Beitragszeit klar befristen und zusätzlich durch eine ausdrückliche Erklärung die Beitragszeit um ein weiteres Jahr verlängern, ist der Vertrauensschutz zunächst nur auf diese Zusage zu beschränken. Im Unterschied hierzu handelte es sich bei den von der Rechtsprechung zu entscheidenden Fällen der Kündigung – in denen das Drei-Stufen-Modell für Mitarbeiter mit Anwartschaften Anwendung findet – einer Betriebsvereinbarung zur betrieblichen Altersversorgung nicht um befristete Beitragszeiten.[668] Den Mitarbeitern wurde die Zusage ohne eine zusätzliche Laufzeit der Vereinbarung erteilt. Hier kann daher der Vertrauensschutz auch in Verbindung mit dem Sinn und Zweck der betrieblichen Altersversorgung auf Leistung der Versorgungsbeiträge während des laufenden Arbeitsverhältnisses ausgedehnt werden.

(2) Mehrfachbefristung

Sofern diese Mindestlaufzeit erreicht wurde, ist weitergehend die Frage zu diskutieren, wie oft eine Verlängerung erfolgen kann, ohne einen Vertrauensschutz auf dem Niveau wie bei einer unbefristeten Zusage zu schaffen.

Wird die Beitragszeit mehrmals verlängert, kann für den Mitarbeiter – ähnlich wie bei einer betrieblichen Übung – ein Vertrauenstatbestand geschaffen werden. Auch wenn im Rahmen von Betriebsvereinbarungen ein solcher Vertrauenstatbestand grundsätzlich nicht geschaffen werden kann, so ist im Lichte der bisherigen Rechtsprechung der besondere Vertrauensschutz in die betriebliche Altersversorgung zu berücksichtigen. Schließlich weicht die Rechtsprechung auch im Falle der Kündigung einer Betriebsvereinbarung zur betrieblichen Altersversorgung von den üblichen betriebsverfassungsrechtlichen Regelungen

---

667 BAG v. 25.6.2013 – 3 AZR 219/11, NZA 2013, 1421, 1422, Rn. 13; BAG v. 14.12.2010 – 3 AZR 799/08, NZA-RR 2011, 146, 148.

668 Vgl. Abschn. C. I. 2. d) mit Beispielen zur Rechtsprechung.

ab und hat eigene Grundsätze für die betriebliche Altersversorgung zur Weitergeltung der Regelungen entwickelt. Verlängert ein Arbeitgeber über Jahre hinweg mehrmals die befristete Beitragszeit, spricht viel dafür, dass mit der Argumentation der Rechtsprechung nach einer erfolgten „Kettenbefristung" dem Arbeitnehmer nicht ohne Weiteres die Beiträge ohne Weiteres entzogen werden können.

Hat der Arbeitgeber nach einer entsprechenden Regelung die Möglichkeit, den befristeten Zeitraum immer wieder über Jahre hinweg zu verlängern und plötzlich einseitig zu beenden, kommt dies einem Widerrufsvorbehalt gleich – der in der betrieblichen Altersversorgung gerade nicht ohne Weiteres zulässig ist. Basierend auf der aktuellen Rechtsprechung wird wohl jedenfalls dann ein Vertrauensschutz entsprechend einer unbegrenzten Beitragszeit angenommen werden müssen, wenn – ähnlich wie bei der betrieblichen Übung – der Arbeitgeber dreimal in Folge die Beitragszeit verlängert hat und die Arbeitnehmer anlässlich dieses gleichförmigen Verhaltens darauf vertrauen können müssen, dass die Beitragszeit fortgesetzt wird. Dies steht nicht den betriebsverfassungsrechtlichen Grundsätzen entgegen. Auch im Rahmen von § 75 BetrVG sind die verfassungsrechtlichen Grundsätze der Verhältnismäßigkeit und des Vertrauensschutzes zu beachten.[669] Die Beendigung einer jahrelang geleisteten Beitragszahlung infolge von Verlängerungen der Beitragszeit wird jedenfalls einer Verhältnismäßigkeitsprüfung unterzogen werden müssen.

bb) Anwendung des Drei-Stufen-Modells?

Vor dem Hintergrund der von der Rechtsprechung aufgestellten Maßstäbe zur Änderung bzw. Beendigung von Versorgungszusagen ist daher zu diskutieren, ob wie bei einer Kündigung auch im Falle einer Befristung von Beitragszusagen das Drei-Stufen-Modell anzuwenden ist. So würden für eine Erklärung zur Beendigung der Beitragszeit sachlich-proportionale Gründe erforderlich sein, um die Beitragszeit nicht zu verlängern.

Für die Anwendbarkeit des Drei-Stufen-Modells im Falle der befristeten Beitragszeit ist im Ergebnis die konkrete Ausgestaltung der Regelung maßgeblich, da diese den Vertrauensschutz bestimmt.

---

669 ErfK/*Kania*, 22. Aufl. 2022, § 75 BetrVG Rn. 5.

(1) Befristete Zusage mit automatischer Verlängerung

In der oben genannten Beispielsregelung beträgt die Beitragszeit zwar grundsätzlich ein Jahr. Nicht die Verlängerung muss allerdings erklärt werden, sondern die Beendigung der Beitragszeit, die sich automatisch verlängert. Zudem müssen gemäß der Regelung die wirtschaftliche Lage des Unternehmens sowie die für die betriebliche Altersversorgung bedeutsamen Entwicklungen für eine entsprechende Beendigung der Beitragszeit berücksichtigt werden. Zusammengefasst besagt die Regelung somit, dass die Beitragszeit so lange automatisch verlängert wird, so lange die wirtschaftlichen Umstände des Unternehmens nicht etwas anderes begründen. Insoweit ist daher auch der Vertrauensschutz der Arbeitnehmer so weit auszudehnen, dass sie in die Verlängerung der Beitragszeit vertrauen dürfen, sofern die Umstände nicht eine Beendigung begründen. Hiervon ausgehend, geht der Vertrauensschutz über die befristete Beitragszeit hinaus. Viel spricht daher dafür, dass eine Beendigung der Beitragszeit nur unter Anwendung des Drei-Stufen-Modells möglich ist.

Auch ein Freiwilligkeitsvorbehalt ändert grundsätzlich nichts an diesem Erfordernis. Zwar mögen Freiwilligkeitsvorbehalte in Betriebsvereinbarungen für freiwillige Soziallleistungen zulässig sein,[670] doch ist vorliegend die Besonderheit der betrieblichen Altersversorgung zu berücksichtigen. Das BAG lehnt selbst die aus versicherungsrechtlichen Zwecken im Gesetz normierte Regelung zu Unterstützungskassen dahingehend ab, dass kein Rechtsanspruch auf Leistungen besteht.[671] Das BAG begründet dies mit dem besonderen Vertrauensschutz der betrieblichen Altersversorgung und der Entlohnung der Betriebstreue.[672]

(2) Befristete Zusage verbunden mit einer ausdrücklichen Erklärung der Verlängerung

Sofern eine Verlängerung der Beitragszeit lediglich durch ausdrückliche Erklärung erfolgen kann, so kann argumentiert werden, dass ohne eine solche Erklärung ohne Weiteres die Beitragszeit endet und es nicht der Anwendung des Drei-Stufen-Modells bedarf. Ob eine solche Zusage dann dem Sinn und Zweck der betrieblichen Altersversorgung gerecht wird, ist eine andere Frage.

Unabhängig von der konkreten Zusage ist allerdings auch bei Befristungen von Zusagen weiterhin zu berücksichtigen, dass die Rechtsprechung der

---

670 *von Hoyningen-Huene*, BB 1997, 1998 f.

671 BAG v. 17.11.1992 – 3 AZR 76/92, NZA 1993, 938 zur Umdeutung des Freiwilligkeitsvorbehalts bei Unterstützungskassen; vgl. ausführlich Abschn. B. I. 3.

672 BAG v. 17.11.1992 – 3 AZR 76/92, NZA 1993, 938, 940.

betrieblichen Altersversorgung an sich einen Vertrauensschutz zukommen lässt. Vor diesem Hintergrund wird jedenfalls verlangt werden müssen, dass der Zweck der betrieblichen Altersversorgung, die Besserstellung im Versorgungsfall, erreicht wurde.

Wird der Fall einer solchen befristeten Zusage weitergedacht, wird auch die Mehrfachbefristung durch den Arbeitgeber dazu führen müssen, dass das Drei-Stufen-Modell bei Beendigung der Beitragszeit Anwendung findet. Andernfalls könnte der Arbeitgeber die Anforderungen an Eingriffe in Anwartschaften nach einer Kündigung der Betriebsvereinbarung umgehen. Der Arbeitgeber könnte ohne jeglichen Schutz für die Arbeitnehmer plötzlich, beispielsweise nach zehn Jahren, und nach erfolgter Mehrfachbefristung die Beitragszeit ohne Vorliegen von relevanten Gründen beenden. Dies kann mit Blick auf den durch die Rechtsprechung zugesagten Schutz der betrieblichen Altersversorgung nicht richtig sein. Nach einer Mehrfachbefristung kann nicht mehr von einem herabgesetzten Vertrauensschutz der Arbeitnehmer die Rede sein. Im Gegenteil: Verlängert der Arbeitgeber immer wieder die Beitragszeit, darf der Arbeitnehmer darauf vertrauen, dass diese Verlängerung auch zukünftig erfolgen wird, sofern keine Rechtfertigungsgründe für eine Beendigung vorliegen.

2. Befristung der Beitragszeit auf individualrechtlicher Ebene – ein praxistaugliches Mittel?

Während in Unternehmen die Betriebsparteien diese Flexibilisierungsmöglichkeit nutzen, ist eine Regelung zur Befristung der Beitragszeit in Arbeitsverträgen selten bis gar nicht zu finden. Woran liegt das?

Es gibt zwei maßgebliche Unterschiede, aufgrund derer auf individualvertraglicher Ebene erhöhte Anforderungen an die Zulässigkeit einer solchen Befristung zu stellen sein könnten: Erstens sind auf Rechtsgrundlage eines Arbeitsvertrags einseitige Änderungen von Versorgungszusagen ohnehin grundsätzlich nur im Falle einer Störung der Geschäftsgrundlage nach § 313 BGB oder bei Vorliegen der Voraussetzungen für eine Änderungskündigung möglich und zweitens ist die Zulässigkeit von arbeitsvertraglichen Regelungen im Gegensatz zu kollektivrechtlichen Regelungen an den Grundsätzen des AGB-Rechts unter Berücksichtigung der arbeitsrechtlichen Besonderheiten gem. § 310 Abs. 4 BGB zu messen.

Vor diesem Hintergrund kann zum einen eine Befristung an sich schon unzulässig bzw. nur unter Anwendung der von der Rechtsprechung aufgestellten Maßstäbe zur Befristung von Arbeitsbedingungen möglich sein, zum anderen kann nur die Variante einer klaren Befristung mit ausdrücklicher Verlängerungserklärung zulässig sein.

a) *Übertragung der Maßstäbe zur Befristung von Arbeitsbedingungen auf befristete Versorgungszusagen*

Unabhängig von Versorgungszusagen ist eine Befristung von einzelnen Arbeitsbedingungen grundsätzlich zulässig.[673] Selbst Hauptleistungspflichten können einer Befristung unterliegen.[674]

Nach der Rechtsprechung des BAG findet auch auf die Befristung von Arbeitsbedingungen das Teilzeitbefristungsgesetz (TzBfG) jedenfalls unmittelbar keine Anwendung.[675] Allerdings unterliegen Befristungen von Arbeitsbedingungen einer Inhaltskontrolle nach § 307 Abs. 1 BGB.[676] Nur die Befristungsabrede selbst, das heißt die zeitliche Einschränkung, ist Gegenstand der Befristungsabrede.[677]

aa) *Maßstab der Befristung von Arbeitsbedingungen*

Gem. § 307 Abs. 1 S. 1 BGB sind Bestimmungen in allgemeinen Geschäftsbedingungen unwirksam, wenn sie den Vertragspartner des Verwenders entgegen dem Gebot von Treu und Glauben unangemessen benachteiligen. Im Rahmen von § 307 Abs. 1 S. 1 BGB ist eine Interessenabwägung der Interessen vom Arbeitgeber einerseits sowie vom Arbeitnehmer andererseits vorzunehmen.[678]

Das BAG konkretisiert dies wie folgt:

> *„Unangemessen ist jede Beeinträchtigung eines rechtlich anerkannten Interesses des Arbeitnehmers, die nicht durch begründete und billigenswerte Interessen des Arbeitgebers gerechtfertigt ist oder durch gleichwertige Vorteile ausgeglichen wird. Die Feststellung einer unangemessenen Benachteiligung setzt eine wechselseitige Berücksichtigung und Bewertung rechtlich anzuerkennender Interessen der Vertragspartner voraus. Es bedarf einer umfassenden Würdigung der beiderseitigen Positionen unter Berücksichtigung des Grundsatzes von Treu und Glauben. Bei der Beurteilung der Unangemessenheit ist ein genereller, typisierender, vom Einzelfall losgelöster Maßstab anzulegen. Abzuwägen sind die Interessen des Verwenders gegenüber den Interessen der typischerweise beteiligten Vertragspartner. Im Rahmen der Inhaltskontrolle sind dabei Art und Gegenstand, Zweck und besondere Eigenart des jeweiligen Geschäfts zu berücksichtigen. Zu prüfen ist, ob der Klauselinhalt*

---

673 BAG v. 25.4.2018 – 7 AZR 520/16, NZA 2018, 1061.

674 BAG v. 19.11.2019 – 7 AZR 582/17, NZA 2020, 374, 377, Rn. 37.

675 BAG v. 18.1.2006 – 7 AZR 191/05, AP BGB § 305 Nr. 8 Rn. 26.

676 BAG v. 15.12.2011 – 7 AZR 394/10, NZA 2012, 674; BAG v. 10.12.2014 – 7 AZR 1009/12, NZA 1015, 811; BAG v. 8.8.2007 – 7 AZR 855/06, NZA 2008, 229.

677 BAG v. 7.10.2015 – 7 AZR 945/13, NZA 2016, 441, 444 Rn. 38; BAG v. 10.12.2014 – 7 AZR 1009/12, NZA 2015, 811, 813 Rn. 36; BAG v. 31.8.2005 – 5 AZR 545/04.

678 BAG v. 15.12.2011 – 7 AZR 394/10, NZA 2012, 674, 676 Rn. 21; ErfK/*Preis*, 22. Aufl. 2022, § 310 BGB, Rn. 74 ff.

bei der in Rede stehenden Art des Rechtsgeschäfts generell und unter Berücksichtigung der typischen Interessen der beteiligten Verkehrskreise eine unangemessene Benachteiligung des Vertragspartners ergibt. Betrifft die Inhaltskontrolle einen Verbrauchervertrag, sind nach § 310 III Nr. 3 BGB bei der Beurteilung der unangemessenen Benachteiligung auch die den Vertragsschluss begleitenden Umstände zu berücksichtigen (vgl. BAGE 132, 59 = NZA 2009, 1253 Rdnr. 28 m.w.N.)."[679]

Eine unangemessene Benachteiligung des Arbeitnehmers ist im Ergebnis regelmäßig dann anzunehmen, wenn der Arbeitgeber durch die Befristung sein unternehmerisches Risiko auf den Arbeitnehmer verlagert.[680]

Es liegt nahe, dass die Rechtsprechung im Rahmen der Angemessenheitskontrolle die Maßstäbe des TzBfG nicht gänzlich außer Betracht lässt.[681] So betont das BAG, dass nach § 14 TzBfG rechtfertigende Umstände im Rahmen der Interessenabwägung nach § 307 Abs. 1 BGB sich zugunsten des Arbeitgebers auswirken.[682] Dies ist auch überzeugend. Wenn einer Befristung schon ein Sachverhalt zugrunde liegt, der nach den strengen Anforderungen des TzBfG eine Befristung des Arbeitsvertrags als Ganzes rechtfertigen könnte, dann dürfte regelmäßig auch eine Befristung von Arbeitsbedingungen im Interesse des Arbeitgebers zulässig sein.

Neben der Angemessenheitskontrolle ist bei der Befristung von Arbeitsbedingungen insbesondere auch das Transparenzgebot gemäß § 307 Abs. 1 S. 2 BGB zu beachten. Nach § 307 Abs. 1 S. 2 BGB kann sich eine unangemessene Benachteiligung daraus ergeben, dass eine vertragliche Bestimmung nicht klar und verständlich ist. Dieses Erfordernis umfasst nach der Rechtsprechung des BAG richtigerweise nicht – entgegen mancher Literaturansicht – die Verpflichtung des Verwenders einer Allgemeinen Geschäftsbedingung, auch einen Befristungsgrund anzugeben.[683] An die Befristung von Arbeitsbedingungen können keine höheren Anforderungen gestellt werden als an die Anforderungen an eine Befristung des gesamten Arbeitsvertrags, bei der ein Befristungsgrund nicht angegeben werden muss.

Nach der Rechtsprechung des BAG müssen für die Einhaltung des Transparenzgebots die tatbestandlichen Voraussetzungen und Rechtsfolgen einer

---

679 BAG v. 15.12.2011 – 7 AZR 394/10, NZA 2012, 674, 676 Rn. 21.

680 Vgl. auch LAG Köln v. 5.2.2009 – 7 Sa 1088/08, *juris*; LAG Düsseldorf v. 20.2.2007 – 3 Sa 1180/06, NZA-RR 2008, 96; ErfK/*Preis*, 22. Aufl. 2022, § 310 BGB Rn. 75a.

681 BAG v. 25.4.2018 – 7 AZR 520/16, NZA 2018, 1061, 1064 Rn. 35.

682 BAG v. 25.4.2018 – 7 AZR 520/16, NZA 2018, 1061, 1064 Rn. 35.

683 S. etwa BAG v. 2.9.2009 – 7 AZR 233/08, NZA 2009, 1253.

Vertragsklausel so genau beschrieben werden, „*dass für den Verwender der Klausel keine ungerechtfertigten Beurteilungsspielräume entstehen und der Gefahr vorgebeugt wird, dass der Vertragspartner von der Durchsetzung bestehender Rechte abgehalten wird.*“[684]

Offen hat das BAG bislang gelassen, ob die Rechtsprechung des institutionellen Rechtsmissbrauchs im Rahmen des TzBfG auch auf die Befristung von Arbeitsbedingungen zu übertragen ist.[685] Die Problematik der Mehrfachbefristung hat das BAG bislang als ein Kriterium im Rahmen der Angemessenheitsprüfung behandelt.[686] Dies erscheint auch konsequent, da gerade die Maßstäbe des TzBfG nicht für die Befristung von Arbeitsbedingungen gelten und auch nicht – entgegen der Ansicht des Landesarbeitsgerichts Baden-Württemberg[687] – einfach übertragbar sind. Mit Blick auf die Richtlinie RL 1999/70/EG gilt diese nur für die Befristung des Arbeitsvertrags insgesamt.[688] Auch das TzBfG gibt keinen Anlass zur Übertragung der Rechtsprechung zum institutionellen Rechtmissbrauch auf die Befristung von Arbeitsbedingungen.[689] Hinzukommt, dass im Gegensatz zur Befristung von Arbeitsverträgen insgesamt die Mehrfachbefristung von einzelnen Arbeitsbedingungen durchaus auch im Interesse des Arbeitnehmers liegen können.[690]

Im Ergebnis bleibt es für die Befristung von Arbeitsbedingungen daher bei einer AGB-Kontrolle, bei der im Rahmen der Angemessenheitsprüfung Grundsätze des TzBfG und Mehrfachbefristungen Berücksichtigung finden können.

bb) Übertragbarkeit auf eine befristete Beitragszeit

Diese Maßstäbe sind auf die Befristung von Beitragszeiten bei Versorgungszusagen übertragbar.

Je nach Ausgestaltung der Befristung der Beitragszeit ist daher auch im Rahmen von individualvertraglichen Regelungen eine solche Befristung möglich. Die Regelung ist im Einzelfall im Rahmen der AGB-Kontrolle auf ihre Wirksamkeit zu prüfen.

---

684 BAG v. 19.11.2019 – 7 AZR 582/17, NZA 2020, 374, 377, Rn. 37.

685 BAG v. 23.3.2016 – 7 AZR 828/13, NZA 2016, 881, 887 Rn. 54.

686 BAG v. 23.3.2016 – 7 AZR 828/13, NZA 2016, 881, 887 Rn. 56.

687 LAG Baden-Württemberg v. 17.6.2013 – 1 Sa 2/13, BeckRS 2013, 71890.

688 EuGH v. 26.1.2012 – C-586/10, Rs. *Kücük*.

689 So auch *Schmidt*, NZA 2014, 760, 763; *Biedermann*, NZA-RR 2019, 345, 350.

690 Vgl. auch *Schmidt*, NZA 2014, 760, 763.

Zu unterscheiden ist zwischen einer ausdrücklichen Befristung der Beitragszeit mit einer gegebenenfalls verbundenen Verhandlungspflicht zur Verlängerung der Beitragszeit und einer automatischen Verlängerung der befristeten Beitragszeit mit jederzeitiger, einseitiger Beendigungsmöglichkeit durch den Arbeitgeber.

(1) Befristete Zusage verbunden mit einer ausdrücklichen Verhandlungspflicht zur Verlängerung

Grundsätzlich ist zunächst im Rahmen der Angemessenheitskontrolle zu beachten, dass im Falle einer Befristung von Beitragszeiten keine zeitliche Einschränkung von Hauptleistungspflichten vorliegt. Neben dem Versorgungscharakter hat die betriebliche Altersversorgung zwar unstreitig auch einen Entgeltcharakter.[691] Ein wesentlicher Unterschied zum vereinbarten laufenden Entgelt ist aber, dass die betriebliche Altersversorgung nicht die Gegenleistung für die Arbeitsleistung ist, sondern eine Belohnung der Betriebstreue.[692]

Insoweit ist daher im Rahmen der Angemessenheitskontrolle die zeitliche Einschränkung nicht als eine Befristung der Entlohnung für die Erbringung der Dienstleistung zu behandeln. Die Zusage ist insbesondere eine freiwillige Sozialleistung des Arbeitgebers und gehört nicht zu den essentialia negotii eines Arbeitsvertrags. Vor diesem Hintergrund kann eine Befristung, auch eine Mehrfachbefristung, der Beitragszeit im Rahmen von Versorgungszusagen daher zunächst zulässig sein und im überwiegenden Interesse des Arbeitgebers liegen. Dies gilt insbesondere dann, wenn ein Grund für die Befristung vorliegt. Zulässiger Grund kann beispielsweise eine wirtschaftliche Notlage des Unternehmens sein. Weiterhin kommt hinzu, dass durch eine Befristung für den Arbeitnehmer von Anfang an absehbar ist, wie lange eine Beitragszahlung erfolgt und wie er dies für seine Absicherung im Alter zu berücksichtigen hat. Wie *Thüsing* dies zu Befristungen von Rahmenvereinbarungen zu Zielvereinbarungen zutreffend bewertet hat, führt eine Befristung daher zu einem herabgesetzten Vertrauensschutz des Arbeitnehmers und ist als *„Minusmaßnahme zum vorbehaltenen Widerruf zu klassifizieren“*.[693]

---

691 BAG v. 12.8.2014 – 3 AZR 764/12, AP BetrAVG § 1 Gleichbehandlung Nr. 72, Rn. 37.

692 BAG v. 18.10.1979 – 3 AZR 550/78, AP BetrAVG § 1 Treuebruch Nr. 1; *Neufeld* in: Grobys/Panzer-Heemeier, Stichwortkommentar Arbeitsrecht, Betriebliche Altersversorgung, allgemein, 3. Aufl. 2021, Rn. 11.

693 AGB-Klauselwerke/*Thüsing*, 48. Ergänzungsliefg., Stand: März 2022, Arbeitsverträge, Rn. 525; vgl. auch Preis/*Greiner*, Der Arbeitsvertrag, 5. Aufl. 2015, II Z 5, Rn. 31 ff.

Allerdings ist auch die Eigenart des Geschäfts zu berücksichtigen. Daher muss im Falle einer zeitlichen Einschränkung der Beitragszeit auch der Sinn und Zweck der betrieblichen Altersversorgung bei der Interessenabwägung beachtet werden. Das Interesse des Arbeitgebers kann regelmäßig dann nicht überwiegen, wenn sich aufgrund der zeitlichen Einschränkung der Sinn und Zweck der betrieblichen Altersversorgung, eine Verbesserung des Lebensstandards im Alter, nicht verwirklichen kann. Sofern dieses Ziel allerdings erreicht wird, kann das Interesse des Arbeitgebers an einer Befristung überwiegen, um sich beispielsweise aufgrund einer wirtschaftlich angespannten Situation des Unternehmens nicht dauerhaft an eine Zusage binden zu müssen, die gegebenenfalls abhängig von ungewissen Zinsentwicklungen ist und deren zusätzliche Kosten der Arbeitgeber tragen müsste.

Je kürzer die Dauer der Beitragszusage ist, desto gewichtiger müssen die Gründe einer solchen Befristung sein. Die alleinige ungewisse Zinsentwicklung kann für eine kurze Beitragszeit nicht ausreichen, da andernfalls das unternehmerische Risiko nahezu vollständig auf den Arbeitnehmer verlagert wird und der Arbeitgeber nicht befürchten muss, die Kosten unerwarteter Zinsentwicklungen oder anderweitiger Änderungen im wirtschaftlichen Umfeld im Hinblick auf die betriebliche Altersversorgung tragen zu müssen. Um das unternehmerische Risiko nicht vollständig auf den Arbeitnehmer zu verlagern, kann zugunsten des Arbeitnehmers zusätzlich eine Verhandlungspflicht vereinbart werden, die eine Verlängerung der Beitragszeit zu gegebenenfalls angepassten Bedingungen ermöglicht.

Eine solche Verhandlungspflicht würde gerade der Gefahr einer plötzlichen, einseitigen Beendigung der Beitragszeit durch den Arbeitgeber vorbeugen. Dies ist insbesondere für den Fall relevant, dass der Arbeitgeber die Beitragszeit mehrfach aus einem Sachgrund jeweils für einen befristeten Zeitraum verlängert hat. Selbst wenn ein Sachgrund für die Befristungen vorlag, wird mit Blick auf den besonderen Schutz der betrieblichen Altersversorgung anzunehmen sein, dass der Vertrauensschutz des betroffenen Arbeitnehmers nicht derart herabgesetzt ist wie bei einer erstmaligen Befristung.

(2) Befristete Zusage mit automatischer Verlängerung

Sofern die Verlängerung der Beitragszeit allerdings automatisch erfolgen soll und der Arbeitgeber diese einseitig jederzeit oder beispielsweise zum Ende eines Kalenderjahres beenden kann, müssen hier äquivalent die Maßstäbe wie bei einer Regelung zu einem Widerrufsvorbehalt gelten.

Das Erfordernis des Vertrauensschutzes ist für den Arbeitnehmer im Falle einer Befristungsabrede im Vergleich zu einem Widerrufsvorbehalt nur aus dem Grund geringer, dass für den Arbeitnehmer ersichtlich ist, für welchen Zeitraum er mit Beitragsleistungen zu rechnen hat und wie sich diese auf seine Leistungen im Alter auswirken. Im Falle einer automatischen Verlängerung wiederum reduziert sich die Planungssicherheit des Arbeitnehmers, sich auf einen Lebensstandard einrichten zu können.

Unabhängig von dem besonderen Schutz, der der betrieblichen Altersversorgung zukommt, müssen daher jedenfalls in die Befristungsabrede Gründe ausdrücklich aufgenommen werden, die zur Beendigung der Beitragszeit berechtigen. Andernfalls dürfte eine solche Ausgestaltung zulasten des Arbeitnehmers gehen und unverhältnismäßig sein, da die Zusage jederzeit einseitig durch den Arbeitgeber entzogen werden kann und der Arbeitnehmer im Ungewissen bleibt, wie lange er auf diese Zusage und auf die Leistungen im Alter vertrauen kann.

Die Schwierigkeit bleibt aber hier dieselbe wie bei der zulässigen Regelung eines Widerrufvorbehalts für Versorgungszusagen. Eine solche Regelung ist kaum möglich, sofern die Gründe nicht denen für die Störung einer Geschäftsgrundlage im Sinne des § 313 BGB entsprechen.[694] Selbst die wirtschaftliche Notlage eines Unternehmens ist nicht mehr als Widerrufsgrund zulässig.[695]

b) Keine Reduzierung des Vertrauensschutzes durch einen Freiwilligkeitsvorbehalt

Die zusätzliche Regelung eines Freiwilligkeitsvorbehalts führt nicht zu einem geringeren Erfordernis eines Vertrauensschutzes im Gegensatz zu einer alleinigen Befristungsabrede.

Schon aufgrund des besonderen Schutzes der betrieblichen Altersversorgung stellt ein Freiwilligkeitsvorbehalt eine unangemessene Regelung nach § 307 Abs. 1 S. 1 BGB dar.[696] Aber auch unabhängig davon wird ein Freiwilligkeitsvorbehalt nicht mit einer Befristung des Anspruchs vereinbar sein und wäre aufgrund des Verstoßes gegen das Transparenzgebot gem. § 307 Abs. 1 S. 2 BGB unzulässig.

694 Vgl. Abschn. C. I. 1. d).
695 BAG v. 31.7.2007 – 3 AZR 373/06, BAGE 123, 307; vgl. Abschn. C. I. 1. c) aa) (b).
696 Vgl. Abschn. B. I. 3.

Sofern eine Leistung befristet wird, kann es sich hierbei nur – ähnlich wie in den Fällen einer Widerrufs- und Freiwilligkeitskombination – um einen Anspruch handeln, der für eine zeitlich befristete Zeit gewährt wird. Andernfalls bedürfte es nicht einer zeitlichen Einschränkung, da eine freiwillige Leistung jederzeit entziehbar ist und nicht befristet werden müsste.

3. Vorteile der Ausgestaltung einer Befristung von Beitragszusagen

Im Ergebnis bleibt festzuhalten, dass die Befristung von Beitragszusagen ein viel zu selten genutztes, aber doch ein unterschätztes attraktives und effizientes Mittel zur flexiblen Gestaltung von Versorgungszusagen sein kann.

Auch wenn die Aufnahme einer Befristung sowohl in Betriebsvereinbarungen als auch in individualvertraglichen Vereinbarungen zu rechtlichen Unsicherheiten führt, inwieweit weitere Anforderungen zu stellen sind, ermöglicht eine Befristung – je nach Ausgestaltung – eine flexiblere Handhabung als im Falle einer unbefristeten Zusage und vermindert regelmäßig den Vertrauensschutz des Arbeitnehmers.

Sofern ein Betriebsrat existiert, gewährt die Regelung in einer Betriebsvereinbarung ferner größeren Gestaltungsspielraum als die Regelung in einer Individualzusage. Vorteil der Regelung in Betriebsvereinbarungen ist in jedem Fall, dass hier durch die Betriebsautonomie der Betriebsparteien ein höherer Gestaltungsspielraum bleibt als in den engen Grenzen von Allgemeinen Geschäftsbedingungen. Aber auch wenn diese Hürde durch Betriebsvereinbarungen genommen werden kann, ist bislang offen, inwieweit trotz einer Befristung auch das Drei-Stufen-Modell berücksichtigt werden muss. Wie im vorstehenden Abschnitt 1.) ausgeführt, kann mit guten Gründen je nach Ausgestaltung der kollektivrechtlichen Regelung angenommen werden, dass das Drei-Stufen-Modell nicht angewendet werden muss. Dennoch enthalten solche Regelungen in der Praxis, insbesondere solche die eine automatische Verlängerung der Beitragszeit vorsehen, regelmäßig ohnehin Gründe, die zur Beendigung der Beitragszeit berechtigen und die denen der Eingriffsgründe der dritten Stufen nach dem Drei-Stufen-Modell ähneln. Zum einen dürfte dies üblicherweise ein Ergebnis aus den Verhandlungen mit dem Betriebsrat sein. Zum anderen kann dies auch zur Minimierung des Risikos von Individualklagen auf Fortsetzung der Beitragszeit dienen, insbesondere wenn nach mehrfacher automatischer Verlängerung der Beitragszeit diese beendet werden kann.

Erfolgt hingegen eine Individualzusage, so sollte für eine möglichst große Rechtssicherheit eine klare Befristung ohne automatische Verlängerung der

Beitragszeit vereinbart werden. Andernfalls wächst die Rechtsunsicherheit im Hinblick auf eine für den Arbeitnehmer angemessene und transparente Regelung.

II. Leistungspläne basierend auf einer reinen Beitragszusage

Die vorgenannten Flexibilisierungsinstrumente verhelfen dem Arbeitgeber bei den klassischen Leistungsplänen zu mehr Gestaltungsspielraum. Schafft es ein Arbeitgeber seine Sozialpartner von neuen Wegen zu überzeugen, so kommt die reine Beitragszusage als Gestaltungsoption in den Sinn.

Der Gesetzgeber hat das sogenannte Sozialpartnermodell durch das Betriebsrentenstärkungsgesetz zum 1.1.2018 eingeführt. Gem. § 21 BetrAVG wird den Sozialpartnern ermöglicht, auf tariflicher Grundlage Beitragszusagen zu regeln, ohne dass der Arbeitgeber für Mindest- oder Garantieleistungen einstehen muss.

1. Neuaufstellung eines Leistungsplans

Ein solcher Leistungsplan bringt erhebliche Vorteile mit sich. So können nicht nur konventionelle, risikoarme Kapitalanlagen ausgewählt werden, sondern auch risikoreiche Kapitalanlagen mit hohen Renditemöglichkeiten. Der Arbeitgeber läuft nicht Gefahr im Falle von Verlusten eine bestimmte Mindestleistung später für die Versorgung aufbringen zu müssen. Zugleich sind risikoreiche Kapitalanlangen auch besonders attraktiv für junge Arbeitnehmer, die durch solch ein Konzept langfristig höhere Renditen als bei den klassischen Leistungsplänen erzielen können.

Ziel der Einführung dieses neuen Modells war in erster Linie allerdings nicht etwa die Flexibilisierung der betrieblichen Altersversorgung, sondern die Stärkung der Sozialpartner in der betrieblichen Altersversorgung.[697] So regelt § 21 BetrAVG auch, dass sich die Sozialpartner an der Durchführung und Steuerung solcher reinen Beitragszusagen beteiligen. Dies kann durch eine gemeinsame Einrichtung nach dem TVG erfolgen oder durch die Einräumung von Einwirkungsmöglichkeiten im Rahmen bestehender Einrichtungen der betrieblichen Altersversorgung.[698] Nicht-tarifgebundene Arbeitgeber und Arbeitnehmer können auf Grundlage von § 21 Abs. 3 BetrAVG auf Tarifverträge zur reinen Beitragszusage Bezug nehmen.

---

697 BT-Drucks. 18/11286, S. 32.

698 Vgl. auch BT-Drucks. 18/11286, S. 32.

2. Wechsel eines bestehenden Betriebsrentensystems auf eine reine Beitragszusage

Dass der Gesetzgeber nicht die Flexibilisierung als erstes für eine solche Regelung im Sinn hatte, spiegelt sich auch in § 21 Abs. 2 S. 1 BetrAVG wider, wonach bereits bestehende Betriebsrentensysteme durch die Tarifvertragsparteien angemessen berücksichtigen werden sollen. Dies indiziert schon, dass auch den Tarifvertragsparteien Grenzen im Hinblick auf die Flexibilisierung gesetzt werden – wenn auch im Verhältnis zu Arbeitsvertrags- und Betriebsparteien nicht sehr restriktiv. Nach dieser Regelung können bestehende Betriebsrentensysteme nicht einfach ohne Weiteres ausgewechselt werden. In der Gesetzesbegründung selbst heißt es sogar, dass *„gut funktionierende Betriebsrentensysteme möglichst nicht (zu) gefährdet"* werden sollen.[699]

Was dies im Konkreten heißen soll, bleibt unklar. Wann ist ein Betriebsrentensystem als gut funktionierend anzusehen? Da sich eine solche Bewertung kaum aus den am Ende resultierenden Leistungen oder dem Kosten-Leistungs-Verhältnis ergeben kann, dürfte wohl das Prinzip „was lange währt, wird endlich gut" gelten.[700] Und wann gilt ein „gut funktionierendes" Betriebsrentensystem als gefährdet? Müsste das bestehende Betriebsrentensystem komplett gestrichen werden oder reicht als Gefährdung schon aus, wenn höhere Beiträge in das neue System mit der reinen Beitragszusage einfließen?[701] Die Beantwortung dieser Fragen wird wohl den Gerichten obliegen, sofern entsprechende Rechtsstreitigkeiten dort landen.

Unabhängig von dieser zu beachtenden Anforderung des § 21 Abs. 2 S. 1 BetrAVG sind bei einer Ablösung des Leistungsplans auf eine reine Beitragszusage für Arbeitnehmer, die bereits eine Zusage basierend auf dem ursprünglichen Leistungsplan erhalten haben, die üblichen bei Eingriffen geltenden Grenzen zu beachten, die Grundsätze des Vertrauensschutzes und Verhältnismäßigkeit.[702] Hierbei ist insbesondere zu beachten, dass sämtliche Leistungsgarantien entfallen.

Auch wenn die reine Beitragszusage bisher nur schleppend in der Praxis anläuft, ist dies für Unternehmen ein attraktiver Ansatz, um den ganzen Problemen der ewigen Bindung an Garantie- und Mindestleistungen aus dem Weg

---

699 BT-Drucks. 18/12612, S. 31.

700 Blomeyer/Rolfs/Otto/*Rolfs*, BetrAVG, 8. Aufl. 2022, § 21 Rn. 14.

701 Vgl. auch Blomeyer/Rolfs/Otto/*Rolfs*, BetrAVG, 8. Aufl. 2022, § 21 Rn. 14.

702 Blomeyer/Rolfs/Otto/*Rolfs*, BetrAVG, 8. Aufl. 2022, § 21 Rn. 14; ErfK/*Steinmeyer*, 22. Aufl. 2022, § 21 BetrAVG Rn. 3.

zu gehen und zugleich einen moderneren Ansatz der betrieblichen Altersversorgung zu verfolgen.

III. Marktorientiere Verzinsung statt Garantiezinsen

Sofern Arbeitgeber bei den klassischen Leistungsplänen und Versorgungszusagen bleiben möchten, gibt es Gestaltungsspielraum bei der Verzinsung der Leistungen. Dies kann sicherstellen, dass der Arbeitgeber nicht später für Zusagen aufkommen muss, die aufgrund von Veränderungen im Zinsumfeld nicht mehr zu gewährleisten sind.

Immer mehr Arbeitgeber rücken daher von den in der Vergangenheit zugesagten Garantiezinsen ab. In den 90er-Jahren war es „gang und gäbe" eine jährliche Verzinsung von 5 % bis 6 % auf die eingezahlten Beiträge bzw. die Verrentung zu garantieren. Eine solche Zusage ist jedoch kaum noch finanzierbar in heutigen Zeiten. Arbeitgeber und auch Pensionskassen mit solchen Zinszusagen haben erhebliche Schwierigkeiten die finanziellen Mittel zur Finanzierung dieser Zinszusagen aufzubringen. Der Leitzins gibt dies jedenfalls nicht mehr her.

Anstelle einer solchen Garantieverzinsung bieten daher Arbeitgeber immer mehr eine fondsakzessorische Direktzusage an. Einfach gesprochen: Der Garantiezins wird durch ein kapitalmarkorientiertes Zinsmodell ersetzt. Der Arbeitgeber muss, sofern er keine reine Beitragszusage erteilen möchte, dabei nur einen Garantiezins von 0 % zusagen, damit die Versorgungsleistungen nicht unterhalb der eingezahlten Beiträge fallen. Zudem ist der Arbeitgeber nicht gezwungen, Cash abfließen zu lassen und in physische Fonds etc. zu investieren. Stattdessen besteht auch die Möglichkeit virtuell in Fondspläne zu investieren und entsprechende Rückstellungen zu bilden.

Basierend auf der Annahme einer Medianrendite können entsprechende Annahmen zu Leistungen im Versorgungsfall und zur Bildung von Rückstellungen getroffen werden.

IV. Zwischenergebnis: Nutzen und Grenzen der flexiblen Ausgestaltung

Neben den klassischen Flexibilisierungsinstrumenten, beispielsweise durch die Wahl der Rechtsgrundlage oder die Vermeidung einer festen Zinszusage ohne Bezug zum Höchstrechnungszins der Lebensversicherungen oder die Wahl der Auszahlungsform der Versorgungsleistungen, sind die Befristung von Beitragszeiten für die klassischen Leistungspläne oder die Neueinführung der reinen Beitragszusage Instrumente, die dem Arbeitgeber die größtmögliche

Gestaltungsfreiheit gewähren. Der Arbeitgeber muss sich nicht dauerhaft an Zusagen binden bzw. später damit kämpfen, diese Zusagen abzulösen, wenn unerwartete Änderungen eintreten.

Die klassischen Flexibilisierungsinstrumente ermöglichen dies nur in einem begrenzten Rahmen. Der Arbeitgeber bleibt ohne eine Befristung an seine Zusage dauerhaft gebunden und muss auch bei der Wahl der „flexiblen" Rechtsgrundlage einer Betriebsvereinbarung sich zum einen mit dem Betriebsrat auseinandersetzen und zum anderen mit dem Rechtsrahmen zur Ablösung von Versorgungssystemen, der nicht disponibel ist. Losgelöst vom Rechtsrahmen sind die Verhandlungen mit dem Betriebsrat zur Kürzung der betrieblichen Altersversorgung oft langwierig, da dies gerade in den klassischen Industriebranchen, wie Metall- und Elektro, ein für Arbeitnehmer bedeutendes Thema ist. Zudem verhandeln die Betriebsräte hier auch in eigener Sache. Die Befristung gibt wiederum nicht nur dem Arbeitnehmer, sondern auch dem Arbeitgeber eine Planungssicherheit, um die erwarteten Kosten mit der prognostizierten wirtschaftlichen Entwicklung in Einklang bringen zu können. Allerdings bleibt in der Praxis eine Rechtsunsicherheit, wie eine Befristung rechtswirksam ausgestaltet sein muss.

Die Einführung der reinen Beitragszusage führt dazu, dass der Arbeitgeber eine betriebliche Altersversorgung anbieten kann, ohne etwaige Garantiezusagen – abgesehen von der Verpflichtung zur Leistung der Beiträge – machen zu müssen. Da in der Praxis weiterhin die klassischen Leistungspläne präferiert werden, wird im Zweifel eine Kombination aus zwei Leistungsplänen, von denen eines die reine Beitragszusage ist, das Verhandlungsziel bzw. -ergebnis sein. Weiterhin ist zu berücksichtigen, dass sich der Arbeitgeber gegebenenfalls mit einer solchen Zusage die Gewerkschaft ins Haus holt.

F. Handlungsauftrag für den Gesetzgeber: Reformierungsbedarf des BetrAVG

Die Flexibilisierungsmöglichkeiten sind nur Behelfsmittel und eine Notlösung für Arbeitgeber. Auch die nur zögerliche Annahme der reinen Beitragszusage als „revolutionäres" Betriebsrentensystem bestätigt dies einmal mehr.

Letztlich hilft nur eine Reformierung des BetrAVG, um zukünftig Arbeitgeber nicht davon abzuhalten, die freiwillige Leistung einer betrieblichen Altersversorgung unbefristet zuzusagen. Der Arbeitgeber muss unter Berücksichtigung der Interessen der Arbeitnehmer an einer zusätzlichen Sicherung im Alter eine realistische Möglichkeit haben, Versorgungszusagen anzupassen. Eine Berücksichtigung der Interessen der Arbeitnehmer kann hierbei in Anlehnung an die Maßstäbe bei der Ablösung von Tarifverträgen erfolgen.[703]

Praxisrelevant sind hierbei insbesondere die gesetzlichen Rahmenbedingungen für nachträgliche Eingriffe in die Höhe von Versorgungszusagen. So können nachfolgende Mechanismen, die teilweise auch bereits durch Richterrecht entwickelt worden sind, eine Anregung für die Gestaltung einer gesetzlichen Regelung zur nachträglichen Anpassung von Versorgungszusagen sein.

I. Widerrufsvorbehalt

Ähnlich wie im österreichischen Recht muss auch im deutschen Recht die Möglichkeit verankert sein, dass ein Arbeitgeber sich von Zusagen zur betrieblichen Altersversorgung für die Zukunft lösen kann. Es erschließt sich nicht, inwiefern die vertragliche Regelung eines Widerrufvorbehalts für freiwillige Sozialleistungen grundsätzlich zulässig ist, aber ausnahmsweise nicht für Versorgungszusagen. Die Möglichkeit zur Regelung eines Widerrufvorbehalts steht nicht per se im Widerspruch zu den Grundsätzen des Vertrauensschutzes und der Verhältnismäßigkeit. Die Anforderungen und Grenzen könnten im Rahmen einer gesetzlichen Regelung ausgestaltet werden. Zudem kann als zusätzliche Schranke noch – orientiert am österreichischen Recht – eine Beratungspflicht mit dem Betriebsrat, sofern ein zuständiges Gremium existiert – verlangt werden.

---

703 So auch *Thüsing* in: Festschrift für Uebelhack, 2019, S. 469 f.

Vor dem Hintergrund, dass es sich nach der Rechtsprechung des BAG um einen Entgeltbestandteil handelt, bietet sich eine Begrenzung des Widerrufs auf 25 % der zugesagten Leistung bzw. des zugesagten Beitrags an. Dies wäre angelehnt an die Rechtsprechung des BAG zum Widerruf von variablen Entgeltbestandteilen, die nur bei einem Anteil von 25 % des gewährten Gesamtverdienstes widerrufen werden können.[704]

AGB-rechtlich ist der Widerrufsvorbehalt schon im Allgemeinen – unabhängig von Versorgungszusagen – nicht global regelbar. Nach der Rechtsprechung müssen Voraussetzungen und Umfang einer vertraglich vorbehaltenen Änderung möglichst so konkret gefasst werden, dass der Arbeitnehmer erkennen kann, was gegebenenfalls „auf ihn zukommt".[705] Es bedarf konkreter Widerrufsgründe, in welchen Fällen ein Widerruf eintreten kann. Dies werden im Falle der betrieblichen Altersversorgung überwiegend Gründe wirtschaftlicher Natur sein.

Eine solche Regelung würde auch im Interesse des Arbeitnehmers liegen. Die Anforderung für einen wirksamen Widerrufsvorbehalt führt dazu, dass für den Arbeitnehmer die Fälle eines Widerrufs konkreter und klarer gefasst wären als sog. „sachlich-proportionale" Gründe im Rahmen der dritten Stufe des Drei-Stufen-Modells. Die Begrenzung des Widerrufs auf beispielsweise 25 % der Versorgungsleistungen macht es zudem für Arbeitnehmer transparent, inwieweit ein Arbeitgeber in die Leistungen eingreifen kann.

Als mögliche Widerrufsgründe kämen in Anlehnung an die steuerlichen Widerrufsgründe folgende Fälle in Betracht:

1. Übersteigen des ursprünglichen Dotierungsrahmens

Der Fall des Übersteigens des ursprünglichen Dotierungsrahmens ist bereits über die Grundsätze zur Störung der Geschäftsgrundlage nach § 313 BGB erfasst.[706] Eine Widerrufsmöglichkeit nach den Grundsätzen der Störung der Geschäftsgrundlage erfordert allerdings nach der Rechtsprechung des BAG, dass für die nach § 313 BGB erforderliche Opfergrenze der ursprüngliche Dotierungsrahmen auf Grund von Änderungen der Rechtslage zum Anpassungsstichtag um mehr als 40 bis 50 % überschritten sein muss.[707]

---

704 BAG v. 11.10.2006 – 5 AZR 721/05, NZA 2007, 87, Orientierungssatz der Richterinnen und Richter des BAG.

705 BAG v. 11.10.2006 – 5 AZR 721/05, NZA 2007, 87, 89 f.

706 Abschn. C. I. 1. d).

707 BAG v. 19.2.2008 – 3 AZR 290/06, BAGE 126, 1.; Abschn. C. I. 1. d).

Vor diesem Hintergrund könnte eine mögliche zulässige Regelung eines Widerrufsvorbehalts – losgelöst von den Anforderungen der Grundsätze zur Störung der Geschäftsgrundlage – auch den Gestaltungsspielraum für den Arbeitgeber eröffnen, bei einem Übersteigen des ursprünglichen Dotierungsrahmens unterhalb von 50 % in angemessenem und verhältnismäßigem Umfang zu kürzen. Für eine solche Regelungsmöglichkeit spricht insbesondere die Tatsache, dass der Arbeitgeber frei in seiner Entscheidung ist, überhaupt einen „Topf" für betriebliche Altersversorgung seiner Arbeitnehmer zur Verfügung zu stellen. Soweit der ursprünglich vorgesehene „Topf" jedoch aufgrund unvorhersehbarer Umstände, die nicht zwingend auf Gesetzesänderungen beruhen müssen, nicht mehr ausreicht und der Dotierungsrahmen damit überschritten wird, muss der Arbeitgeber die Möglichkeit haben, die Versorgungszusage entsprechend des ursprünglichen Dotierungsrahmens anzupassen.

Dies muss auch unabhängig davon gelten, ob die Zusage auf einer Leistungszusage oder beispielsweise einer beitragsorientierten Leistungszusage beruht. Der aufgestellte Leistungsplan erfolgt stets unter der Prämisse des bereitgestellten „Topfes". Das konkrete Beispiel der Niedrig- bzw. Nullzinsphase zeigt ganz besonders, wie erforderlich eine solche Widerrufsmöglichkeit ist. Zwar haben sich nicht die gesetzlichen Rahmenbedingungen geändert, doch war die bis zuletzt länger andauernde Niedrig- bzw. Nullzinsphase weder für Arbeitgeber, die vor etlichen Jahren aufgrund von Experten aufgestellten Prognosen Zinsen in Höhe von 5 oder 6 % zugesagt haben, noch für die betroffenen Arbeitnehmer oder Arbeitnehmervertreter vorhersehbar. Eine hierdurch entstandene Mehrbelastung kann nicht einseitig nur zulasten des Arbeitgebers gehen.

2. Wesentliche, nachhaltige wirtschaftliche Verschlechterung des Unternehmens / Teilweiser Widerruf der Zusage als Bestandteil eines Sanierungsplans

Ebenso muss es dem Arbeitgeber auch im Falle einer wesentlichen wirtschaftlichen Verschlechterung möglich sein, die Versorgungszusage in verhältnismäßigem Umfang für die Zukunft zu widerrufen. Um sicherzustellen, dass nicht schon bereits kurzfristige wirtschaftliche Schieflagen eines Unternehmens zu einem voreiligen Widerruf von Versorgungszusagen führen, kann angelehnt an das österreichische Recht eine nachhaltige wirtschaftliche Verschlechterung verlangt werden. Im Gegensatz zum früher vom deutschen Gesetzgeber geregelten Widerrufsrecht für den Fall der wirtschaftlichen Notlage gem. § 7 Abs. 1 S. 3 Nr. 5 BetrAVG a.F. wäre dies ein Widerrufsrecht, das gerade im Zusammenhang mit einem Sanierungsplans zur Vermeidung einer Insolvenz zum Tragen käme.

Insoweit würde ein solches gesetzliches Widerrufsrecht auch nicht dem mit Abschaffung des gesetzlichen Widerrufsrechts nach § 7 Abs. 1 S. 3 Nr. 5 BetrAVG a.F. eingeführten Insolvenzverfahren widersprechen. Jenes damals vorgesehene Widerrufsrecht bezog sich auf die Versorgungsleistungen. Das hier vorgeschlagene Widerrufsrecht soll sich wiederum nur noch auf zukünftige Versorgungsanwartschaften beziehen und nicht auf den Fall, dass der Leistungsfall schon eingetreten ist. Schon aus diesem Grund würde auch ein solches gesetzliches Widerrufsrecht nicht im Widerspruch zur Rechtsprechung des Bundesverfassungsgerichts stehen, das die Abschaffung des Widerrufsrechts wegen wirtschaftlicher Notlage als verfassungsgemäß angesehen hat.[708]

Das Widerrufsrecht wegen einer wirtschaftlichen Notlage hat das BVerfG für entbehrlich gehalten, da andere Handlungsmöglichkeiten zur Sanierung für Unternehmen bestünden.[709] So könne ein Unternehmen ein Insolvenzverfahren bereits bei drohender Zahlungsunfähigkeit eröffnen und weiterhin bestünde die Möglichkeit, mit Zustimmung des Pensions-Sicherungs-Vereins einen außergerichtlichen Vergleich mit den Versorgungsempfängern zu schließen.[710] Als realistische Möglichkeit wird ein solcher Vergleich durch das BVerfG angesehen, da auch der Pensions-Sicherungs-Verein ein realistisches Interesse an der Sanierung des Unternehmens habe. Unabhängig davon, dass jedenfalls die zweite Möglichkeit kein einseitiges Lösungsrecht des Arbeitgebers darstellt, zeigen beide Handlungsmöglichkeiten die Sinnhaftigkeit eines Widerspruchsrechts bei wesentlicher, nachhaltiger Verschlechterung der wirtschaftlichen Lage des Unternehmens auf. Das Unternehmen soll schon vor einer drohenden Zahlungsunfähigkeit durch eine Sanierung die Chance erhalten, die Existenz des Unternehmens und die Arbeitsplätze zu sichern.

Um dem Vertrauensschutz von Arbeitnehmern in die betrieblichen Altersversorgung als besondere Form der Vergütung für ihre Gegenleistung gerecht zu werden, kann zusätzlich als weitere Hürde für die Zulässigkeit des einseitigen Widerrufsrechts eine Beratungspflicht mit dem Betriebsrat, ähnlich wie im österreichischen Recht, in eine mögliche gesetzliche Regelung aufgenommen werden. Zudem bliebe es im Übrigen dabei, dass nur im verhältnismäßigen Umfang gemessen an dem Ausmaß der Verschlechterung der wirtschaftlichen Lage eine Kürzung für die Zukunft vorgenommen werden könnte.

---

708 BVerfG v. 29.2.2012 – 1 BvR 2378/10, NZA 2012, 788.

709 BVerfG v. 29.2.2012 – 1 BvR 2378/10, NZA 2012, 788, 790.

710 BVerfG v. 29.2.2012 – 1 BvR 2378/10, NZA 2012, 788, 790.

3. Erhebliche Treuepflichtverletzung des Mitarbeiters

Unabhängig von wirtschaftlichen Faktoren sollte der bereits von der Rechtsprechung anerkannte[711] Widerrufsgrund wegen erheblicher Treuepflichtverletzungen des Arbeitnehmers gesetzlich verankert werden. Wenn der Arbeitgeber eine solch langfristige Bindung mit dem Arbeitnehmer durch die betriebliche Altersversorgung eingeht, muss es ihm auch – unabhängig von der richterlichen Rechtsfortbildung – möglich sein, sich einseitig von dieser Bindung zu lösen, wenn beispielsweise der Arbeitnehmer den Arbeitgeber bewusst schädigt und einen erheblichen Vermögensschaden verursacht. Im Rahmen einer gesetzlichen Regelung sollten allerdings die Anforderungen für ein arbeitgeberseitiges Lösungsrecht im Vergleich zu den von der Rechtsprechung entwickelten Grundsätzen niedriger sein und nicht höher sein als nach den allgemeinen Grundsätzen des Rechtsmissbrauchs.

Das BAG hat die Grundsätze zum Widerruf von Versorgungszusagen wegen grober Pflichtverletzung stets weiterentwickelt und konkretisiert. Mit dem Fokus auf den Entgeltcharakter der betrieblichen Altersversorgung hat die Rechtsprechung allerdings auch die Anforderungen für den Einwand des Rechtsmissbrauchs verschärft. Grundsätzlich wird ein existenzgefährdender Schaden, den der Arbeitnehmer verursacht haben muss, verlangt.

So heißt es im Orientierungssatz Nr. 8 der Richterinnen und Richter des BAG im Urteil v. *20.6.2016 – 3 AZR 77/15* wie folgt:

> *„Die vom Senat entwickelten Grundsätze zum Widerruf von Versorgungszusagen wegen grober Pflichtverletzung (vgl. BAGE 143, 273 = NZA 2013, 1279) greifen nicht nur, wenn der Arbeitnehmer seine vertraglichen oder nachvertraglichen Pflichten aus dem Arbeitsverhältnis gegenüber dem Arbeitgeber verletzt. Auch grobe Pflichtverletzungen, die ein früherer Arbeitnehmer im Rahmen eines anderen Rechtsverhältnisses mit seinem ehemaligen Arbeitgeber zu dessen Lasten begeht und die zu einem existenzgefährdenden Schaden des ehemaligen Arbeitgebers führen, können die Berufung des ehemaligen Arbeitnehmers auf sein Versorgungsversprechen nach § 242 BGB rechtsmissbräuchlich machen“*[712]

Zum Rechtsmissbrauch führt das BAG in seiner Entscheidung v. *20.6.2016 – 3 AZR 77/15* weiter aus:

711 BAG v. 20.6.2016 – 3 AZR 77/15, NZG 2017, 69; BAG v. 13.11.2012 – 3 AZR 444/10, NZA 2013, 1279; BAG v. 21.11.2006 – 3 AZR 672/05.

712 BAG v. 20.6.2016 – 3 AZR 77/15, NZG 2017, 69, Orientierungssatz Nr. 8 der Richterinnen und Richter des BAG.

> *„Führen die vom Arbeitnehmer verursachten Vermögensschäden hingegen nicht zu einer Gefährdung der wirtschaftlichen Grundlage des Arbeitgebers, sind dessen Interessen mit der Möglichkeit, den Arbeitnehmer auf Schadensersatz in Anspruch zu nehmen, hinreichend gewahrt (vgl. dazu ausführlich BAGE 143, 273 = NZA 2013, 1279 Rn. 30 ff.). Da die Leistungen der betrieblichen Altersversorgung auch Entgelt des Arbeitnehmers sind, das dieser als Gegenleistung für die im Arbeitsverhältnis erbrachte Betriebszugehörigkeit erhält (vgl. etwa BVerfG, NZA 2013, 193 Rn. 33 = NJW 2013, 593 Ls.; BAGE 143, BAGE 143, 273 = NZA 2013, 1279 Rn. 31), kann die betriebliche Altersversorgung nicht bereits dann verweigert werden, wenn der Arbeitnehmer dem Arbeitgeber einen erheblichen Vermögensschaden unterhalb der Schwelle der Existenzgefährdung zugefügt hat. Der Widerruf einer Versorgungszusage dient nicht dazu, auf einfachem und schnellem Wege einen Schadensersatzanspruch zu befriedigen (vgl. ausführlich BAGE 143, 273 = NZA 2013, 1279 Rn. 32 ff.).“*[713]

Auch hier wird wieder deutlich, dass die Rechtsprechung dem Arbeitnehmer stets einen Vertrauensschutz in die betriebliche Altersversorgung an sich zuspricht. Vergleicht man dies mit den allgemeinen Grundsätzen zum Rechtsmissbrauch, verlangt die Rechtsprechung im Zusammenhang mit dem Widerruf der betrieblichen Altersversorgung deutlich mehr für den Einwand des Rechtsmissbrauchs.

Nach den allgemeinen Grundsätzen liegt eine unzulässige Rechtsausübung vor, „*wenn sich objektiv das Gesamtbild eines widersprüchlichen Verhaltens ergibt, weil das frühere Verhalten mit dem späteren sachlich unvereinbar ist und die Interessen der Gegenpartei im Hinblick hierauf vorrangig schutzwürdig erscheinen*“.[714] Die Rechtsausübung muss als solche zu missbilligen sein (*Fall der exceptio doli praesentis, der aus der römischrechtlichen Arglisteinrede hervorgegangen ist*).[715] Wie *Mansel* es plastisch ausführt, müsste die „*Rechtsausübung im Einzelfall zu einem grob unbilligen, mit der Gerechtigkeit nicht mehr zu vereinbarenden Ergebnis führen*“.[716]

In seiner Rechtsprechung aus dem Jahr 1982 war das BAG noch moderater als in seiner jüngeren Rechtsprechung und spiegelte die allgemeinen Grundsätze zum Rechtsmissbrauch eher wider:

> *„Der Vorwurf des Rechtsmißbrauchs kann begründet sein, wenn die vergütete Betriebstreue sich rückblickend als wertlos erweist, etwa weil der Arbeitnehmer seine Stellung jahrelang*

713 BAG v. 20.6.2016 – 3 AZR 77/15, NZG 2017, 69, 76 Rn. 58.

714 BGH v. 12.7.2016 – XI ZR 501/15, NJW 2016, 3518, 3520 Rn. 20; BGH v. 7.5.2014 – IV ZR 76/11, NJW 2014, 2646, 2649 Rn. 40.

715 Jauernig/*Mansel*, BGB, 18. Aufl. 2021, § 242. Rn. 37; MüKo/*Schubert*, 9. Aufl. 2022, § 242 BGB Rn. 239.

716 Jauernig/*Mansel*, BGB, 18. Aufl. 2021, § 242. Rn. 37.

dazu mißbraucht hat, dem Arbeitgeber Schaden zuzufügen (BAG 32, 139, 147 = AP Nr. 1 zu § 1 BetrAVG Treuebruch [zu III 1b der Gründe]; vgl. auch BGH, Urt. v. 22.6.1981 – II ZR 146/80 – AP Nr. 3 zu § 1 BetrAVG Treuebruch = BetrAV 1981, 197 f. = BB 1981, 1643, 1645 = DB 1981, 1971). Dabei kann allerdings die Schadenshöhe für sich allein genommen nicht entscheidend sein, vielmehr ist immer eine Gesamtwürdigung aller Vorgänge erforderl., die zu dem Schaden geführt haben. Diese Gesamtwürdigung muß den Rechtsmißbrauch ersichtl. machen. Wird auf die Höhe des eingetretenen Schadens abgestellt, so ist regelmäßig zu fordern, daß dem Arbeitnehmer insoweit ein erhebl. Vorwurf gemacht werden muß. Es kann nicht ausreichen, daß ein leitender Angestellter, etwa aus Krankheitsgründen, die Übersicht verloren hat nicht verhindert, daß ihm unterstellte Mitarbeiter einen großen Schaden anrichten.“[717]

Vor diesem Hintergrund kann nicht stets ein existenzgefährdender Schaden verlangt werden, um ein einseitiges Lösungsrecht des Arbeitgebers zuzulassen. Eine gesetzliche Regelung muss eine Einzelfallabwägung ermöglichen, die zwar aufgrund des Vertrauensschutzes in die betriebliche Altersversorgung einen erheblichen Schaden erfordern dürfte, aber nicht stets existenzgefährdend. Zu berücksichtigen ist zudem, dass ein Eingriff in die Versorgungsanwartschaften für die Zukunft erfolgen würde und nicht in bereits erdiente Anwartschaften.

Richtig ist aber sicherlich auch, dass eine fristlose Kündigung alleine wiederum auch nicht das einseitige Lösungsrecht auslösen kann.[718] So führt das BAG zutreffend aus, dass der Widerruf weder ein Mittel sei pflichtwidriges Verhalten zu sanktionieren noch ein Mittel sei den pflichtwidrig handelnden Arbeitnehmer zu disziplinieren.[719] Wer sich auf ehrliche Weise eine Versorgungsanwartschaft erdient habe, könne seine Anwartschaften nicht allein durch die Verletzung vertraglicher Pflichten verlieren.[720]

4. Formulierungsvorschlag

Als gesetzliche Regelung käme folgende Formulierung zur Regelung des Widerrufsrechts in Betracht:

(1) *Der Arbeitgeber kann seine zugesagten Leistungen unter den in Absatz 2 genannten Voraussetzungen um maximal 25 % nach billigem Ermessen kürzen (Widerruf). Widerruft der Arbeitgeber, so bleiben dem Arbeitnehmer die bis zum Widerruf erdienten, unverfallbaren Anwartschaften erhalten.*

---

717 BAG v. 11.5.1982 – 3 AZR 1239/79, AP BetrAVG § 1 Treuebruch Nr. 4.

718 BAG v. 8.5.1990 – 3 AZR 152/88, NZA 1990, 807.

719 BAG v. 8.5.1990 – 3 AZR 152/88, NZA 1990, 807.

720 BAG v. 8.5.1990 – 3 AZR 152/88, NZA 1990, 807.

(2) Ein Widerruf ist zulässig, wenn
1. dies unter Angabe von möglichen Widerrufsgründen in der Vereinbarung zur Versorgungszusage geregelt ist,
2. als Widerrufsgrund
a) ein Übersteigen des ursprünglichen Dotierungsrahmens aufgrund unvorhersehbarer Umstände, die nicht in der Risikosphäre des Arbeitgebers liegen, um mindestens 30 % vorliegt oder
b) eine nachhaltige wesentliche Verschlechterung der wirtschaftlichen Lage des Arbeitgebers vorliegt, sodass die Aufrechterhaltung eine existenzielle Bedrohung für den Fortbestand des Unternehmens zur Folge hätte, oder
c) Handlungen des Arbeitnehmers vorliegen, die in grober Weise gegen Treu und Glauben verstoßen und eine fristlose Entlassung rechtfertigen würden
und
3. in den Betrieben, in denen ein zuständiger Betriebsrat besteht, mindestens drei Monate vor dem beabsichtigten Widerruf eine Beratung mit dem Betriebsrat erfolgt ist.

II. Befristen und Aussetzen von Beitragszeiten

Neben der gesetzlichen Regelung von vollständigen Widerrufsmöglichkeiten dürfte auch ein Bedürfnis des Gesetzgebers sein, mildere Flexibilisierungsmöglichkeiten gesetzlich zu normieren.

Zum einen kommt hier die Befristung der Beitragszeit in Betracht sowie zum anderen das Aussetzen der Beitragszeit angelehnt an das österreichische Recht.

Das Befristen der Beitragszeit steigert nicht nur die Attraktivität einer arbeitgeberfinanzierten betrieblichen Altersversorgung in mittelständischen Unternehmen und kleineren Unternehmen, die oft eine dauerhafte Bindung aufgrund der Finanzierungskosten scheuen dürften, sondern ginge auch mit dem Geist der Zeit mit. Heutzutage binden sich Arbeitnehmer nicht dauerhaft bis zu ihrer Rente an einen Arbeitgeber. Arbeitgeber können daher Arbeitnehmer nicht mehr mit einer langfristig angelegten betrieblichen Altersversorgung locken. Auch im Interesse der Arbeitnehmer können daher Konzepte sein, nach denen eine befristete Beitragszeit die finanzielle Lage im Alter verbessert werden kann.

Um jedoch nicht das Modell der unbefristeten Zusagen durch befristete Zusagen zu verdrängen und diese auch aktiv zu fördern, muss einem Arbeitgeber, der bereit ist, eine dauerhafte Bindung einzugehen, ermöglicht werden in bestimmten Situationen, wie bei einer wirtschaftlich schlechten Lage des Unternehmens, Beitragszeiten auszusetzen.

1. Befristen von Beitragszeiten

Eine gesetzliche Regelung zur Befristungsmöglichkeit von Beitragszeiten müsste den Tatbestand, wann eine solche Befristung möglich ist, hinreichend klar und bestimmt gem. Art. 20 Abs. 3 GG normieren.

a) Mindestanforderung: Zeitliche Befristung und / oder Zweckbefristung

Entscheidend ist, dass Mindestanforderungen an die Zusage geregelt sind, damit der Zweck einer betrieblichen Altersversorgung sich realisieren kann. Dies wäre über eine Mindestlaufzeit oder eine Ausgestaltung der vom BAG aufgestellten Definition zur Versorgung, *„alle Leistungen, die den Lebensstandard des Arbeitnehmers oder seiner Hinterbliebenen im Versorgungsfall verbessern sollen"*, möglich.[721] Der Gesetzgeber müsste festlegen, ab welchem Zuwachs eine Verbesserung des Lebensstandards im Versorgungsfall vorliegen würde und der Schutz der betrieblichen Altersversorgung nach dem BetrAVG anzunehmen ist.

Alternativ oder kumulativ kann neben starren zeitlichen Fristen auch eine Zweckbefristung eröffnet werden und die Erteilung der Beitragszeit jeweils vom Betriebsergebnis abhängig machen. Hierfür haben sich bereits *Hanau* und *Arteaga* in ihrem „Rechtsgutachten zum dem „Sozialpartnermodell Betriebsrente" des Bundesministeriums für Arbeit und Soziales" ausgesprochen.[722] *Thüsing* stimmt diesem Ansatz ebenfalls uneingeschränkt zu.[723]

So führen *Hanau* und *Arteaga* hierzu Folgendes aus:

> *„Soweit nicht im Tarifvertrag Umfang und Dauer der Beitragspflicht geregelt werden, könnte ein Arbeitgeber seine eigene Beitragsverpflichtung zeitlich befristen oder der Höhe nach ganz oder teilweise von seinem Betriebsergebnis abhängig machen. Damit würde es ihm möglich, nicht nur den jährlich anfallenden Aufwand für die betriebliche Altersversorgung wirksam zu beherrschen, sondern auch der Gesamtaufwand der jeweiligen Finanzierungsetappe bliebe unter Kontrolle.*

721 BAG v. 25.6.2013 – 3 AZR 219/11, NZA 2013, 1421, 1422, Rn. 13; BAG v. 14.12.2010 – 3 AZR 799/08, NZA-RR 2011, 146, 148.

722 *Hanau/Arteaga*, Rechtsgutachten zu dem „Sozialpartnermodell Betriebsrente" des Bundesministeriums für Arbeit und Soziales, S. 31.

723 *Thüsing* in: Festschrift Uebelhack, 2019, S. 467, 471.

Die Knüpfung der Dotierung an das Geschäftsergebnis könnte helfen, eine Belastung von ergebnisschwachen Perioden mit Altersversorgungsaufwendungen zu reduzieren. Hierbei ist klar, dass eine Anpassung immer nur für die Zukunft erfolgen kann. Bei Unternehmen mit stark schwankenden Ergebnissen und mit erhöhter Prognoseunsicherheit könnte die zeitabschnittsweise Erteilung von Beitragszusagen bzw. deren Knüpfung an das Betriebsergebnis die Zusageerteilung erleichtern. Derartige Regelungen wiederum dürften am sachgerechtesten auf der betrieblichen Ebene zu treffen sein."[724]

b) Möglicher dynamisierender Baustein und Festlegung der Rechtsgrundlage

Als weiterer Aspekt lässt sich aus diesen Ausführungen auch die Idee einer dynamischen Beitragsleistung entnehmen. So beschreiben *Hanau* und *Arteaga* auch die Möglichkeit die Beitragsleistungen abhängig von wirtschaftlichen Ergebnissen des Unternehmens zu gewähren. Dieser Ansatz erinnert an Regelungen, die man ansonsten häufig bei Bonusleistungen findet. Als mögliche Flexibilisierung erscheint dies ein moderner, zeitgemäßer Ansatz zu sein. Nicht außer Acht zu lassen bleibt aber, dass die Versorgungszusage letztlich die geleistete Betriebstreue belohnen soll und daher grundsätzlich nicht abhängig von Leistungsmerkmalen sein sollte.

Ferner ergibt sich aus diesen Ausführungen zugleich, dass die konkrete Ausgestaltung einer Zweckbefristung nach Ansicht von *Hanau* und *Arteaga* den Betriebsparteien obliegen können soll und nicht zwingend den Tarifparteien. Dies erscheint einleuchtend, da die Geschäftsergebnisse eines Unternehmens und die Prognosen zur Entwicklung für die Zukunft letztlich von den Betriebsparteien am besten zu bewerten und einzuordnen sind. Dies deckt sich auch mit einer jüngeren Entscheidung des BAG, wonach den Betriebsparteien im Hinblick auf Einsparungspotenziale für den betroffenen Betrieb eine Einschätzungsprärogative zukommt.[725]

Vor diesem Hintergrund kann eine gesetzliche Regelung auch gegebenenfalls zum Schutze der Arbeitnehmer auch eine abschließende Aufzählung der Rechtsgrundlagen vorsehen, auf denen eine solche Befristung der Beitragszeit beruhen kann.

724 *Hanau/Arteaga*, Rechtsgutachten zu dem „Sozialpartnermodell Betriebsrente" des Bundesministeriums für Arbeit und Soziales, S. 31.

725 BAG v. 3.5.2022 – 3 AZR 472/21, AP BetrAVG § 1 Ablösung Nr. 85, Rn. 55.

c) *Sonstige mögliche Anforderungen an eine zulässige Befristung*

Zur Vermeidung einer Verdrängung des Modells der unbefristeten Versorgungszusage kann der Gesetzgeber weitere Anforderungen an die Zulässigkeit einer Befristung von Beitragszeiten stellen.

So ist es beispielsweise möglich, dass nur Unternehmen bis zu einer bestimmten Größe aufgrund der stärkeren finanziellen Belastung eine solche befristete Zusage anbieten dürfen.

Sinnvoller dürfte es jedoch sein – sofern weitergehende Anforderungen an die Zulässigkeit gestellt werden sollen – die Zulässigkeit von der wirtschaftlichen Lage bzw. der wirtschaftlichen Stabilität von Unternehmen abhängig zu machen. Denn im Ergebnis ist dies das entscheidende Kriterium, wie sich die finanzielle Belastung einer arbeitgeberfinanzierten Versorgungszusage auf ein Unternehmen auswirkt bzw. welche Risiken ein Unternehmen durch diese finanzielle Belastung konkret eingeht.

2. Aussetzen von Beitragszeiten

Nicht weit entfernt vom Gedanken der Befristung von Beitragszeiten liegt die Möglichkeit des Aussetzens von Beitragszeiten. Auch aus den Gedanken von *Hanau* und *Arteaga* lässt sich dieser Ansatz entnehmen, wenn sie von einer *„zeitabschnittsweise Erteilung von Beitragszusagen"* sprechen.[726]

Dies ist bisher im deutschen Betriebsrentenrecht ein weitgehend unbekanntes Flexibilisierungsinstrument. Tarifvertraglich hat dies allerdings Eurowings mit der Gewerkschaft ver.di zuletzt im Jahr 2021 im Rahmen eines Tarifvertrags zur Krisenbewältigung vereinbart.

Im österreichischen Recht wird diese Anpassungsmöglichkeit bereits von Gesetzes wegen durch §§ 6 Abs. 6, 6d Abs. 6 BPG eingeräumt. Im Gegensatz zu dauerhaften Kürzungen von Beiträgen oder dauerhaften Zinsanpassungen ist dies ein anderer und sogar gegebenenfalls auch milderer Weg, um wirtschaftlich schlechte Jahre von Unternehmen zu überbrücken. Zudem fördert eine solche Möglichkeit die Attraktivität für Arbeitgeber und ihre Bereitschaft, grundsätzlich eine dauerhafte Zusage zu einer betrieblichen Altersversorgung zu erteilen.

Um den Missbrauch eines solchen Instruments zu verhindern und zugleich dem Vertrauensschutz in eine Versorgungszusage ausreichend Rechnung zu tragen, kann eine gesetzliche Regelung Tatbestände abschließend aufzählen, die ein

---

726 *Hanau/Arteaga*, Rechtsgutachten zu dem „Sozialpartnermodell Betriebsrente" des Bundesministeriums für Arbeit und Soziales, S. 31.

solches Aussetzten zulassen. Des Weiteren kann die Aussetzungsdauer begrenzt werden. Hierdurch können die finanziellen Einbußen für den Arbeitnehmer eingegrenzt werden und Arbeitnehmer können sich darauf einstellen nach Ablauf einer bestimmten Zeit, beispielsweise von maximal fünf Jahren, Beitragsleistungen des Arbeitgebers in ursprünglicher Höhe zu erhalten.

So käme als gesetzliche Reglung angelehnt an das österreichische Recht Folgendes in Betracht:

(1) Der Arbeitgeber kann die laufenden Beitragszahlungen nur aussetzen oder einschränken, wenn
1. dies im einschlägigen Tarifvertrag oder einer einschlägigen Betriebsvereinbarung vereinbart ist,
2. zwingende wirtschaftliche Gründe vorliegen und
3. in Betrieben, in denen ein zuständiger Betriebsrat besteht, mindestens drei Monate vor dem beabsichtigten Aussetzen oder Einschränken der Beitragsleistung eine Beratung mit dem zuständigen Betriebsrat erfolgt ist.

(2) Ein Aussetzen oder Einschränken der Beitragszahlungen ist für maximal fünf Jahre zulässig.

(3) Durch Aussetzen oder Einschränken der Beitragszahlungen bleibt die Unverfallbarkeitsfrist nach § 1b BetrAVG unberührt.

III. Gesetzliche Niederlegung des Drei-Stufen-Modells in modifizierter Form und einseitiges Ablösungsrecht des Arbeitgebers auf kollektivrechtlicher Ebene

Unabhängig von diesen neuen Wegen sollte auch das Vorhandene besser geordnet werden, wie auch schon *Thüsing* hierzu in seinem Festschriftenbeitrag für *Uebelhack* aufforderte.[727]

Gesetzlich niedergelegt werden muss daher auch das Drei-Stufen-Modell. Die von der Rechtsprechung entwickelten Stufen für Eingriffe in die Höhe von späteren Versorgungsleistungen stellen eine sachgemäße Differenzierung im Hinblick auf den Grundsatz des Vertrauensschutzes dar. Zu empfehlen wäre hierbei eine Weiterentwicklung und Konkretisierung des Drei-Stufen-Modells.

---

727 *Thüsing* in: Festschrift Uebelhack, 2019, S. 467, 472.

1. Konkretisierung der Eingriffsgründe

Wie in Kapitel C dargelegt, sollte allerdings hierbei auch ein konkreter Maßstab, insbesondere auf der dritten Stufe, dem Arbeitgeber bzw. den Vertragsparteien der Versorgungszusagen an die Hand gegeben werden. Ebenso wie vom Arbeitgeber als Verwender von Allgemeinen Geschäftsbedingungen erwartet wird, dass beispielsweise Widerrufsgründe eindeutig und transparent geregelt sein müssen, muss es der Gesetzgeber auch für Arbeitgeber bzw. für die Vertragsparteien klar regeln, in welchen Fällen ein Eingriff in zukünftige Anwartschaften möglich ist bzw. inwieweit Eingriff erfolgen darf. Nicht richtig kann sein, dass Betriebsparteien erstmal das zuständige Arbeitsgericht anrufen müssen, um Rechtssicherheit zu erlangen.

Sofern insbesondere auf der dritten Stufe für zukünftige Zuwächse eine reine Willkürkontrolle erfolgen soll und nicht wie derzeit das BAG immer strengere Maßstäbe angesetzt werden, so muss dies auch entsprechend in einer gesetzlichen Regelung aufgenommen werden.

2. Einseitiges Lösungsrecht des Arbeitgebers

Da das Drei-Stufen-Modell bereits den Grundsatz des Vertrauensschutzes ausgestaltet und sicherstellen soll, dass Arbeitnehmer nicht schutzlos Eingriffen von Arbeitgebern bzw. Betriebsparteien ausgeliefert sind, muss es dem Arbeitgeber möglich sein unter Berücksichtigung des Drei-Stufen-Modells, einseitig Anpassungen vornehmen zu dürfen, soweit die Voraussetzungen vorliegen. Andernfalls ist dem Arbeitgeber wenig geholfen, wenn gegebenenfalls die Rechtslage einen Eingriff zulässt, aber der Betriebspartner nicht zu einer Anpassung der Betriebsvereinbarung bereit ist.

Als zusätzliche Absicherung zur ausreichenden Mitwirkung des Betriebsrats kann die Regelung vorsehen, dass rechtzeitig mit dem Betriebsrat beraten wird und ihm die erforderlichen Unterlagen, die die Rechtmäßigkeit belegen, vorgelegt werden. Zudem kann als Erfordernis aufgenommen, dass die einseitige Anpassungsmöglichkeit in der Betriebsvereinbarung niedergelegt sein muss.

Dieses einseitige Anpassungsrecht muss erst recht im Falle der Kündigung von Betriebsvereinbarungen gelten. Hier sind allerdings mehr die Arbeitsgerichte als der Gesetzgeber gefragt. Nach der aktuellen Rechtsprechung des BAG bleibt im Falle der Kündigung einer Betriebsvereinbarung und der verbundenen Absicht des Arbeitgebers eine Anpassung des zugesagten Betriebsrentensystems vorzunehmen die Betriebsvereinbarung als Rechtsgrundlage für Arbeitnehmer mit Anwartschaften bestehen. Auch wenn keine Nachwirkung vereinbart sein sollte, wird so – entgegen der Systematik des Betriebsverfassungsrechts – künstlich eine

Art Nachwirkung für die Arbeitnehmergruppe geschaffen, die bereits Anwartschaften erworben hat.

IV. Zwischenergebnis: Fortsetzung des angestoßenen Reformierungsprozesses

Nicht nur die Fälle der Kündigung und die Handhabung des Drei-Stufen-Modells zeigen, dass der bereits vom Gesetzgeber durch das Betriebsrentenstärkungsgesetz angestoßene Reformierungsprozess weiter fortgesetzt werden muss. Auch neue Wege, wie die gesetzliche Regelung von Befristungs- und Aussetzungsmöglichkeiten, können dazu beitragen, dass die betriebliche Altersversorgung wieder „*en vogue*" wird.

Das BAG hat bereits im Rahmen seiner Möglichkeiten durch Richterrecht viel zur Flexibilisierung der betrieblichen Altersversorgung beigetragen. So hat das BAG beispielsweise auch im Zusammenhang mit Gesamtzusagen zur betrieblichen Altersversorgung klargestellt, dass der Arbeitgeber keine starre, dauerhaft statuierte Zusage erteilen möchte.[728] Das BAG führte aus, dass eine Gesamtzusage auch ohne ausdrücklichen Änderungsvorbehalt einer Änderung zugänglich sein müsse.[729]

Die richterliche Rechtsfortbildung findet allerdings dort ihre Grenze, wo es der Regelungsbefugnis und des Gestaltungsspielraums des Gesetzgebers bedarf, um neue Wege zu eröffnen und für konkrete Maßstäbe für die Änderungsmöglichkeiten zu sorgen. Es ist nicht Aufgabe der Richter, die Rolle des Gesetzgebers einzunehmen und ein Recht zur Änderung von Versorgungszusagen zu entwickeln.

Der Gesetzgeber ist gefragt, um hier für Ordnung und Klarheit zu sorgen.

---

728 BAG v. 10.3.2015 – 3 AZR 56/14, AP BetrAVG§ 1 Ablösung Nr. 68.
729 BAG v. 10.3.2015 – 3 AZR 56/14, AP BetrAVG§ 1 Ablösung Nr. 68, Rn. 32.

G. Zusammenfassung der Ergebnisse / Thesen

I. Rechtsgrundlage für Zusagen einer betrieblichen Altersversorgung

- Sowohl auf individualvertraglicher Ebene als auch auf kollektivvertraglicher Ebene steht es dem Arbeitgeber offen, Arbeitnehmern die Zusage zu einer betrieblichen Altersversorgung zu erteilen. Im Vergleich zu anderen freiwilligen Sozialleistungen genießt allerdings eine Versorgungszusage als besondere Form der Vergütung für die Betriebstreue einen besonders hohen Vertrauensschutz. Vorbehalte und Änderungen von Versorgungszusagen unterliegen daher strengen rechtlichen Anforderungen.
- Eine Versorgungszusage kann allerdings nicht – wie sonst bei freiwilligen Sozialleistungen – mit einem Freiwilligkeitsvorbehalt verbunden werden. Auch Widerrufsvorbehalte sind nicht ohne Weiteres rechtlich zulässig. Für die Rechtsprechung hat die betriebliche Altersversorgung ein „Wert an sich", unabhängig von einem etwaigen Vertrauensschutz. Damit werden nach derzeitiger Rechtsprechung betriebsratslose Betriebe auf die – so gut wie aussichtslose – Änderungskündigung verwiesen, und hiermit geradezu benachteiligt: Denn diese können selbst bei lautester Erklärung der Freiwilligkeit und möglichem Widerruf später kaum noch eine einmal gemachte Versorgungszusage beseitigen. Selbst bei Erteilung einer Versorgungszusage auf Grundlage einer Gesamtzusage können Arbeitgeber nicht mit Rechtssicherheit eine Ablösung einseitig vornehmen. Die Rechtsprechung deutet hier nur an, dass eine einseitige Ablösung durch Gesamtzusage möglich ist.

II. Änderung von arbeitgeberfinanzierten Versorgungszusagen

Eine Änderung von Versorgungszusagen ist damit nach der Rechtsprechung grundsätzlich nur nachträglich möglich und nicht bereits bei deren Erteilung antizipiert anlegbar.

1. **Formell** können Versorgungszusagen entsprechend ihrer jeweils einschlägigen Rechtsgrundlage nach den allgemeinen arbeitsrechtlichen Grundsätzen geändert werden. Eine einseitige Änderung durch den Arbeitgeber ist allerdings unabhängig von der Rechtsgrundlage nur erschwert möglich.

a) Ablösung von individualvertraglichen Zusagen mit einem und ohne einen kollektiven Bezug

Für eine ausschließlich individualvertraglich zugesagte betriebliche Altersversorgung sind die Änderungsmöglichkeiten beschränkt. Für eine einseitige Änderung bzw. Verschlechterung durch den Arbeitgeber bleibt nur der Weg einer Änderungskündigung oder als Auffangtatbestand das Rechtsinstitut der Störung der Geschäftsgrundlage. Praktikabler ist die Änderungsmöglichkeit von Individualzusagen mit kollektivem Bezug. Die Entwicklung in der Rechtsprechung seit 2013 zeigt, dass jedenfalls für die formelle Ebene hier eine gewisse Flexibilisierung für den Arbeitgeber eingetreten ist, um für die Belegschaft einheitliche Lösungen im Hinblick auf Änderungen im Betriebsrentensystem zu schaffen. Zum einen können Arbeitgeber Änderungen durch eine ablösende Gesamtbetriebsvereinbarung vornehmen. Zum anderen ermöglicht der kollektive Charakter von Gesamtzusagen, Einheitsregelungen und betrieblichen Übungen zudem den Weg über eine ändernde Betriebsvereinbarung. Solche Zusagen sind infolge ihres kollektiven Charakters grundsätzlich betriebsvereinbarungsoffen ausgestaltet. Eine Abkehr von dieser Rechtsprechung ist jedenfalls durch den für die betriebliche Altersversorgung zuständigen Dritten Senat des BAG („Ruhegeldsenat") bislang nicht erkennbar.

b) Ablösbarkeit von auf Grundlage von Betriebsvereinbarungen erteilten Versorgungszusagen

Änderungen von Betriebsvereinbarungen über die betriebliche Altersversorgung richten sich nach der Zeitkollisionsregel sowie dem Ordnungsprinzip. Eine bestehende Betriebsvereinbarung zur betrieblichen Altersversorgung im Betrieb kann durch eine zeitlich nachfolgende Betriebsvereinbarung durch die Betriebsparteien geändert werden. Folgt auf eine Betriebsvereinbarung ein Tarifvertrag, so gilt das Ordnungsprinzip und der Tarifvertrag geht als höherrangiges Regelungswerk der Betriebsvereinbarung vor. Von einer ändernden Betriebsvereinbarung erfasst sind auch ausgeschiedene Arbeitnehmer, wenn eine Jeweiligkeitsklausel in ihrem Arbeitsvertrag auf zukünftige Betriebsvereinbarungen Bezug nimmt.

- Mitbestimmung: Die Ablösbarkeit von Versorgungszusagen durch Betriebsvereinbarungen ist teilmitbestimmt. So unterliegt das „Ob" der Leistung einer betrieblichen Altersversorgung nicht der zwingenden Mitbestimmung gem. § 87 BetrVG. Die Errichtung sozialer

Einrichtungen durch den Arbeitgeber – von Unterstützungskassen, Pensionskassen sowie Pensionsfonds – ist hingegen ebenso mitbestimmungspflichtig (§ 87 Abs. 1 Nr. 8 BetrVG) wie der Leistungsplan und der Verteilungsschlüssel (§ 87 Abs. 1 Nr. 10 BetrVG). Sofern dieses Mitbestimmungsrecht nach Nr. 8 vom Arbeitgeber missachtet wird, führt dies allerdings nicht zur Unwirksamkeit der Versorgungseinrichtung. Der Durchführungsweg kann wiederum grundsätzlich vom Arbeitgeber mitbestimmungsfrei gewählt werden. Etwas anderes gilt dann, wenn dieser bereits Bestandteil der bestehenden Versorgungszusage geworden ist, insoweit ist bei der Änderung des Durchführungswegs auch die Mitbestimmung des Betriebsrats zu beachten.

- Einseitige Ablösungsmöglichkeit: Eine einseitige Änderungsmöglichkeit durch Kündigung der Betriebsvereinbarung ist hingegen nur für Neueintritte möglich, sofern keine Nachwirkung vereinbart ist. Für Arbeitnehmer, die bereits eine Versorgungszusage gemäß einer existierenden Betriebsvereinbarung erhalten haben, bleibt auch nach einer Kündigung die Betriebsvereinbarung nach der Rechtsprechung des BAG formal als Rechtsgrundlage gem. § 77 Abs. 4 S. 1 BetrVG erhalten, soweit dies nach dem Vertrauensgrundsatz und dem Grundsatz der Verhältnismäßigkeit erforderlich ist.
    - Entgegen der Möglichkeit der vollständigen Beendigung von freiwilligen Sonderleistungen durch Kündigung ist gemäß der Rechtsprechung des BAG auch im Falle der Kündigung das Drei-Stufen-Modell anzuwenden. Durch die einseitige Beendigung einer Betriebsvereinbarung zur betrieblichen Altersversorgung hat der Arbeitgeber daher nicht weitergehende Möglichkeiten, auf die Versorgungsanwartschaften der Arbeitnehmer einzuwirken als die Betriebsparteien durch Aufhebungs- oder Änderungsvereinbarungen. Entgegen den betriebsverfassungsrechtlichen Grundsätzen für eine Kündigung steht auch hier nach der Rechtsprechung der Schutz des Vertrauens in die betriebliche Altersversorgung über allem.
    - Konsequenterweise müsste dann allerdings bei einem ausdrücklichen Ausschluss der Nachwirkung der Vertrauensschutz herabgesenkt sein: Ist für die Arbeitnehmer klar und erkennbar, dass eine Betriebsvereinbarung keine Nachwirkung hat, so muss der Arbeitgeber die Möglichkeit haben sich einseitig von der Betriebsvereinbarung lösen zu können, ohne das Drei-Stufen-Modell anwenden zu müssen. Dass das BAG diesen konsequenten Schritt in einem Rechtsstreit ginge, ist allerdings nicht anzunehmen, da das Gericht

im Einklang mit seiner bisherigen Rechtsprechung den Vertrauensschutz in der Zusage der betrieblichen Altersversorgung an sich sehen wird.

- Ist eine Nachwirkung vereinbart bewirkt dies keine Perpetuierung der Betriebsvereinbarung zur betrieblichen Altersversorgung, sondern ermöglicht auch eine Konfliktlösung im Wege der Einigungsstelle. Die Nachwirkung kann durch einen Spruch der Einigungsstelle aufgehoben werden und die Einigungsstelle kann über eine Neuregelung verbindlich entscheiden. Die Einigungsstelle ist an zwingendes vorrangiges Recht gebunden. Auch wenn das Drei-Stufen-Modell nicht gesetzlich geregelt ist, so muss denklogisch die Einigungsstelle hieran gebunden sein. Sie kann nicht weitergehende Regelungsmacht haben als die Betriebsparteien selbst. Andernfalls würde ein solches Ergebnis zu einer Umgehungsmöglichkeit der Anwendbarkeit des Drei-Stufen-Modells führen und der Arbeitgeber regelmäßig die Anrufung der Einigungsstelle herbeiführen wollen. Auch die Verpflichtung der Einigungsstelle, die betrieblichen Belange nach § 76 Abs. 5 S. 3 BetrVG zu berücksichtigen, führen zu keinem anderen Ergebnis. Diese umfassen auch die Belange des Unternehmens, die wiederum im Rahmen des Drei-Stufen-Modells ebenfalls ihre Berücksichtigung finden.

c) **Ablösbarkeit von auf Grundlage von Tarifverträgen erteilten Versorgungszusagen**

Tarifvertragliche Regelungen können unter Anwendung der Zeitkollisionsregel durch eine zeitlich nachfolgende tarifliche Vereinbarung abgeändert werden. Für ausgeschiedene tarifgebundene Arbeitnehmer finden die abändernden tariflichen Regelungen ohne Weiteres Anwendung. Für ausgeschiedene nicht-tarifgebundene Arbeitnehmer bedarf es einer Jeweiligkeitsklausel im Arbeitsvertrag.

2. Während die formellen Voraussetzungen die notwendige Bedingung zur Anpassung bzw. Ablösung von Versorgungszusagen sind, sind die **materiellen Voraussetzungen** die hinreichende Bedingung. Das heißt, die Wahl der richtigen Rechtsgrundlage bzw. des richtigen Ablösungsmittels wie die Kündigung alleine reicht nicht aus, um Versorgungszusagen rechtlich wirksam abzulösen.

a) **Reduzierung derHöhe der Versorgungsanwartschaften**
Für die in der Praxis besonders relevante nachträgliche Änderung der Reduzierung der Höhe der Versorgungsanwartschaften richtet sich der von der Rechtsprechung vorgesehene Änderungsmaßstab für jede Rechtsgrundlage danach, inwieweit bereits ein Grundniveau des Vertrauensschutzes und der Verhältnismäßigkeit durch die ablösende Vereinbarung gewährleistet ist.

aa) **Individualzusagen**

- Nicht nur formell sind die Mittel des Arbeitgebers zur Anpassung von individuell vereinbarten Versorgungszusagen beschränkt, sondern auch materiell. Auf der Ebene der Arbeitsvertragsparteien ist der Maßstab besonders streng. Entweder müssen die Voraussetzungen für eine Änderungskündigung oder die Störung der Geschäftsgrundlage vorliegen. Für beide Ansätze wird es in der Praxis kaum Anlässe geben, sodass der Arbeitgeber sich letztlich von seinen einmal individuell erteilten Versorgungszusagen nicht loslösen kann.
- Mangels gesetzlicher Regelungen kann somit auch hier nur auf das Richterrecht zurückgegriffen werden. Da die Rechtsprechung auf Ebene der Arbeitsvertragsparteien strengere Maßstäbe zur Ablösbarkeit von Versorgungszusagen ansetzt, muss konsequenterweise angenommen werden, dass für betriebsbedingte Gründe jedenfalls höhere Maßstäbe anzusetzen sind als für das Drei-Stufen-Modell. Verständlich ist dies nicht: Der Wert einer individuell zugesagten betrieblichen Altersversorgung ist nicht höher als der einer kollektiv vereinbarten Altersversorgung. Auch bei Individualzusagen muss es dem Arbeitgeber möglich sein, auf veränderte Bedingungen reagieren zu können – ohne zugleich die *ultima ratio* der Störung der Geschäftsgrundlage abwarten zu müssen. Hier bedarf es klarer gesetzlicher Regelungen, um nicht umständlich von allgemeinen Maßstäben der Änderungskündigungen auf den Maßstab für die betriebliche Altersversorgung schließen zu müssen.

bb) **Individuelle Zusagen mit kollektivem Bezug und Betriebsvereinbarung**

- Leichter ist die Anpassung von individuellen Zusagen mit kollektivem Bezug oder von Zusagen in Betriebsvereinbarungen. Insoweit ist nach der Rechtsprechung auch hier das vom BAG entwickelte sog. Drei-Stufen-Modell zu beachten. Dies ist vor dem Hintergrund des kollektiven Bezugs konsequent. Hingegen weniger nachvollziehbar sind die Ausführungen des BAG, einen strengeren Maßstab – welcher genau, bleibt unklar – als bei einer Ablösung durch Betriebsvereinbarungen im Rahmen des Drei-Stufen-Modells im Falle der Ablösung durch individuelle Zusagen mit kollektivem Bezug anzusetzen.

- Das sog. Drei-Stufen-Modell wurde vom BAG ursprünglich als Maßstab für Änderungen an Versorgungszusagen durch Betriebsvereinbarung ursprünglich entwickelt. Danach ist in einem ersten Schritt die Eingriffstiefe zu bestimmen: Als mildester Eingriff auf dritter Stufe sind zukünftige Zuwächse zu sehen. Zu deren Änderung genügen „sachlich-proportionale" Gründe. Auf der zweiten Stufe stehen Veränderungen der erdienten Dynamik aus bestehenden Versorgungszusagen, wozu bereits „triftige" Gründe erforderlich sind. Der Eingriff in bereits erworbene Anwartschaften erfordert auf der 1. Stufe sogar „zwingende" Gründe.
- Das Drei-Stufen-Modell differenziert somit zusammenfassend für Kürzungen von Versorgungsanwartschaften auf Grundlage von Betriebsvereinbarungen sachgerecht zwischen erworbenen Anwartschaften, der erdienten Dynamik und zukünftigen Anwartschaften. Allerdings bietet die Anwendung des Drei-Stufen-Modells für Arbeitgeber zu wenig Flexibilität. Die Anforderungen an die Darlegung der Rechtfertigungsgründe lassen dem Arbeitgeber kaum einen Spielraum, Jahre später nach Vereinbarung einer Versorgungszusage eine zukunftsgerechte Kostenstruktur zu schaffen. Dies zeigt sich in der heutigen Zeit der Niedrigzinsphase umso mehr.
- Anwendung des Drei-Stufen-Modells bei Betriebsübergängen: Die fehlende Flexibilität spiegelt sich besonders deutlich in der Rechtsprechung des Dritten Senats zur Ablösungsmöglichkeit von Betriebsvereinbarungen über die betriebliche Altersversorgung im Rahmen von Betriebsübergängen gem. § 613a BGB wider. So soll der Erwerber nach der Rechtsprechung des BAG ebenso an das Drei-Stufen-Modell für die übergehenden Arbeitnehmer gebunden sein, auch wenn beim Erwerber bereits eine kollektivrechtliche Vereinbarung über die betriebliche Altersversorgung besteht. Der Dritte Senat nimmt eine teleologische Reduzierung des § 613a Abs. 1 S. 3 BGB vor, ohne in Erwägung zu ziehen, seiner Pflicht zur Vorlage an den EuGH gem. § 267 AEUV

nachzukommen und die Annahme einer teleologischen Reduktion mit der Vereinbarkeit der Betriebsübergangsrichtlinie prüfen zu lassen.

- Rechtssicherheit können die Betriebsparteien daher nur durch Verfahrenssicherheit gewinnen: Bei Unsicherheiten gilt es auf die sogenannten Dornier-Entscheidung des BAG zurückzugreifen und den gerichtliche Weg über ein Beschlussverfahren gem. § 2a Abs. 1 Nr. 1 ArbGG vor den Arbeitsgerichten zu beschreiten – sei es vor oder nach dem Inkrafttreten einer ablösenden betrieblichen Regelung. Auf die Art können die Betriebsparteien das Risiko von Individualklagen nach Inkrafttreten einer neuen ablösenden betrieblichen Regelung erheblich reduzieren. Allerdings müssen sie auch das Ergebnis der Arbeitsgerichte abwarten und so Verzögerungen zur Einführung des ablösenden Betriebsrentensystems in Kauf nehmen.
- Ohne eine gerichtliche Überprüfung können sich Betriebsparteien einer rechtssicheren Ablösung nicht gewiss sein – noch nicht einmal für die Zukunft. Ein Reformierungsbedarf des Drei-Stufen-Modells ist dringend geboten. Der freiwillige Entschluss von Arbeitgebern, eine betriebliche Altersversorgung zu leisten darf nicht mit Erteilung der Zusage zu einer dauerhaften Bürde für den Arbeitgeber werden. Ebenso wie der Vertrauensschutz des Arbeitnehmers insbesondere für erdiente Anwartschaften besonders zu berücksichtigen ist, muss ebenso das Interesse des Arbeitgebers hinreichend Beachtung finden. Arbeitgeber müssen die Möglichkeit haben, jedenfalls eine Versorgungszusage entsprechend externen Einflüssen, wie wirtschaftliche Entwicklungen, zukunftsgerecht anpassen zu können.

cc) **Tarifverträge:**

- Die strenge gerichtliche Kontrolle zur Änderung von Versorgungszusagen lockert das BAG ausschließlich im Hinblick auf tarifvertragliche Altersversorgungssysteme. Diese unterliegen nicht der gerichtlichen Billigkeitskontrolle. Die Grenze von tarifvertraglichen Anpassungen bilden die verfassungsrechtlich hergeleiteten Grundsätze der Verhältnismäßigkeit und des Vertrauensschutzes.
- Dieser erleichterte Maßstab ist nach der Rechtsprechung auf die tarifliche Richtigkeitsgewähr zurückzuführen.

b) Änderung von Durchführungswegen und Leistungsplänen

aa) Wechsel von Durchführungswegen

Leichter ist der Wechsel des Durchführungsweges für den Arbeitgeber. Im Unterschied zur Versorgungszusage selbst kann der Arbeitgeber mit Erteilung der Versorgungszusage den gewählten Durchführungsweg unter einen Vorbehalt zu stellen. Allerdings dürfen durch solch einen einseitigen Wechsel keine Nachteile für den Arbeitnehmer entstehen. Bei Entstehen von Nachteilen bedarf es der Zustimmung der entsprechenden Vertragspartei. Infolge der gesetzlichen Regelung des § 4 Abs. 4 BetrAVG ist ein einseitiger Wechsel des Durchführungswegs im Falle einer Unternehmensliquidation erleichtert möglich. Aber auch hier lässt der Gesetzgeber die entscheidende Frage offen: Sind auf Grundlage von § 4 Abs. 4 BetrAVG auch mit einem solchen Wechsel verbundene inhaltliche Änderungen zulässig? In der Praxis wird selten eine 1:1 Übertragung auf Pensionskassen oder Lebensversicherungen möglich sein. Vor diesem Hintergrund muss die gesetzliche Regelung jedenfalls inhaltliche Änderungen ermöglichen, soweit keine Nachteile für den Arbeitnehmer entstehen.

bb) Wechsel von Leistungsplänen / Umstellung von Rente auf Kapitalleistung

- Ein Wechsel des Leistungsplans wird regelmäßig mit Auswirkungen auf die Höhe von Versorgungsleistungen verbunden sein, sodass in diesen Fällen die entsprechenden Maßstäbe zur Reduzierung der Höhe von Versorgungsleistungen herangezogen werden müssen. Besonders relevant ist dies bei der reinen Beitragszusage, die sämtliche Garantien, wie Zinszusagen, entfallen lässt. Dass auch der Gesetzgeber bei der reinen Beitragszusage einen besonderen Schutz des Arbeitnehmers sieht, zeigt sich an den im Gesetz aufgenommenen Anforderungen. Zum einen ist es grundsätzlich nur den Tarifparteien vorbehalten einen solche Zusage gem. § 21 Abs. 1 BetrAVG zu vereinbaren. Zum anderen sollen selbst diese nach § 21 Abs. 2 BetrAVG im Rahmen von Tarifverträgen nach Absatz 1 bereits bestehende Betriebsrentensysteme angemessen berücksichtigen.
- Die Umstellung der Auszahlungsform von Renten- auf Kapitalleistungen hat insbesondere im letzten Jahrzehnt der Niedrigzinsphase an großer Bedeutung gewonnen. Aber auch das Risiko sich in der Vergangenheit das Langlebigkeitsrisiko – trotz des

demographischen Wandels – sowie die Zusage gegebenenfalls üppiger Zinsen aufzubürden, entbindet einen Arbeitgeber per se nicht von den Rentenzusagen. Da gemäß dem BAG laufende Rentenleistungen für den Arbeitnehmer eine besondere Wertigkeit haben, stellt ein Wechsel einen Eingriff in die Versorgungszusage dar. Maßstab für eine wertadäquate Umstellung sind die Grundsätze des Vertrauensschutzes und der Verhältnismäßigkeit. Aus der Rechtsprechung lässt sich hierbei ein vergleichbarer Maßstab wie bei der zweiten Eingriffsstufe nach dem Drei-Stufen-Modell erahnen.

c) **Eingriff in laufende Versorgungsleistungen**

Für bereits laufende Versorgungsleistungen wendet die Rechtsprechung – zutreffend – einen sehr strengen Maßstab an, da die Arbeitsleistung der betroffenen Arbeitnehmer bereits vollständig erbracht worden ist. Im Rahmen der Interessenabwägung gehen konkrete Verschlechterungen ausnahmsweise vor, wenn ganz erheblich überwiegende Interessen des Arbeitgebers das Bestandsinteresse des Arbeitnehmers überwiegen. In der Praxis wird es selten solche Fälle geben.

d) **Anpassung von Versorgungszusagen – *best practice* Beispiele**

- Verringerung von Garantiezusagen
  - Durch Tarifvertrag: Maßstab sind aufgrund der kollektivierten Privatautonomie die Grundsätze des Vertrauensschutzes und der Verhältnismäßigkeit. Halten die Tarifvertragsparteien die Reduzierung aus sachgerechten Gründen für verhältnismäßig, ist die Reduzierung zulässig.
  - Durch Betriebsvereinbarung: Maßstab ist das Drei-Stufen-Modell. Dieser Maßstab ist strenger als bei der Ablösung durch Tarifverträge. Die Betriebsvertragsparteien leiten ihre Legitimation nicht aus der Privatautonomie ab. Für die Betriebsautonomie gilt das Rechtsstaats- und Demokratieprinzip.
  - Durch Individualvereinbarung: Die Ablösung ist einvernehmlich oder einseitig bei Vorliegen der Voraussetzungen der Störung der Geschäftsgrundlage möglich. Auf dieser Ebene dürfte die Ablösung regelmäßig am schwierigsten sein.
- Umstellung von Verrentungsleistungen auf Kapitalleistung

- o Durch Tarifvertrag: Maßstab sind aufgrund der kollektivierten Privatautonomie die Grundsätze des Vertrauensschutzes und der Verhältnismäßigkeit.
- o Durch Betriebsvereinbarung: Maßstab sind die Grundsätze des Vertrauensschutzes und der Verhältnismäßigkeit. Vor dem Hintergrund der Rechtsprechung sind die Hürden allerdings ähnlich hoch wie bei der zweiten Eingriffsstufe nach dem Drei-Stufen-Modell. Die gerichtliche Überprüfung ist hier mangels der kollektivierten Privatautonomie ebenfalls strenger als bei Tarifverträgen.
- o Durch Individualvereinbarung: Einvernehmlich kann eine Ablösung geregelt werden. Sofern der Arbeitgeber ein Wahlrecht bezüglich der Auszahlungsform hat, gilt es eine Ermessensentscheidung nach § 315 BGB zu treffen.

- Verringerung von Dynamisierungen bereits erdienter Anwartschaften
  - o Durch Tarifvertrag: Maßstab sind aufgrund der kollektivierten Privatautonomie die Grundsätze des Vertrauensschutzes und der Verhältnismäßigkeit.
  - o Durch Betriebsvereinbarung: Maßstab ist die zweite Eingriffsstufe nach dem Drei-Stufen-Modell (triftige Gründe).
  - o Durch Individualvereinbarung: Die Ablösung ist einvernehmlich oder einseitig bei Vorliegen der Voraussetzungen der Störung der Geschäftsgrundlage möglich.

e) Vertrauensschutz über allem – unabhängig von der Art des Eingriffs

Die Sortierung der Rechtsprechung nach Rechtsgrundlagen und Eingriffsstufen sowie die *best practice* Beispiele lassen einen roten Faden der Rechtsprechung zur Differenzierung der Eingriffsmaßstäbe erahnen. Begründet werden die Unterschiede der materiellen Ablösbarkeit recht schlicht: Vertrauensschutz steht über allem.

Sowohl in der Begründung als auch in den Ergebnissen lässt sich dies jedoch besser auf die Basics des deutschen Arbeitsrechts zurückführen. Die Anforderungen der Rechtsprechung an die Ablösbarkeit von Regelungen zu Versorgungszusagen abhängig von der ablösenden Rechtsgrundlage sind konsequent mit Blick auf die rechtliche Bedeutung der Rechtsgrundlagen:

- Auf individualvertraglicher Basis sind Änderungen in der Höhe von Versorgungszusagen kaum möglich. Es gilt ein strenger Maßstab. Gerade auf dieser Ebene bedarf es einer besonderen Sicherstellung des

Vertrauensschutzes, da die Arbeitsvertragsparteien bzw. der Arbeitgeber nicht unmittelbar an verfassungsrechtliche Grundsätze, wie die Verhältnismäßigkeit und der Vertrauensschutz, gebunden ist.

- Der weniger strenge Maßstab für Eingriffe durch Betriebsvereinbarung zulasten des Arbeitnehmers durch das sog. Drei-Stufen-Modell erklärt sich mit der den Betriebsparteien betriebsverfassungsrechtlich verliehenen Betriebsautonomie. Die private Normsetzungsbefugnis der Betriebsparteien muss die Grenzen der verfassungsrechtlichen Grundsätze einhalten. Hieraus folgt insbesondere auch die Achtung des Demokratie- und Rechtsstaatsprinzips aus Art. 20 Abs. 2 und 3 GG.
- Im Verhältnis zwischen rein individualvertraglichen und tarifvertraglichen Zusagen lässt sich der erleichterte Ablösungsmaßstab von tarifvertraglichen Zusagen mit einem dem deutschen Kollektivarbeitsrecht zugrundeliegenden Kerngrundsatz erklären: das Prinzip der „kollektiv ausgeübten Privatautonomie". Dies greift den Rechtsgedanken auf, dass – wie es die Rechtsprechung des BAG und des BVerfG im Rahmen von Art. 9 Abs. 3 S. 1 GG feststellt – der soziale Schutz der abhängig Beschäftigten im Wege der kollektivierten Privatautonomie garantiert wird.

Auch für die betriebliche Altersversorgung gilt somit – wie auch sonst im Arbeitsrecht: Die Strukturbedingungen bzw. die Verhandlungsstärke auf der jeweiligen Ebene der Rechtsgrundlagen sollen am Ende im Zusammenspiel mit dem jeweils rechtlich geforderten Maßstab für die Ablösbarkeit einen fairen Ausgleich sicherstellen.

III. Seitenblick Österreich

Ein vergleichender Pendelblick in unser Nachbarland Österreich stützt die hier gefundenen Ergebnisse. Dort sind gesetzlich – nicht allein richterrechtlich – Flexibilisierungsinstrumente eingeführt, die Arbeitgebern den notwendigen Gestaltungsspielraum geben, um auf ein sich stets wandelndes wirtschaftliches Umfeld zu reagieren.

- Die Flexibilisierungsmöglichkeiten gehen jedoch nicht einseitig auf Kosten der Arbeitnehmer: Denn auch dort werden Vertrauensschutzaspekte berücksichtigt. Zudem verlangt der Gesetzgeber für Änderungsmaßnahmen regelmäßig die Einbindung des Betriebsrats, wenn auch lediglich als beratendes

Organ – die Änderungsmaßnahmen bedürfen nicht einer kollektivrechtlichen Vereinbarung mit dem Betriebsrat.

- Für das deutsche Betriebsrentenrecht können beide Flexibilisierungsinstrumente, Widerrufsvorbehalt und Aussetzen bzw. Einschränken von Beitragsleistungen als Anregung für eine gesetzliche Reformierung genutzt werden. Wenn auch der Widerrufsvorbehalt à la Wien nicht in Gänze aufgrund der Besonderheiten im deutschen Recht taugt – Bedingungsfeindlichkeit von einseitigen Gestaltungsrechten – so kann dieser dennoch als Lösungsmechanismen vor dem „GAU" einer Insolvenz, ggf. auch gerade zu deren Vermeidung genutzt werden. Das Aussetzen der Beitragszeit wäre im deutschen Betriebsrentensystem ein milderes Mittel im Gegensatz zu einer dauerhaften Kürzung von Beitragsleistungen und damit verbunden Versorgungsleistungen für die Zukunft.

IV. Flexible Gestaltungsmöglichkeiten bei Einführung betrieblicher Altersversorgung

Sowohl das Richterrecht als auch der Seitenblick ins österreichische Recht zur Betriebsrente zeigen, dass das deutsche Betriebsrentensystem einer Modernisierung unterzogen werden muss. Da der Gesetzgeber bislang keinerlei Ambitionen zeigt, sich an eine grundsätzliche Reformierung der betrieblichen Altersversorgung heranzuwagen, obliegt es weiterhin dem Arbeitgeber bereits bei der Einführung einer betrieblichen Altersversorgung, soweit möglich, Raum für eine flexible Gestaltung auch nach Erteilung der Zusage zu lassen.

Insbesondere folgende Flexibilisierungsinstrumente kann sich der Arbeitgeber zu Nutze machen:

1. **Befristung der Beitragszeit**
    - **Auf kollektivrechtlicher Ebene**
        - Bereits jetzt vereinbaren die Betriebsparteien vieler Unternehmen die Begrenzung der Beitragszeit. Für Neueintritte ist ein vollständiges Einstellen der Beitragsleistungen durch den Arbeitgeber ohne Weiteres möglich.
        - Für Mitarbeiter, die bereits eine Zusage nach der entsprechenden Betriebsvereinbarung im Betrieb erhalten haben, ist zu differenzieren. Der Maßstab hängt davon ab, für welchen Zeitraum die Beitragszeit befristet wurde und wie die Befristung ausgestaltet ist. Die Laufzeit der Beitragszeit muss lang genug sein, um den Sinn und Zweck der Versorgung, Verbesserung des Lebensstandards im Alter, gerecht zu werden.

Sofern die Betriebsparteien die Beitragszeit klar befristen und zusätzlich durch eine ausdrückliche Erklärung die Beitragszeit um ein weiteres Jahr verlängern, ist der Vertrauensschutz zunächst nur auf diese Zusage zu beschränken. Das Drei-Stufen-Modell ist hier nicht anzuwenden. Erfolgt jedoch nach Ablauf der Beitragszeit jeweils eine automatische Verlängerung um eine weitere Beitragszeit und muss der Arbeitgeber die Beitragszeit automatisch beenden, spricht viel dafür, den Vertrauensschutz in diesem Fall nicht nur auf die ursprüngliche Beitragszeit zu begrenzen, sondern auf die gesamte Laufzeit des Arbeitsverhältnisses. Vor diesem Hintergrund ist es konsequent, das Drei-Stufen-Modell hier zur Anwendung zu bringen. Hierfür spricht insbesondere die im Übrigen restriktive Rechtsprechung zur Ablösung von Versorgungszusagen.

- o Weitergehend ist grundsätzlich auch eine Mehrfachbefristung möglich. Allerdings dürfte auch in diesem Falle der besondere Schutz der betrieblichen Altersversorgung vorrangig sein, sodass jedenfalls bei aufeinanderfolgenden Befristungen ein Vertrauensschutz auf weitere Verlängerungen entsteht und das Drei-Stufen-Modell insoweit bei einem Auslaufen der Mehrfachbefristung zu beachten ist.

- Befristung der Beitragszeit auf individualrechtlicher Ebene
  - o Einzelne Arbeitsbedingungen auf individualvertraglicher Ebene können grundsätzlich befristet werden. Das TzBfG findet hierbei keine unmittelbare Anwendung. Allerdings berücksichtigt das BAG die Wertungen des TzBfG im Rahmen von § 307 Abs. 1 S. 1 und S. 2 BGB bei der befristeten Änderung von Arbeitsbedingungen. Die von der Rechtsprechung für einzelne Arbeitsbedingungen entwickelten Maßstäbe sind auf die Befristung von Beitragszeiten übertragbar. Hinsichtlich der betrieblichen Altersversorgung geht es nicht um die Überbrückung einer vorübergehenden Situation, sondern allein um die Begrenzung des unternehmerischen Risikos und die Verlagerung auf den Arbeitnehmer. Dies schließt aber nicht per se die Befristung von Versorgungszusagen aus.
  - o Die Befristung muss vielmehr so ausgestaltet sein, dass im Rahmen der Angemessenheitsprüfung gem. § 307 Abs. 1 S. 1 BGB im Fall von Individualzusagen das Interesse des Arbeitgebers an einer Befristung gegenüber den Interessen des Arbeitnehmers an einer unbefristeten Versorgungszusage überwiegt. Da die Rechtsprechung allerdings die betriebliche Altersversorgung an sich als ein schützenswertes Gut ansieht, ist fraglich ob diese eine Befristung als zulässig erachtet. Im Gegensatz zu Widerrufsvorbehalten, welche die Rechtsprechung für

Versorgungszusagen gerade nicht als zulässig erachtet, ist bei einer Befristung von Anfang an klar und eindeutig, wie lange die Laufzeit der Zusage ist und womit der betroffene Arbeitnehmer rechnen muss. Solange daher der Sinn und Zweck einer betrieblichen Altersversorgung durch eine zu kurze Dauer der Zusage nicht konterkariert wird, ist nicht ersichtlich, warum grundsätzlich eine Befristung – sofern sie klar und eindeutig formuliert ist – nicht möglich sein soll.

2. **Leistungspläne basierend auf einer reinen Beitragszusage**: Die reine Beitragszusage ist ein weiteres Mittel zur flexiblen Gestaltung. Die Besonderheit der 2018 durch den Gesetzgeber neu eingeführten reinen Beitragszusage ist, dass im Gegensatz zu den anderen konservativen Leistungsplänen der Arbeitgeber gerade nicht für eine bestimmte Leistungshöhe – auch nicht für die eingezahlten Beiträge als Minimum – einstehen muss. Der Vorteil einer solchen Zusage sind die Anlage- und Renditemöglichkeiten. Infolge der Beschränkung der Pflicht des Arbeitgebers zur Zahlung der Beiträge, können die Beiträge risikoreicher angelegt werden und hierdurch höhere Renditen erreicht werden. In der Praxis wird sich wohl ein Mix aus zwei Leistungsplänen, der reinen Beitragszusage und einem konservativen Plan, durchsetzen. Dies wird beiden Seiten – dem Arbeitgeber und dem Arbeitnehmer – gerecht. Der Arbeitgeber kann hierdurch zugleich seine jährlichen Servicekosten und die späteren Zahlungsverpflichtungen reduzieren.
3. **Marktorientiere Verzinsung statt Garantiezinsen**: Die Kosten beeinflussen kann auch die Wahl einer kapitalmarktorientierten Verzinsung anstelle einer Garantieverzinsung, wie diese noch in den 90er-Jahren „gang und gäbe“ war. Dies hat den maßgeblichen Vorteil, dass sich die Verzinsung dynamisch an die Entwicklung der äußeren wirtschaftlichen Umstände im Zinsumfeld anpasst und auf Niedrigzinsphasen reagiert werden kann.

V. Handlungsauftrag für den Gesetzgeber: Reformierungsbedarf des BetrAVG

Die Flexibilisierungsmöglichkeiten sind nur Behelfsmittel und eine Notlösung für Arbeitgeber. Letztlich hilft nur eine Reformierung des BetrAVG, um zukünftig Arbeitgeber nicht davon abzuhalten, die freiwillige Leistung einer betrieblichen Altersversorgung zuzusagen. Der Arbeitgeber muss unter Berücksichtigung der Interessen der Arbeitnehmer an einer zusätzlichen Sicherung im Alter eine realistische Möglichkeit haben, Versorgungszusagen nachträglich anzupassen. Praxisrelevant sind hierbei insbesondere gesetzliche Rahmenbedingungen für nachträgliche Eingriffe in die Höhe von Versorgungszusagen.

So können folgende Mechanismen, die teilweise auch bereits durch Richterrecht entwickelt worden sind, eine Anregung für die Gestaltung einer gesetzlichen Regelung zur nachträglichen Anpassung von Versorgungszusagen sein:

- Widerrufsvorbehalt:
  - Wie auch bei anderen freiwilligen Sozialleistungen des Arbeitgebers muss dem Arbeitgeber die Möglichkeit eines Widerrufsvorbehalts dem Arbeitgeber eingeräumt werden. Vor dem Hintergrund, dass es sich nach der Rechtsprechung des BAG um einen Entgeltbestandteil handelt, bietet sich eine Begrenzung des Widerrufs an – ähnlich wie bei Bonuszahlungen – auf 25 % der zugesagten Leistung bzw. des zugesagten Beitrags.
  - Es bedarf vor dem Hintergrund des AGB-Rechts konkreter Widerrufsgründe, in welchen Fällen ein Widerruf eintreten kann. Widerrufsgründe könnten in Anlehnung an die steuerrechtlichen Widerrufsgründe sein:
    - o Übersteigen des ursprünglichen Dotierungsrahmens um 30 %
    - o Wirtschaftliche Notlage des Unternehmens / Teilweiser Widerruf der Zusage als Teil eines Sanierungsplans
    - o Erhebliche Treuepflichtverletzung des Mitarbeiters
  - Um zugleich dem besonderen Vertrauensschutz für Versorgungszusagen gerecht zu werden, kann neben der Regelung konkreter Widerrufsgründe auch – ähnlich wie im österreichischen Bundespensionsgesetz – der Betriebsrat beratend eingebunden werden, sofern ein solcher vorhanden ist.
- **Aussetzen der Beitragszeit:** Ähnlich wie im österreichischen Betriebsrentensystem ist auch die Aussetzungsmöglichkeit eine Form der Flexibilisierung, um dem Arbeitgeber mehr Freiheiten bei nachträglichen Änderungen zu ermöglichen. Zugleich würde mit der Aussetzungsmöglichkeit eine mildere Eingriffsmöglichkeit im Vergleich zu dauerhaften Kürzungen geschaffen werden. Neben den Voraussetzungen für die Ermöglichung der Aussetzung kann die Aussetzungsdauer selbst begrenzt werden. Hierdurch können die finanziellen Einbußen für den Arbeitnehmer eingegrenzt werden und Arbeitnehmer können sich darauf einstellen, nach Ablauf einer bestimmten Zeit Beitragsleistungen des Arbeitgebers in ursprünglicher Höhe zu erhalten.
- **Befristung der Beitragszeit auch für Arbeitnehmer mit erworbenen** Anwartschaften
  - Auch die Möglichkeit der Befristung der Beitragszeit bei Erteilung der Zusage wäre eine Möglichkeit, Arbeitgebern mehr Flexibilisierungsmöglichkeiten an die Hand zu geben. Ein solches Instrument würde Arbeitgebern auch gegenüber Arbeitnehmern mit bereits erworbenen Anwartschaften

einen größeren Gestaltungsspielraum geben – ohne den Anforderungen des Drei-Stufen-Modells vollständig unterliegen zu müssen.

- Freilich bedarf es auch hier Schranken bzw. Mechanismen, um zum einen der Grundidee einer betrieblichen Altersversorgung und zum anderen dem Grundsatz des Vertrauensschutzes gerecht zu werden. Möglich wäre dies beispielsweise durch die gesetzliche Festlegung einer Mindestlaufzeit der Beitragszeit sowie gegebenenfalls einer möglichen Verhandlungspflicht nach Ablauf der geregelten Zeit.

- **Gesetzliche Niederlegung des Drei-Stufen-Modells** in modifizierter Form und einseitiges Ablösungsrecht des Arbeitgebers auf kollektivrechtlicher Ebene
  - Gesetzlich niedergelegt werden müsste auch das Drei-Stufen-Modell. Die von der Rechtsprechung entwickelten Stufen für Eingriffe in die Höhe von späteren Versorgungsleistungen stellen eine sachgemäße Differenzierung im Hinblick auf den Grundsatz des Vertrauensschutzes dar. Im Rahmen einer gesetzlichen Regelung sollte allerdings auch ein konkreter Maßstab, insbesondere auf der dritten Stufe, dem Arbeitgeber bzw. den Vertragsparteien der Versorgungszusagen an die Hand gegeben werden. Ebenso wie vom Arbeitgeber als Verwender von Allgemeinen Geschäftsbedingungen erwartet wird, dass beispielsweise Widerrufsgründe eindeutig und transparent geregelt sein müssen, muss der Gesetzgeber auch für Arbeitgeber bzw. für die Vertragsparteien klar regeln, in welchen Fällen ein Eingriff in zukünftige Anwartschaften möglich ist bzw. inwieweit ein Eingriff erfolgen darf. Nicht richtig kann sein, dass Betriebsparteien erst einmal das zuständige Arbeitsgericht anrufen müssen, um Rechtssicherheit zu erlangen.
  - Auch muss in diesem Zusammenhang erwogen werden, eine einseitige Anpassungsmöglichkeit des Arbeitgebers zu regeln, da das Drei-Stufen-Modell bereits zur Gewährleistung des Vertrauensschutzes dient und gerade nur in bestimmen Fällen ein Eingriff in die betriebliche Altersversorgung auf dieser Grundlage gerechtfertigt ist. Gegebenenfalls empfiehlt es sich hierbei auch einen Seitenblick in das Betriebsverfassungsrecht zu werfen und die Kündigungsmöglichkeiten klarzustellen. Insoweit sind aber auch die Arbeitsgerichte gefragt, ob weiterhin künstlich eine Nachwirkung geschaffen werden soll – entgegen der Systematik des Betriebsverfassungsrechts.

Literaturverzeichnis

Bader Thomas / Hartloff, Jan: Die „Fehlentwicklung der betrieblichen Altersversorgung" als Grund für den Eingriff in Versorgungsanwartschaften, DB 2016, 1437 ff.

Bednar, Kurt: Die Betriebspension: der Leitfaden für die Praxis, 2. Aufl., 1997 Wien

Biedermann, Anna Kristin: Die Rechtsprechung zur Zulässigkeit der Befristung einzelner Arbeitsbedingungen, NZA-RR 2019, 345 ff.

Binder, Martin: Zur Werterhaltung von Pensionszusagen des Arbeitgebers, Wien 2008

Blomeyer, Wolfgang: Kündigung einer Betriebsvereinbarung über betriebliche Altersversorgung, SAE 2000, 230 ff.

Blomeyer, Wolfgang / Rolfs, Christian / Otto, Klaus: Betriebsrentengesetz, 7. Aufl., München 2018

(zitiert: Blomeyer/Rolfs/Otto/*Bearbeiter*, BetrAVG, 7. Aufl. 2018)

Boecken, Winfried / Düwell, Franz Josef / Diller, Martin / Hanau, Hans: Gesamtes Arbeitsrecht, Baden-Baden 2016

(zitiert: Boecken/Düwell/Diller/Hanau/*Bearbeiter*, 2016)

Clemens, Fabian: Entgeltumwandlung zur betrieblichen Altersversorgung, Berlin 2005

Coester, Michael: Zur Ablösung einheitsvertraglicher Leistungsordnungen, BB 1984, 797 ff.

Däubler, Wolfgang: Tarifvertragsgesetz, 5. Aufl., Baden-Baden 2022

(zitiert: Däubler/*Bearbeiter*, TVG, 5. Aufl. 2022)

Däubler, Wolfgang / Deinert, Olaf / Zwanziger, Bertram: KSchR – Kündigungsschutzrecht: Kündigungen und andere Formen der Beendigung des Arbeitsverhältnisses, 11. Aufl., Frankfurt a.M. 2020

(zitiert: *Bearbeiter*, in: Däubler/Deinert/Zwanziger, KSchR, 11. Aufl. 2020)

Däubler, Wolfgang / Klebe, Thomas / Wedde, Peter: BetrVG Betriebsverfassungsgesetz, 18. Aufl., Frankfurt a.M. 2022

(zitiert: DKW/Bearbeiter, BetrVG, 18. Aufl. 2022)

Dietrich, Thomas: Betriebsverfassungsrecht und betriebliche Altersversorgung, NZA 1984, 273 ff.

Diller, Martin: Vertrauensschutz bei der Verschlechterung von Versorgungswerken durch eine Gewerkschaft, ArbRAktuell 2022, 376 *ders.* / *Günther, Jens*: Plädoyer für das Ende der Dreistufentheorie in der betrieblichen Altersversorgung, DB 2017, 908 ff.

Fitting, Karl / *Schmidt, Ingrid* / *Trebinger, Yvonne* / *Linsenmaier, Wolfgang* / *Schelz, Hanna* / *Schmidt, Kristina:* Betriebsverfassungsgesetz, 31. Aufl., München 2022

(zitiert: Fitting, BetrVG, 31. Aufl. 2022)

Frank, Thomas: Der Schutz von Versorgungsanwartschaften im Betriebsübergang, BB 2020, 628 ff.

Ders.: Betriebliche Altersversorgung im Niedrigzinsumfeld, BB 2021, 1524 ff.

Franzen, Martin / *Gallner, Inken* / *Oetker, Hartmut:* Kommentar zum europäischen Arbeitsrecht, 4. Aufl., München 2022

(zitiert: *Bearbeiter*, in: Franzen/Gallner/Oetker, Kommentar zum europäischen Arbeitsrecht, 4. Aufl. 2022)

Gamillscheg, Franz: Arbeitsrecht I Individualarbeitsrecht, 7. Aufl. München 1987

(zitiert: Gamillscheg, Franz: Arbeitsrecht I, 7. Aufl. 1987)

Ders.: Zur Abfindung bei Verlust des Arbeitsplatzes, in: Festschrift für F. W. Bosch zum 65. Geburtstag, Bielefeld 1976, S. 209

Germelmann, Claas-Heinrich / *Prütting, Hanns* / *Matthes, Hans-Christoph*: Arbeitsgerichtsgesetz, 10. Aufl., München 2022

(zitiert: Germelmann/Matthes/Prütting/*Bearbeiter*, ArbGG, 9. Aufl. 2017)

Glowacka, Marta J.: Änderungen von Betriebspensionen, Wien 2017

Görgen, Peter / *Schwindt, Bettina*: Die Geschichte des Sozialpartnermodells – Hinweise für mögliche Auslegungsfragen, in: Festschrift für Dr. Birgit Uebelhack, Düsseldorf 2019, S. 111

Granetzny, Thomas: Die Informationspflichten von Arbeitgebern gegenüber Arbeitnehmern in der betrieblichen Altersversorgung, Berlin 2011

Grau Timon / *Fischer, Katharina*: Anwendung „transformierter" Kollektivbedingungen und Kettenbetriebsübergang – Besprechung von BAG, Urt. 12.6.2019, NZA 2019, 1473 ff.

Griebling, Gert: Abänderung von Versorgungszusagen, NZA 1989, Beilage 3, 26 ff.

Grobys, Isabella / *Panzer-Heemeier, Andrea*: Stichwort Kommentar Arbeitsrecht, Baden-Baden 2018

(zitiert: Grobys/Panzer-Heemeier/*Bearbeiter*, Stichwort Kommentar Arbeitsrecht, 3. Aufl. 6. Ed. Stand: 2018)

Ders.: Anmerkung zu BAG v. 13.7.1978 – 3 ABR 108/77, AP BetrVG 1972 § 87 Altersversorgung Nr. 5.

Ders.: Probleme der Mitbestimmung des Betriebsrats über den Sozialplan, ZfA 1974, 89 ff.

Hanau, Peter / Arteaga, Marco: Rechtsgutachten zu dem „Sozialpartnermodell Betriebsrente" des Bundesministeriums für Arbeit und Soziales, 2016

Heither, Friedrich: Die Regelungskompetenz der Betriebsparteien für Versorgungsansprüche der Betriebsrentner, in: Betriebliche Altersversorgung im 21. Jahrhundert (Festschrift für Wolfgang Förster), Köln 2001, S. 149

Henssler, Martin: Aktuelle Rechtsprobleme des Betriebsübergangs, NZA 1994, 913 ff.

Herschel, Wilhelm: Der Pensionär in der Betriebsverfassung, in Festschrift für Marie Luise Hilger und Hermann Stumpf, München 1983, S. 311

Hess, Harald / Worzalla, Michael / Glock, Dirk / Nicolai, Andrea / Rose, Franz-Josef / Huke, Christina: BetrVG Kommentar, 10. Aufl., Köln 2018

(zitiert: HWGNRH/*Bearbeiter*, BetrVG, 10. Aufl. 2018)

Höfer, Reinhold: Gegenwart und Zukunft der betrieblichen Altersversorgung, Stuttgart 1982

(zitiert: *Bearbeiter*, in: Gegenwart und Zukunft der betrieblichen Altersversorgung, Stuttgart 1982)

Höfer, Reinhold / de Groot, Simone Evke / Küpper, Peter / Reich, Torsten: Betriebsrentenrecht Band I Arbeitsrecht, 27. Aufl. Stand: Januar 2022, München

(zitiert: Höfer/de Groot/Küpper/Reich/*Bearbeiter*, Betriebsrentenrecht Band I, 28. Ergänzliefg. Mai 2022)

Höfer, Reinhold / Küpper, Peter: Die Änderung genereller betrieblicher Versorgungszusagen durch Betriebsvereinbarungen – zugleich Anmerkungen zu den Entscheidungen des Bundesarbeitsgerichtes vom 8.12.1981, BB 1982, 565 ff.

Höfer R. / Opermann D. / Dikhoff W.: Gesetzliche Regelungen der betrieblichen Altersversorgung in Österreich, DB 1990, 1662 ff.

Hoffmann Michel / Köllmann, Thomas: Die „betriebsvereinbarungsoffene" Vertragsgestaltung im Spannungsverhältnis zwischen Tarifvertrag und Betriebsvereinbarung – Zugleich Besprechung der Entscheidungen des 5. Senats vom 18.3.2020 – 5 AZR 36/19

Hromadka, Wolfgang: Änderung von Arbeitsbedingungen und Schutz gegen Änderungen – Klauseln in Allgemeinen Arbeitsbedingungen, in: Festschrift für Reinhard Richardi zum 70. Geburtstag, München 2007, S. 257

Hueck, Alfred / Nipperdey, Hans-Carl: Lehrbuch des Arbeitsrechts, Bd. I, 6. Aufl., Berlin und Frankfurt a.M., 1959

(zitiert: Hueck/Nipperdey, Lehrbuch des Arbeitsrechts I, 6. Aufl. 1959)

Hütig, Klaus: Die arbeitsrechtlichen Möglichkeiten zur Änderung von betrieblichen Versorgungsregelungen, DB 1978, 693 ff.

Jacobs, Matthias: Die vereinbarte Nachwirkung bei freiwilligen Betriebsvereinbarungen, NZA 2000, 69 ff.

Kemper, Kurt: Unmittelbare Versorgungszusage und Unternehmensliquidation, in: Betriebliche Altersversorgung und Recht (Festschrift für Reinhold Höfer zum 70. Geburtstag), München 2011, S. 97

Ders.: Reaktionsmöglichkeiten der betrieblichen Altersversorgung auf die gestiegene Lebenserwartung, DB 1998, 774 ff.

Kemper, Kurt / Kisters-Kölkes, Margret: Arbeitsrechtliche Grundzüge der betrieblichen Altersversorgung, 12. Aufl., München 2023

(zitiert: Kemper/Kister-Kölkes, Arbeitsrechtliche Grundzüge der betrieblichen Altersversorgung, 12. Aufl. 2023)

Kemper, Kurt / Kisters-Kölkes, Margret / Berenz, Claus / Huber, Brigitte: BetrAVG Kommentar zum Betriebsrentengesetz mi Insolvenzsicherung und Versorgungsausgleich, 9. Aufl., Köln 2020

(zitiert: Kemper/Kisters-Kölkes/Berenz/Huber/*Bearbeiter*, BetrAVG 9. Aufl. 2020)

Kolbe, Sebastian: Gesamtzusagen in der Rechtsgeschäftslehre, ZfA 2011, 95 ff.

Konzen, Horst / Jacobs, Matthias: Betriebsvereinbarung und Ruhestandsverhältnis, in: Richterliches Arbeitsrecht (Festschrift für Thomas Dieterich zum 65. Geburtstag), München 1999, S. 297 ff.

Kreutz, Peter: Übergangsmandate in Gemeinschaftsbetrieben, in: 100 Jahre Betriebsverfassungsrecht, München 2020, S. 249

Langohr-Plato, Uwe: Der betriebsrentenrechtliche Verschaffungsanspruch, in: Betriebliche Altersversorgung und Recht (Festschrift für Reinhold Höfer zum 70. Geburtstag), München 2011, S. 159

Lindemann, Achim / Simon, Oliver: Ablösung und Bestandsschutz von Altersversorgungsregelungen beim Betriebsübergang, BB 2003, 2510 ff.

Loritz, Karl-Georg: Die Beendigung freiwilliger Betriebsvereinbarungen mit vereinbarter Nachwirkung, DB 1997, 2074 ff.

Löwisch, Manfred / Rieble Volker: Tarifvertragsgesetz 4. Aufl. München 2017

Löwisch, Manfred / Kaiser, Dagmar: BetrVG – Betriebsverfassungsgesetz, 7. Aufl., Frankfurt a.M. 2020

(zitiert: *Bearbeiter*, in Löwisch/Kaiser, BetrVG, 7. Aufl. 2020)

Meinel, Gernod / Kiehn, Manuela: Kollektivvertragsoffene Allgemeine Geschäftsbedingungen

Zur Kritik an dem Urteil des 1. Senats des BAG vom 5.3.2013, NZA 2014, 509 ff.

Milus, Jan: Grenzen ablösender Versorgungstarifverträge, Baden-Baden 2009

Müller-Boruttau, Dietmar: Die Einigungsstelle Teil III, BB 2020, 116 ff.

Müller-Glöge, Rudi / Preis, Ulrich / Schmidt, Ingrid (Hrsg.): Erfurter Kommentar zum Arbeitsrecht, 22. Aufl., München 2022,

(zitiert: ErfK/*Bearbeiter*, 22. Aufl. 2022)

Neufeld, Tobias / Flockenhaus, Patrick: Ablösung individualrechtlicher Zusagen betrieblicher Altersversorgung im Lichte der neuen Rechtsprechung – Was ist möglich?, BB 2016, 2357 ff.

Palandt, Otto: Bürgerliches Gesetzbuch, 81. Aufl., München 2022

(zitiert: Palandt/*Bearbeiter*, BGB, 81. Aufl. 2022)

Pophal, Roger: Die Ablösung unmittelbarer betrieblicher Versorgungsverpflichtungen durch Direktversicherungen, DB 1987, 834 ff.

Powietzka, Armin / de Groot, Simone Evke: Vereinbarkeit von Kapitalwahlklauseln mit § 3 BetrAVG, DB 2013, 400 ff.

Preis, Ulrich: Der Arbeitsvertrag, 6. Aufl. Köln 2020

(zitiert: Preis/*Bearbeiter*, Der Arbeitsvertrag, 6. Aufl. 2020)

Preis Ulrich / Ulber, Daniel: Die Wiederbelebung des Ablösungs- und Ordnungsprinzips?

Zwischenruf zur Entscheidung des 1. Senats des BAG vom 5.3.2013, NZA 2014, 6 ff.

Rawe, Luca: Auslegung von Zusagen der betrieblichen Altersversorgung, Frankfurt am Main 2017

Reinecke, Gerhard: Neue Rechtsprechung des Bundesarbeitsgerichts zum Betriebsrentenrecht (2005 bis 2007), DB 2007, 2836 ff.

Ders.: Vertragskontrolle im Arbeitsrecht nach der Schuldrechtsreform – Eine Zwischenbilanz, NZA 2004, Sonderbeilage zu Heft 18, 27 ff.

Richardi, Reinhard / Thüsing, Gregor / Annuß, Gregor / Maschmann, Frank / Picker, Christian / Forst, Gerrit: Betriebsverfassungsgesetz, 17. Aufl., München 2022

(zitiert: Richardi/*Bearbeiter*, BetrVG, 17. Aufl. 2022)

Rolfs, Christian: Grundverpflichtung des Arbeitgebers zur betrieblichen Altersversorgung (§ 1 Abs. 1 S. 3 BetrAVG), BetrAV 2012, 469 ff.

Rolfs, Christian / Giesen, Richard / Meßling, Miriam / Udsching, Peter: Beck'scher Online Kommentar, Arbeitsrecht, 63. Ed., München 2022

(zitiert: BeckOKArbR/*Bearbeiter*, 63. Ed. 2022)

Röller, Jürgen: Küttner Personalbuch, 29. Aufl., München 2022

(zitiert: Küttner/*Bearbeiter*, 29. Aufl. 2022)

Rößler, Nicolas: Der triftige Grund in der Besitzstandrechtsprechung des Ruhegeldsenats des Bundesarbeitsgerichts, S. 176 ff.

Runggaldier, Ulrich: Die Reform des Betriebsrentengesetzes aus österreichischer Sicht, RdA 2002, 352 ff.

Säcker, Franz-Jürgen: Gruppenautonomie und Übermachtkontrolle im Arbeitsrecht, Berlin 1972

Ders.: Die stillschweigende Willenserklärung als Mittel zur Schaffung neuen und zur Wiederentdeckung alten Rechts, BB 2013, 2677 ff.

Säcker, Franz Jürgen / Rixecker, Roland / Oetker, Hartmut / Limperg, Bettina: Münchener Kommentar zum Bürgerlichen Gesetzbuch: BGB, Band 2, 9. Aufl., München 2022

(zitiert: MüKO/*Bearbeiter*, 9. Aufl. 2022)

Dies.: Münchener Kommentar zum Bürgerlichen Gesetzbuch: BGB, Band 5, 8. Aufl., München 2020

(zitiert: MüKO/*Bearbeiter*, 8 Aufl. 2020)

Schaub, Günter: Arbeitsrechts-Handbuch, 19. Aufl., München 2021

(zitiert: Schaub/*Bearbeiter*, ArbR-Handbuch, 19. Aufl. 2021)

Schipp, Johannes: Die Regelungskompetenz des Gesamtbetriebsrats bei Betriebsänderungen – Zuständigkeitsprobleme zwischen örtlichem Betriebsrat und Gesamtbetriebsrat, in: 100 Jahre Betriebsverfassungsrecht, München 2020, S. 515

Schlewing, Anja: Fortgeltung oder Nachwirkung gekündigter Betriebsvereinbarungen über Leistungen der betrieblichen Altersversorgung, NZA 2010, 529 ff.

Schlewing, Anja / Henssler, Martin / Schipp, Johannes / Schnitker, Elmar: Arbeitsrecht der betrieblichen Altersversorgung, 40. Ergänzungsliefg., Köln 2022

(zitiert: *Bearbeiter*, in: Schlewing/Henssler/Schipp/Schnitker, Arbeitsrecht der betrieblichen Altersversorgung, 2/2022)

Schmidt, Maximilian: Neues zur Teilbefristung – Das TzBfG im Gewand der AGB-Kontrolle, NZA 2014, 760 ff.

Schnitker, Elmar: Eingriffe in Versorgungsanwartschaften aus der 3. Stufe – Versuch einer Rückbesinnung und Neujustierung, in: Arbeitsrecht bei Änderung der Unternehmensstruktur: Festschrift für Heinz Josef Willemsen zum 65. Geburtstag, München 2018, S. 449

Schnitker, Elmar / Sittard, Ulrich: Wie frei ist der Arbeitgeber? Betriebliche Altersversorgung und Mitbestimmung, NZA 2011, 331 ff.

Schrammel, Walter / Kietaibl, Christoph: Betriebspensionsgesetz, 2. Aufl., Wien 2018

(zitiert: *Schrammel*, BPG 2. Aufl. 2018)

Schumann, Hans-Heinrich: Unterstützungskasse: Zulässige verschlechternde Neuregelung der Versorgung?, DB 2003, 1527 ff.

Ders.: Rückführung ausgeweiteter Versorgungslasten wegen Wegfalls der Geschäftsgrundlage bei unmittelbaren Versorgungszusagen – Dargestellt am Beispiel der Überversorgung und der demographischen Entwicklung, in: Betriebliche Altersversorgung im 21. Jahrhundert (Festschrift für Wolfgang Förster), Köln 2001, S. 165

Schwerdtner, Peter: Die Änderung kollektivrechtlich begründeter Ruhegeldberechtigungen, ZfA 1975, 171 ff.

Söllner, Alfred: Gedächtnisschrift Meinhard Heinze, München 2005

(zitiert: *Bearbeiter* in: Gedächtnisschrift Meinhard Heinze 2005)

Steinmeyer, Heinz-Dietrich: Grenzen des Eingriffs von Tarifvertragsparteien und Anwartschaften und Ansprüche auf betriebliche Altersversorgung, in: Altersgrenzen und Alterssicherung im Arbeitsrecht (Wolfgang Blomeyer zum Gedenken), München 2003, S. 423 ff.

Strick, Kerstin: Eingeschränkte Wirksamkeit der Kündigung einer Betriebsvereinbarung über ein betriebliches Altersversorgungssystem, ZIP 2000, 855 ff.

Stürner, Rolf: Jauernig Bürgerliches Gesetzbuch, 18. Aufl. München 2021

(zitiert: Jauernig/*Bearbeiter*, BGB, 18. Aufl. 2021)

Thüsing, Gregor: Mehr Flexibilität wagen! Thesen zur Änderung von Versorgungszusagen, in: Festschrift für Dr. Birgit Uebelhack, Düsseldorf 2019, S. 467

Thüsing, Gregor / Granetzny, Thomas: Praxiswissen Betriebliche Altersversorgung, Freiburg 2019

(zitiert: Thüsing/Granetzny, 2019)

Thüsing, Gregor / Rawe, Luca: Ablösung einer Versorgungsordnung: Betriebliche Altersversorgung im Niedrigzinsumfeld, NZA 2016, 1169 ff.

Trebeck, Joachim / von Broich, Stefan: Spruchkompetenz der Einigungsstelle bei nachwirkenden freiwilligen Betriebsvereinbarungen, NZA 2012, 1018 ff.

Uebelhack, Birgit: Betriebliche Altersversorgung und Wegfall der Geschäftsgrundlage, Mannheim 1995

von Buddenbrock, Freiherr Christian / Kühn, Hans-Martin: Das Sozialpartnermodell – Ablösung bestehender Versorgungssysteme in der bAV durch die reine Beitragszusage, BB 2017, 2997 ff.

von Honyningen-Huene, Gerrick: Freiwilligkeitsvorbehalt und Nachwirkungsklausel in Betriebsvereinbarungen über Sozialleistungen, BB 1997, 1998 ff.

von Staudinger, Julius: Kommentar zum Bürgerlichen Gesetzbuch, Band 2, Köln 2019

(zitiert: Staudinger/Bearbeiter, BGB, 2019)

von Steinau-Steinrück, Robert / Mosch, Ulrich: Der Widerruf der Versorgungszusage durch den Arbeitgeber, NJW-Spezial 2010, 626 f.

von Stumm, Ferdinand: Ablösung von Ansprüchen aus betrieblicher Übung durch AGB-mäßige Änderungsvereinbarung, GWR 2017, 382 ff.

von Westphalen, Graf Friedrich / Thüsing, Gregor: Vertragsrecht und AGB-Klauselwerke, 48. Ergänzungsliefg. München 2022

(zitiert: AGB-Klauselwerke/*Bearbeiter*, 48. Ergänzungsliefg. Stand: März 2022)

Waltermann, Raimund: Entwicklungslinien der Tarifautonomie, RdA 2014, 86, 88

Ders.: Zur Kündigung der freiwilligen Betriebsvereinbarung, in: Gedächtnisschrift für Meinhard Heinze, München 2005, S. 1021

Ders.: Zu Grundfragen der Betriebsvereinbarung, insbesondere zu ihrer personellen Reichweite, in: Festschrift für Peter Kreutz zum 70. Geburtstag, S. 471

Ders.: „Ablösung" arbeitsvertraglicher Zusagen durch Betriebsvereinbarung?, Rda 2016, 296 ff.

Ders.: Ablösende Betriebsvereinbarung für Ruheständler?, NZA 1998, 505 ff.

Wiedemann, Herbert: Tarifvertragsgesetz, 8. Aufl., München 2019

(zitiert: Wiedemann/*Bearbeiter*, TVG, 8 Aufl. 2019)

Wiese, Günther / Kreutz, Peter / Oetker, Hartmut / Raab, Thomas / Weber, Christoph / Franzen, Martin / Gutzeit, Martin / Jacobs, Matthias / Schubert, Claudia: GK-BetrVG, Band II, 12. Aufl., Hürth 2022

(zitiert: GK/*Bearbeiter*, BetrVG, 12. Aufl. 2022)

Willemsen, Heinz Josef / Hohenstatt Klaus-Stefan / Schweibert, Ulrike / Seibt, Christoph H.: Umstrukturierung und Übertragung von Unternehmen, 6. Aufl., München 2021

(zitiert: WHSS/*Bearbeiter*, 6. Aufl. 2021)

Witschen, Stefan: Die Ablösung von Betriebsvereinbarungen zur betrieblichen Altersversorgung im Zusammenhang mit Betriebsübergängen, RdA 2020, 370

Worzalla, Michael: Die Wirksamkeit einzelner Arbeitsvertragsklauseln nach der Schuldrechtsreform – Entgelt, Arbeitszeit und Tätigkeit, Betriebsvereinbarungs- und Tarifvertragsoffenheit, Änderung des Arbeitsvertrags, NZA-Beilage 2006, 122 ff.

www.ingramcontent.com/pod-product-compliance
Ingram Content Group UK Ltd.
Pitfield, Milton Keynes, MK11 3LW, UK
UKHW021850290926
8980IPUK00005B/748

9 783631 910436